普通高等教育精品系列教材

生态经济学教程（第三版）

SHENGTAI JINGJIXUE JIAOCHENG

2026 · 修订重印

主　编◎肖良武　蔡锦松　孙庆刚　张攀春

中国 · 成都

图书在版编目(CIP)数据

生态经济学教程/肖良武等主编.—3版.—成都:西南财经大学出版社,2022.12(2026.1重印)
ISBN 978-7-5504-5559-7

Ⅰ.①生… Ⅱ.①肖… Ⅲ.①生态经济学—高等学校—教材
Ⅳ.①F062.2

中国版本图书馆CIP数据核字(2022)第176130号

生态经济学教程(第三版)
SHENGTAI JINGJIXUE JIAOCHENG
主　编　肖良武　蔡锦松　孙庆刚　张攀春

策划编辑:陈何真璐
责任编辑:陈何真璐
责任校对:金欣蕾
封面设计:墨创文化　张姗姗
责任印制:朱曼丽

出版发行	西南财经大学出版社(四川省成都市光华村街55号)
网　　址	http://cbs.swufe.edu.cn
电子邮件	bookcj@swufe.edu.cn
邮政编码	610074
电　　话	028-87353785
照　　排	四川胜翔数码印务设计有限公司
印　　刷	郫县犀浦印刷厂
成品尺寸	185 mm×260 mm
印　　张	14.875
字　　数	331千字
版　　次	2022年12月第3版
印　　次	2026年1月第2次印刷
印　　数	2001—3000册
书　　号	ISBN 978-7-5504-5559-7-01
定　　价	42.90元

前　言

随着人类对环境资源开发能力的提高，尤其是在18世纪以后，开采业、制造业特别是冶炼业、化学工业大规模发展，造成全球范围内严重的环境污染、资源短缺、水土流失、生物多样性锐减，极大地破坏了生态系统并严重威胁着人类经济、社会的可持续发展。

20世纪六七十年代以来，人们越来越清晰地认识到，经济发展和环境保护是不可分割的。经济增长的原材料主要来自大自然，如果经济发展损害了环境，环境的恶化必然限制经济的发展。尤其对于许多发展中国家而言，农业、林业、矿业和能源生产业至少占其国民生产总值的一半，依赖这些产业生存和就业的人口比例则更高。在这些发展中国家特别是最不发达国家的经济中，自然资源的出口一直占很大比重。结果，这些相对贫穷的国家在出口越来越多稀有资源的同时也变得日益贫穷。同时，对自然资源的过量开采，必然导致环境的破坏，进而带来更严重的灾难，经济发展也将终止。如何妥善处理经济发展和环境保护的关系，转变经济发展模式，已成为世界各国特别是发展中国家最重要的问题之一。

改革开放以来，中国经济虽然保持持续高增长，但是在高增长的背后，存在环境日益恶化的问题。相关资料表明，中国的环境问题日益凸显：水污染问题严重，全国七大水系都受到污染，主要湖泊富营养化问题突出；城市空气质量被严重污染，区域性酸雨时有发生，雾霾天气肆虐北京等一些城市；耕地的土壤质量呈下降趋势，沙漠化、荒漠化、石漠化问题严重。

正是由于以上原因，生态经济建设显得尤为迫切。进入21世纪以来，中央及地方各级政府付出了巨大的努力，为生态经济建设做出了有益的探索，取得了一定的成就。今天，我们只有稳步推进生态经济建设，才会使资源的永续利用和经济的可持续发展成为可能。

《生态经济学教程（第三版）》在第二版的基础上，新增部分案例，更新最新资料，以适应专业人才培养需要。

本书的修订工作分工为：肖良武负责第一章、第二章的修订工作；蔡锦松负责第三章、第四章的修订工作；孙庆刚负责第五章、第六章、第七章的修订工作；张攀春负责第八章、第九章、第十章的修订工作。

本书涉及的理论与实践知识较多，需要深入探讨的问题尚有很多，故难免有不当之处，敬请广大读者和同行批评指正。

肖良武

2025 年 8 月

目录

MULU

目
录

第一章

导论

生态经济学是一门新兴学科，学习本学科首先要了解它的形成和发展历程、内涵与性质、研究对象和内容、学科体系构成及研究意义。本章的任务就是介绍生态经济学的基本情况。

第一节　生态经济学的形成和发展

一、生态经济学形成的背景

人类进入工业文明以来，创造了比过去一切时代总和还多的物质财富，也创造了更加丰富的文化与制度，人真正成为“自然的统治者”。但是在经济社会迅速发展的同时，也产生了众多的环境问题，诸如资源耗竭、环境恶化、同温层臭氧减少、海平面上升、森林缩减、土壤侵蚀、生物多样性减少等，这些问题的存在已经严重影响了人类的正常生活和经济发展。人类的经济亚系统已经严重地影响到地球生态系统的正常运转，也制约了经济系统的进一步发展。要解决这些问题，需要有新的知识或学科的出现。

在20世纪60年代后期兴起的环境保护运动中，循环经济思想仅表现为发达国家一些环境科学工作者的一种超前性和理想化的理念，还远没有变为他们国家的人们的自觉实践，因为当时这些工业发达国家所关心的还只是以公害为代表的环境污染问题。进入20世纪80年代以后，发达国家开始注意到采用资源化的方式来处理生产过程的废弃物，但对污染和废弃物产生是否合理和是否应该从生产和消费的源头上防止污染产生，则还没有更深刻的认识；他们开始关心经济活动所造成的生态环境后果，但还没有质疑造成这种后果的经济运行模式本身。

1992年，世界环境与发展大会以后，世界各国对可持续发展理论和战略取得空前的共识。在可持续发展理论指导下，环境污染的源头预防和全过程治理开始代替末端治理成为发达国家环境与发展政策的主流。这种认识上的理性飞跃，使人们更加清楚地看到了线性经济必然会带来严重污染，而污染的末端治理又不能从根本上治理和杜绝产生污染的内在逻辑关系。30余年来，我国环保事业尽管在治污、控污方面倾注了极大的精力，也取得了巨大的成就，但各种污染问题仍很严重，继续污染的趋势还没得到根本遏制，追根溯源，症结概出于此。既然末端治理不能从根本上解决污染产生和防治问题，那就自然要从源头和过程方面去寻找解决的途径，从产生污染的经济发展模式上去寻找解决问题的根本办法。在这种背景下，循环经济的出现就是顺理成章了。

党的十六届三中全会确定了以统筹城乡发展、区域发展、经济社会发展、人与自然和谐发展、国内发展和对外开放为内容的新的科学发展观。这种科学发展观本质要求“可持续发展能力不断增强，生态环境不断得到改善，资源利用效率显著提高，人与自然关系和谐，推进整个社会走上生产发展、生活富裕、生态良好的文明发展道路”。这种科学发展观正确地解决了经济、社会与环境全面协调和可持续发展问题，突出了环境在可持续发展中的基础地位和作用。实践这种新的发展观，必须彻底摒弃人类沿用至今的传统的经济增长方式，要代之以大力发展物质闭环流动的生态经济为本质特征的循环经济。

党的十八大以来，以习近平同志为核心的党中央深刻总结人类文明发展规律，将生态文明建设纳入中国特色社会主义事业“五位一体”总体布局和“四个全面”战略布局，为建设美丽中国提供了根本遵循和行动指南，使得建设美丽中国成为全面建设社会主义现代化国家的重要目标。党的十九大修改通过的党章增加“增强绿水青山就是金山银山的意识”等内容，2018 年 3 月通过的宪法修正案将生态文明写入宪法，实现了党的主张、国家意志、人民意愿的高度统一。生态文明建设推动中国绿色发展道路越走越宽广，引领中华民族在实现伟大复兴征程上阔步前行。

二、生态经济学的产生及发展

生态经济学的产生归功于生态学向经济社会问题研究领域的渗透。20 世纪 20 年代中期，美国科学家麦肯齐首次将植物生态学与动物生态学的概念运用到对人类群落和社会的研究上，提出了“经济生态学”这一名词，主张经济分析不能不考虑生态学的分析过程。

生态经济学作为一门独立的学科，是 20 世纪 60 年代后期正式创建的。美国海洋生物学家莱切尔·卡逊于 1962 年发表了著名的科普读物《寂静的春天》，对美国滥用杀虫剂所造成的危害进行了生动的描述，揭示了近代工业对自然生态的影响，首次真正结合经济社会问题开展生态学研究。20 世纪 60 年代美国经济学家肯尼斯·鲍尔丁在《一门科学——生态经济学》一书中正式提出“生态经济学”的概念。鲍尔丁明确阐述了生态经济学的研究对象，提出了“生态经济协调理论”。美国另一经济学家列昂捷夫是第一个对环境保护与经济发展的关系进行定量分析研究的。

联合国于 1972 年在瑞典首都斯德哥尔摩召开了“人类环境会议”，把保护生态环境的意识落实到保护生态环境的实际行动中。但是自然生态的破坏并没有停止，人类生存的环境还在继续恶化。为此，联合国于 1992 年又在巴西的里约热内卢召开了“环境与发展会议”。大会提出：环境保护与人类经济社会的发展是密切联系不可分割的，脱离了经济的发展来保护环境是保护不了环境的。大会明确提出把环境与发展密切结合起来，以可持续发展作为世界环境保护与人类经济社会的发展共同的正确指导思想。

1980 年，联合国环境规划署召开了以“人口、资源、环境和发展”为主题的会议，并确定将“环境经济”（生态经济）作为 1981 年《环境状况报告》的第一项主题。由此，生态经济学作为一门既有理论性又有应用性的新兴科学，开始被世人瞩目。1989 年，国际生态经济学会成立，《生态经济》杂志创刊。尔后，成立了两个著名的生态经济学研究机构，一个是位于美国马里兰大学的国际生态经济学研究所，另一个是位于瑞典斯德哥尔摩的瑞典皇家学会的北界国际生态经济研究所。这两个研究所及学会会员的研究大体代表和左右着西方国家生态经济学界的动向。20 世纪 90 年代以来，生态经济理论有了更深入的发展。1996 年美国著名生态经济学家戴利发表《超越增长——可持续发展的经济学》，1999 年保罗·霍肯出版《自然资本论：关于下一次工业革命》，2002 年美国经济学家莱斯特·R. 布朗出版了《生态经济——有利于地球的经济构想》

《B 模式》等生态经济学力作之后，生态经济学沿着可持续发展理论方向又迈进了一步。

此后，一大批论述生态经济学的著作问世，从此，生态学进入“边缘学科”的新时代，与社会经济问题密切结合，交叉发展，产生了公害经济学、污染经济学、环境经济学、资源经济学，最终分离出一门新的边缘学科——生态经济学。

发达国家发展循环经济具有深刻的理念和实践支撑基础：①生态经济效益理念。1992 年世界工商企业可持续发展理事会（WBCSD）在向联合国环境与发展会议提交的报告《变革中的历程》中提出了生态经济效益的新理念。这一理念要求企业生产过程中实现物料和能源的循环往复使用以达到废物和污染排放最小化。②工业生态系统理念。这是由美国通用汽车公司研究部任职的福罗什和加劳布劳斯提出的一种新理念。1989 年他们在《科学美国人》发表了《可持续发展战略》一文，提出了生态工业园的新概念，要求企业之间产出的各种废弃物互为消化利用，原则上不再排放到工业园区之外。其实质就是运用循环经济的思想组织园区内企业之间物质和能量的循环使用。自 1993 年起，生态工业园区建设逐渐在各个国家展开。③生活垃圾无废物理念。这种理念本质上要求越来越多的生活垃圾处理由无害化向减量化和资源化方向过渡，要在更广阔的社会范围内或在消费过程中和消费过程后有效地组织物质和能量的循环利用。

当世界经济的发展进入 20 世纪 60 年代末之际，生态与经济不协调的问题日益显现。面对当时已经凸显的人口、粮食、资源、能源和环境等五大生态经济问题，人们纷纷寻找解决问题的出路，引发了以“罗马俱乐部”为代表的“悲观派”观点和以美国的赫尔曼·康恩、朱利安·西蒙为代表的“乐观派”观点。

悲观派以“罗马俱乐部”为主要代表。自 20 世纪 60 年代末以来，该派的环境经济学家对人类社会发展的过去、现在和未来进行了大量的系统研究，将全球的未来描绘成一幅可悲的图景。其代表性著作有《增长的极限》《全球 2000 年》和《世界保护战略》等。悲观派的基本看法是：如果人类社会按目前的趋势继续发展下去，则 2000 年的世界将比我们现在所生活的世界更不安定、更拥挤、污染更严重、生态上更不平衡。如不立即采取全球性的坚决措施来制止或减缓人口和经济增长速度，则在若干年内的某一时刻，人类社会的增长会达到极限。此后，便是人类社会不可控制地崩溃，人口和产量都将大幅度下降。

乐观派以美国未来研究所所长卡恩博士为代表，其代表作是《世界经济发展——令人兴奋的 1978—2000 年》。他坚持用设想的方式而不是用数学推导的方式看待未来。他对历史进行了分析解释，并以此作为预测未来的基础。

此外，还存在着中间派，中间派对世界未来的看法介于以上两者之间。中间派承认人类面临问题的严重性，但认为只要有谨慎而坚决的行动，就一定有希望，而且必能战胜这一挑战。中间派的代表人物有世界未来学会主席柯尼什和德·儒弗内尔和艾伦·科特奈尔等，其代表作是《环境经济学》，以及阿·托夫勒的《未来的震荡》和《第三次浪潮》，约翰·奈斯比特的《大趋势——改变我们生活的十个新方向》。中间派的基本看法是：今后的岁月可能布满风险，但人类各个领域的活动仍有希望取得许多巨大的成就。中间派对未来的态度既不是悲观主义，也不是乐观主义，而是满怀信心的现实主义。

三、我国生态经济学的形成及发展

我国对生态经济的研究始于20世纪80年代。1980年8月在青海省西宁市召开的一次全国性学术会议上，著名经济学家许涤新首次提出开展生态经济学的研究，创建生态经济学科的建议。同年9月，许涤新发起召开了有农业经济学家王耕今，生态学家马世骏、侯学煜和阳含熙院士参加的首次生态经济座谈会。与会者一致强调在我国加强生态经济学研究的重要性和紧迫性，并明确提出了在我国创建生态经济学的任务和当时需要研究的一些重大课题。这次会议有力地推动了生态经济学在中国的发展。

1981年5月，云南省农经学会在昆明召开了生态经济问题研究工作会议，同年11月成立了云南生态经济研究会，这是我国诞生的第一个群众性的生态经济研究组织。

1982年11月，在江西南昌召开了全国第一次生态经济讨论会，会上递交的70多篇论文从不同角度对生态经济基础理论问题和实际应用问题进行了探讨，讨论会还通过了给党中央、国务院关于开展生态经济研究的建议书。

1984年2月，由中国社会科学院经济研究所、农业经济研究所、城乡建设环境保护部、环境保护局、中国生态学会和中国“人与生物圈”国家委员会，在北京联合召开了全国生态经济科学讨论会暨中国生态经济学会成立大会。时任国务院副总理的万里同志代表党中央和国务院为大会做了报告，指出生态经济问题是社会主义建设中的战略问题，认为生态学会和生态经济学会的成立是我国对这个问题开始觉醒的表现，要求大力开展这方面的研究、宣传和教育工作，为改善中国的生态环境提出建议，在社会主义建设中积极发挥作用。会后，许涤新的专著《生态经济学探索》出版，并被苏联译成俄文版出版；另外，还出版了全国生态经济科学讨论会论文集。这次会议的召开，有力地促进了中国生态经济研究工作的飞跃发展。会后，全国生态经济学术团体纷纷成立，学术交流活动空前活跃。

1985年6月，云南省生态经济学会创办了《生态经济》杂志。1987年，许涤新出版了《生态经济学》，其后出版了一系列有关生态经济学的著作和教材。这些成果的出现，标志着我国生态经济学这一新兴学科理论体系初步建立起来。

案例链接

生态文明贵阳会议

2009年8月，第一次生态文明贵阳会议，在中国首次提出了“绿色经济”的概念，并以生态文明为焦点，立足中国、面向世界。大会提出，保护生态环境是前提，要尊重自然、善待自然，正确认识保护环境和发展经济的关系，综合运用经济、法律和必要的行政手段来保护环境；转变经济发展方式是关键，实现从“褐色经济”到“绿色经济”的转变。2011年生态文明贵阳会议，进一步明确以科学发展为主题，以加快转变经济发展方式为主线，将积极应对气候变化和推进绿色低碳发展作为重要的政策导向，对于纵深推进生态文明建设具有重要意义。2012年生态文明贵阳会议继续致力于汇聚官、产、学、媒、民及其他各界决策者开展交流与合作，传播生态文明理念，分享知识与经验，促进政策的落实与完善，抓住绿色经济转型的机遇，应对生态安全的挑战，形成国际、地区和行业议程，从而有助于构建资源节约、环境友好型社会，推动人类生态文明建设的进程。2013 年生态文明贵阳会议的主题是“建设生态文明：绿色变革与转型——绿色产业、绿色城镇和绿色消费引领可持续发展”。2014 年生态文明贵阳会议的主题是“改革驱动，全球携手，走向生态文明新时代——政府、企业、公众：绿色发展的制度框架和路径选择”。2015 生态文明贵阳会议的主题是“走向生态文明新时代——新议程、新常态、新行动”。2016 年生态文明贵阳国际论坛主题是“走向生态文明新时代：绿色发展·知行合一”。2017 生态文明试验区贵阳国际研讨会秉持生态文明贵阳国际论坛的理念、风格和模式，以“走向生态文明新时代，共享绿色红利”为主题，坚持“既要论起来，又要干起来”，围绕以建设国家生态文明试验区为重点的前瞻性、战略性、实践性问题，举办了一场研讨大会、一场国际咨询会委员会议、九场专题研讨会和系列活动。2018 年生态文明贵阳国际论坛是生态文明贵阳国际论坛创办十周年，也是升格为国家级国际性论坛的第五次年会。论坛以“走向生态文明新时代，生态优先，绿色发展”为主题，来自 35 个国家和地区的2 426名嘉宾参会，围绕“一带一路”“长江经济带”、生态自然环境、可持续发展、气候变化、反贫困等方面展开讨论，发布了对建设生态文明、发展绿色经济具有积极意义的《2018 贵阳共识》。2019 年生态文明贵阳国际论坛的主题是“生态经济与乡村振兴”。2021 年生态文明贵阳国际论坛以线上线下相结合的方式举办，主题是“低碳转型，绿色发展——共同构建人与自然生命共同体”。

资料来源：http://www.ddcpc.cn/2017/jr_0626/104375.html.

第二节　生态经济学的内涵与性质

一、生态经济学的内涵

（一）国外学者对生态经济学含义的理解

美国经济学家肯尼斯·鲍尔丁在他的重要论文《一门科学——生态经济学》中首次提出“生态经济学”的概念，对利用市场机制控制人口和调节消费品的分配、资源的合理利用、环境污染以及用国民生产总值衡量人类福利的缺陷等做了一些有创新性的论述。他在对传统经济学忽略人类经济活动赖以进行的基础——自然环境的行径进行反思的基础上，提出人类经济活动时刻在与生态系统发生关系，即经济系统与生态系统的相互作用构成了一个生态经济系统。肯尼斯·鲍尔丁还提出了“生态经济协调理论”，指出现代经济社会系统是建立在自然生态系统基础上的巨大开放系统，以人类经济活动为中心的社会经济活动都在大自然的生物圈中进行。

美国著名的生态经济学家赫尔曼·E. 戴利提出了稳态经济理论和建立宏观环境经济学的主张。稳态经济是指通过低水平且相等的人口出生率和人口死亡率使人口维持在某个合意的常数，同时通过低水平且相等的物质资本生产率和折旧率来支撑恒定的、足够的人造物质财富存量，从而使人类的累计生命和物质资本存量的持久利用最大化的经济。稳态经济的前提是将资源、能量、流量控制在生态可持续的范围内，然后提高经济系统的效率。稳态经济的实质是保持人口和物质资本存量零增长，主要通过没有数量增加的质量改进来实现。他认为，人类应该停止传统的经济增长，取缔妨碍可持续发展实现的全球自由贸易制度，加强国家共同体对社会、经济发展的控制。稳态经济主要控制的是经济的输入端，首先将社会的资源损耗确定一个可持续的规模，然后进入市场进行有效配置。

美国著名的生态经济学家罗伯特认为，生态经济学是一门从最广泛的领域阐述经济系统和生态系统之间关系的学科，重点在于探讨人类社会的经济行为与其所引起的资源和环境变化之间的关系。生态经济学的基本宗旨之一就在于关注经济发展对人的生存的影响。他认为目前人类社会经济亚系统是整个地球生态系统的一部分，而且这个亚系统的存在和发展是以生态系统为基础的，人类的经济系统必须要和生态系统保持协调，包括它们之间的物质循环和能量的流动，以及规模和尺度的互相协调。

（二）中国学者对生态经济学含义的理解

中国对生态经济学最早的研究是由著名的经济学家许涤新发起的，后来经过许多学者的补充和完善，发展形成了中国的生态经济学研究。

其后，生态经济学在我国得到了迅速的发展。一批学者从不同视角对此学科进行研究，同时也得到了政策制定者的关注，出现了一批优秀的成果，制定了一系列相关政策。目前，中国已经将发展生态经济和保护生态环境作为基本国策。

生态经济学家王松霈认为生态经济学为可持续发展提供了理论基础。他在其所著的《生态经济学》一书中提到，当代世界范围内所产生的各种生态经济矛盾，都是人们为了发展经济的需要，采取了错误的经济思想和错误的经济行为，损害了自然界的生态平衡而造成的，因而实质上是经济问题。王松霈认为，生态与经济协调理论是生态经济学的核心理论，生态与经济协调理论是在工业社会向生态社会转变过程中产生的，它的提出体现了生态时代人们改变经济发展中生态与经济严重不协调现状的客观要求，决定了整个生态经济学理论体系的建立和学科基本理论特色的形成。

生态经济学家腾有正认为，生态经济学是研究生态经济系统的运动发展规律及其机理的科学，是一门兼有理论和应用二重性的科学，就其基础部分来说，属于理论科学。他认为生态经济学是一门具有边缘性质的经济学，它和政治经济学、生产力经济学、生态学、环境科学、人口科学、资源科学、国土科学等有着密切的关系，因此生态经济学与一些相邻学科有许多共有范畴或概念，如经济系统、生态系统、环境、资源、人口、自然生产力、社会主义生产力等。除了与相邻学科的共有范畴之外，生态经济学还有许多本学科的特有范畴，包括关于生态经济系统状态的范畴，如生态经济关系、生态经济资源、生态经济结构、生态经济功能、生态经济信息等；关于生态经济运行机制的范畴，如生态经济序、生态经济演替、生态经济阈、生态经济价值、生态经济需求等；关于系统调控管理的范畴，如生态经济价值、生态经济战略、生态经济政策、生态经济区域、生态经济工程等；关于研究方法的范畴，如生态经济抽象、生态经济评价、生态经济指标、生态经济模型、生态经济同构、生态经济设计等。

还有一些学者认为，生态经济学分为狭义生态经济学与广义生态经济学两部分。狭义生态经济学是对生态经济系统及其构成要素进行描述和分析，探究生态经济系统运行规律的理论。狭义生态经济学着重对生态经济系统本身进行分析研究。广义生态经济学是建立在经济生态、政治生态、人文生态、社会生态基础上的理论，分析经济子系统、社会子系统和生态子系统内部存在和发展的本质规律，以及子系统之间的反馈作用机制，旨在指导人类经济、政治、社会、科学、文化实践沿着合理的、顺应自然规律的道路前进。

根据国内外学者的研究与表述，唐建荣总结认为，生态经济学是综合不同学科（包括生态学、经济学、生物物理学、伦理学、系统论等）的思想，对目前人类经济系统所产生的问题及其对地球生态系统的影响而研究整个地球生态系统和人类经济亚系统应该如何运行才能达到可持续发展的科学。其所要达到的最终目的就是人类经济系统和整个地球生态系统的可持续发展，这需要充分地了解人类的经济系统和生态系统之间的相互作用关系，以及社会经济系统对生态系统的影响。

（三）生态经济与循环经济、绿色经济、低碳经济的区别

生态经济是指在生态系统承载能力范围内，运用生态经济学原理和系统工程方法改变生产和消费方式，挖掘一切可以利用的资源潜力，发展一些经济发达、生态高效的产业，建设体制合理、社会和谐的文化以及生态健康、景观适宜的环境，实现经济腾飞与环境保护、物质文明与精神文明、自然生态与人类生态的高度统一和可持续发展的经济。

循环经济也称为资源闭环利用型经济，是以资源的高效利用和循环利用为核心，以减量化、再利用、资源化为原则，以低投入、低消耗、低排放和高效率为基本特征，符合可持续发展理念的经济发展模式。循环经济产生于环境保护兴起的 20 世纪 60 年代，萌芽于生态经济。1966 年，美国经济学家肯尼斯・鲍尔丁在“宇宙飞船经济理论”中提出要以“循环式经济”代替“单程式经济”以解决环境污染与资源枯竭问题，肯尼斯・鲍尔丁因而被认为是生态经济学、循环经济理念的最早倡导者。20 世纪 90 年代，英国经济学家大卫・皮尔斯和克里・特纳在《自然资源与环境经济学》一书中正式提出“循环经济”的术语，以代表一种有别于传统经济发展方式的模式。循环经济本质上是一种生态经济，它自觉地运用生态学规律来指导人类社会的经济活动。出入传统线性经济运动系统中的物质流要远远大于内部互相交融作用的物质流，使经济活动出现了“高投入、低产出、高排放、高污染”的特征；而出入循环经济系统的物质流则以互相关联的方式进行交换和往复利用，从而使进入系统中的物质和能量得到最大限度的利用，形成了“低投入、高产出、低排放、低污染”的结果。

绿色经济是以市场为导向、以传统产业经济为基础、以经济与环境的和谐为目的而发展起来的一种新的经济形式，是产业经济为适应人类环保与健康需要而产生并表现出来的一种发展状态。“绿色经济”一词源自英国环境经济学家皮尔斯于 1989 年出版的《绿色经济蓝图》一书，但其萌芽却要追溯到 20 世纪 60 年代开始的“绿色革命”，主

要针对的是绿色植物种植的改进，随后这场革命演变成一场全球的“绿色运动”，不仅涉及资源与环境问题，还渗透到社会各个方面。1990 年，Jacobs 与 Postel 等人提出的社会组织资本深化了对绿色经济的研究。2007 年，时任联合国秘书长潘基文在联合国巴厘岛气候会议上提议开启“绿色经济”新时代之后，“绿色经济”便出现在了各个国际会议的议题之中，成为一种新的能够引领世界经济活动走向的话语。

低碳经济是以“低能耗、低排放、低污染”为基础的经济发展模式。目前，对“低碳经济”概念的阐述主要源于英美日等发达国家、印度和巴西等发展中国家、联合国政府间气候变化专门委员会（IPCC）的一些报告、决议、倡议书、行动指针，以及我们党和国家领导人的一些提法和学术界对中央精神的一些认识和体会，尚没有一个严格的定义。中国环境与发展国际合作委员会 2009 年发布的《中国发展低碳经济途径研究》把“低碳经济”界定为：一个新的经济、技术和社会体系，与传统经济体系相比在生产和消费中能够节省能源，减少温室气体排放，同时还能保持经济和社会发展的势头。

“低碳经济”问题，源于 20 世纪 90 年代以来气候问题备受关注的国际大背景。瑞典科学家阿列纽斯在 1896 年预测大气中二氧化碳浓度升高将带来全球气候变化，已被确认为不争的事实。在此背景下，1992 年《联合国气候变化框架公约》、1997 年《京都议定书》获得通过。2003 年英国政府在《我们的能源未来——创造低碳经济》的能源白皮书中首次提出了低碳经济的概念。特别是自从《斯特恩气候变化报告》（2006）和联合国政府间气候变化专门委员会（IPCC）第四份气候变化评估报告——《气候变化 2007 综合报告》（此前于 1990 年、1995 年和 2001 年，IPCC 已经相继完成三次评估报告）发表及“巴厘路线图”决议（2007）之后，低碳经济无论是在国际上还是在国内，都开始受到广泛关注。

目前，低碳经济作为循环经济的重要组成部分和深化，作为实现生态经济、绿色经济的有效途径之一，已被各国视为应对能源、环境和气候变化挑战的必由之路和实现经济转型、可持续发展的共同方向。

知识链接

联合国气候变化大会

联合国气候变化大会是联合国主办的会议，该会议于 1995 年起每年在世界不同地区轮换举行。1997 年 12 月，在日本京都召开了京都气候大会。大会通过的《京都议定书》对 2012 年前主要发达国家减排温室气体的种类、减排时间表和额度等做出了具体规定，也是设定强制性减排目标的第一份国际协议。《京都议定书》于 2005 年开始生效。根据这份议定书，从 2008 年到 2012 年，主要工业发达国家的温室气体排放量要在 1990 年基础上平均减少 5.2%。《京都议定书》遵循《联合国气候变化框架公约》制定的“共同但有区别的责任”原则，要求作为历史上温室气体排放大户的发达国家采取具体措施限制温室气体的排放，而发展中国家不承担有法律约束力的温室气体限控义务。

2007 年 12 月，在印度尼西亚旅游胜地巴厘岛召开了巴厘岛气候大会。大会取得了里程碑式的突破，确立了“巴厘路线图”，为气候变化国际谈判的关键议题确立了明确议程。“巴厘路线图”建立了双轨谈判机制，即以《京都议定书》特设工作组和《联合国气候变化框架公约》长期合作特设工作组为主进行气候变化国际谈判。按照“双轨制”要求，一方面，签署《京都议定书》的发达国家要执行其规定，承诺2012年以后的大幅度量化减排指标。另一方面，发展中国家和未签署《京都议定书》的发达国家则要在《联合国气候变化框架公约》下采取进一步应对气候变化的措施。

2009 年 12 月，在丹麦首都哥本哈根召开了哥本哈根气候大会。大会签署的《哥本哈根协议》虽然是一项不具法律约束力的政治协议，但是它表达了各方共同应对气候变化的政治意愿，锁定了已达成的共识和谈判取得的成果，推动谈判向正确方向迈出了第一步。大会同时提出建立帮助发展中国家减缓和适应气候变化的绿色气候基金。

2010 年 11 月底至 12 月中旬，在墨西哥海滨城市坎昆召开了坎昆气候大会。会议的成果体现在：一是坚持了《联合国气候变化框架公约》《京都议定书》和“巴厘路线图”，坚持了“共同但有区别的责任”原则，确保了 2011 年的谈判继续按照“巴厘路线图”确定的双轨方式进行；二是就适应、技术转让、资金和能力建设等发展中国家所关心问题的谈判取得了不同程度的进展，谈判进程继续向前，向国际社会发出了比较积极的信号。

2011 年 11 月底至 12 月中旬，在南非海滨城市德班召开了德班气候大会。大会通过决议，建立德班增强行动平台特设工作组，决定实施《京都议定书》第二承诺期并启动绿色气候基金。对于绿色气候基金，大会确定基金为《联合国气候变化框架公约》下金融机制的操作实体，成立基金董事会，并要求董事会尽快使基金可操作化。

2012 年 11 月底至 12 月上旬，在卡塔尔首都多哈召开了多哈气候大会。大会通过的决议中包括《京都议定书》修正案，从法律上确保了《京都议定书》第二承诺期在 2013 年实施。此外，大会还评估了《联合国气候变化框架公约》长期合作工作组成果，并通过了有关气候变化造成的损失损害补偿机制等方面的多项决议。

2013 年 11 月，在波兰首都华沙召开华沙气候大会。会议主要取得三项成果：一是德班增强行动平台基本体现“共同但有区别的原则”；二是发达国家再次承认应出资支持发展中国家应对气候变化；三是就损失损害补偿机制问题达成初步协议，同意开启有关谈判。

2015 年 12 月，在法国首都巴黎召开巴黎气候大会。联合国 195 个成员国在巴黎举行的联合国气候变化框架公约第 21 次缔约方大会上达成协议，为 2020 年后全球应对气候变化行动做出安排。随后于 2016 年生效的《巴黎协定》是《联合国气候变化框架公约》下继《京都议定书》后第二份有法律约束力的气候协议，对全球应对气候变化有着重要意义。

2018 年 12 月，第 24 届联合国气候变化大会在波兰南部城市卡托维兹开幕，本次大会邀请了来自 200 多个国家近 3 万名代表共同商讨遏制全球变暖、应对气候变化。

2019 年 12 月 13 日，由中国绿色制造联盟、中国社会科学院生态文明研究智库、工业和信息化部电子第五研究所等单位联合举办的“中国工业应对气候变化的行动及成效”边会在联合国气候变化马德里大会“中国角”召开。与会嘉宾详细介绍了中国在工业绿色发展政策和应对气候变化领域取得的成效，分享了欧盟、澳大利亚、美国等国家和地区在工业领域应对气候变化的先进实践，共同讨论了中国及世界工业未来发展趋势。联盟以“工业应对气候变化的行动及成效”为主题制作了宣传展板，重点从“大力发展行业低碳转型技术”“控制工业过程温室气体排放”“创建绿色制造体系建设实现工业减排”等三个方面介绍了中国工业绿色发展在应对全球气候变化的行动及成效。

2022年11月20日，《联合国气候变化框架公约》第二十七次缔约方大会（COP27）在埃及沙姆沙伊赫闭幕。大会就《公约》及《京都议定书》《巴黎协定》落实和治理事项通过了数十项决议。本次大会在发展中国家高度关切的适应、损失与损害问题上取得了阶段性进展。其中，建立损失与损害基金成为一大亮点，大会也决定启动建立全球适应目标框架。

资料来源：https://baike.baidu.com/item/%E8%81%94%E5%90%88%E5%9B%BD%E6%B0%94%E5%80%99%E5%8F%98%E5%8C%96%E5%A4%A7%E4%BC%9A/24110453?fr=aladdin.

二、生态经济学的性质

生态经济学是生态学和经济学相互交叉、渗透、有机结合形成的新兴边缘学科，是一门跨自然科学和社会科学的交叉边缘学科。那么，生态经济学究竟是属于生态学的一个分支，还是属于经济学的分支呢？目前，较多的学者认为其属于经济学的分支；有少数学者认为其属于生态学的分支；还有人认为它既不属于生态学，也不属于经济学，而是一门新兴的独立学科，目前持这种观点的学者有增多的趋势。

（一）生态经济学具有边缘学科性质

生态经济学是近年来出现的一门由生态学和经济学相交叉、渗透、有机结合形成的新兴边缘学科。现代科学的发展，出现了自然科学和社会科学交叉合流的一体化趋势，生态经济学就是这种趋势的产物。生态经济学，既不完全以经济系统本身为对象，又不同于社会经济发展规律的一般经济学。它以生态经济系统为研究对象，把生态与经济两个系统的相互联系作为一个整体，来研究揭示生态经济复合系统的发展规律。现代生态学与现代经济学本身都是多学科有机组成的综合性很强的学科。生态经济学从诞生之日起，就吸取了这两门学科多种知识和理论营养，进行交叉融合，形成了自己独有特色、具有边缘性的科学体系。

（二）生态经济学具有经济科学性质

生态经济学从本质上说，是自然学科与社会学科之间的边缘学科，它运用两大学科的理论和成果揭示生态系统和经济系统之间相互关系的规律，这些关系和规律叫作生态经济关系和生态经济规律，其本质还是一种经济关系。不过这种经济关系是在生态系统与人类经济过程的相互关系中产生的。也就是说，在生态经济规律（或关系）中，生态系统与人类经济过程之间相互作用和相互影响是以人类经济活动为中心的，这是人类经济关系在更深层次上、在更广泛的领域中、在更新的内容上的体现。所有这些都说明了生态经济学属于经济学范畴。

生态经济学从它成为一门独立学科的必然性来看，是一门经济学，是经济学的一个分支。生态经济学不是生态学和经济学一般相结合的学科，而是在现代科学发展的过程中所产生的生态学和经济学一体化的学科。它从生态经济系统中的生态与经济两个系统的矛盾运动中研究人类社会经济活动与自然生态相互发展的关系，揭示其在人们的经济生活和经济关系上的规律性。它把自己的研究领域重点放在生态和经济两个系统之间相互联系及其发展过程中发生的经济现象和体现的经济关系上。从生态学和经济学的结合上普遍阐明产生这些经济问题的生态经济原因和解决这些问题的理论原则。也就是说，在生态经济系统中，生态系统与经济系统间相互作用和相互影响以人类经济活动为中心。研究这些问题，旨在调节人类社会的经济活动，使人与自然、社会、经济和生态环境能够协调发展，以满足人类生存和经济社会发展的需要。以上这些问题，都决定了生态经济学这门学科按其性质应该归属于经济学的范畴。

（三）生态经济学既有很强的理论性又有很强的实践性

生态经济学研究内容的抽象概括程度高。生态经济学是从整体上来研究生态经济系统中生态系统和经济系统之间相互联系及其发展规律的学科，揭示自然和社会这个统一体运动发展的规律性，随着对自然、社会及其相互作用认识的深化而抽象出理论概念和理论范畴，如生态经济系统、生态经济关系、生态结构、生态功能、生态平衡、生态经济效益、生态经济目标、生态经济规律等。它要建立自己特有的理论和数学模型，也有自己众多的应用分支学科。

生态经济学具有很强的理论经济学性质。对适用于一切社会经济形态的一般研究，人们通常称之为广义的理论经济学。而广义理论经济学的中心问题，是研究生产力与生产关系内部矛盾运动发展的客观规律及社会生产力和生产关系之间相互作用的客观规律，不仅政治经济学和生产力经济学是理论经济学科，而且生态经济学也是理论性很强的经济学科。

生态经济学具有很强的应用经济学性质。生态经济学的产生来源于现实经济发展产生的问题与需求，同时，它又应用于经济发展的实践，指导经济发展的实践过程。一方面，对过去经济学研究中已经涉及的，但是由于没有和生态规律结合起来研究所产生的问题进行研究；另一方面，由于将经济学和生态学孤立研究，两者结合存在大量亟待解决而无法用固有理论解决的问题，生态经济学应运而生。它的研究对社会经济的发展有着重大的指导意义，它是发展经济、保护环境的理论基础，是制定国民经济方针、政策的科学依据，是制定工农业发展规划乃至国际政策的指导思想，为解决严重生态、环境问题提供了有效方法。

第三节　生态经济学的研究对象和内容

一、生态经济学的研究对象

人类社会发展至今，既没有不研究客观规律的学科，也不存在没有研究对象的学科。一门学科特有的研究对象和对某一客观规律或某客观规律的一定侧面的研究是该学科存在的前提。生态经济学同一切学科一样，有自己特定的研究对象。

传统生态学主要研究不包含人类的自然世界，传统经济学主要研究人类社会的经济。生态经济学改变了传统生态学、传统经济学的研究思路，将生态系统和经济系统作为一个不可分割的有机整体，由一个生态系统和经济系统相互作用所形成的生态经济复合系统。生态经济学是从生态学和经济学的结合上，以生态学原理、经济学原理为基础，以人类经济活动为中心，围绕着人类经济活动与自然生态之间相互发展的关系这个主题，研究生态系统和经济系统相互作用所形成的生态经济系统。也就是说，生态经济学研究的是生态经济系统，主要是研究人类社会经济系统和地球生态系统之间的关系。

生态经济学不是一般地研究生态系统和经济系统的相互关系，而是研究作为整体的生态系统和经济系统统一有机体运动发展的规律性。社会物质资料生产和再生产的运动过程，是人类和自然之间进行物质交换的运动过程。因此，社会物质资料再生产运动不断进行，人类不断占有自然物质的有用形态，同时不断将废弃物和排泄物返回自然。人类就是这样不断往复循环地和自然进行物质交换。这是人和自然的最基本的关系，也是经济系统和生态系统最本质的联系。这种相关的联系是以物质循环、能量流动、信息传递和价值增值为纽带，把生态系统和经济系统耦合成为生态经济有机整体的。这一有机整体的运动发展是生态经济系统运动发展的表现，在此基础上，就构成生态经济学的研究对象。因此也可以说，生态经济学是研究社会物质资料生产和再生产运动过程中经济系统与生态系统之间物质循环、能量流动、信息传递、价值转移和增值以及四者内在联系的一般规律及其应用的学科。

生态经济学是一门边缘学科，由很多相关学科交织而成，其研究对象的边界很难确定，但使它成立并能够发展壮大的最主要研究对象，是由生态系统和经济系统相互交融而形成的生态经济系统。生态经济系统的物质组成是人类生存的基础，也是可持续发展的根本。而生态经济学的研究，既不能向生态学延展太深，也无力向经济学了解太细。生态经济学与其他经济类边缘科学不同的是，它一方面要坚持经济效益原则才能实现发展，另一方面要坚持生态效益原则才能实现可持续性。而经济学及其他边缘学科是缺乏生态观念的传统经济学理论。尤其创立了生态经济协调发展理论作为中心内容，使生态经济学的最主要研究对象和领域迈向了新的阶段。

二、生态经济学的研究内容

（一）研究的基本范畴

生态经济学研究的基本范畴，包括一些与相邻学科共有的范畴，如经济系统、生态系统、环境、资源、人口、技术等，具体而言，包括生态经济系统、生态经济产业、生态经济消费、生态经济效益、生态经济制度等。除此以外，还包括本学科特有的范畴，如关于生态经济运行机制的范畴。

（二）研究生态经济系统的区域性结构问题

研究生态经济系统的区域性结构问题是生态经济学研究的重点，因为任何一个系统都由一定的结构所组成，而这种结构又往往布局于一定区域土地面积上。同时，合理的区域结构，往往决定着该地域生态经济系统的整体功能和优势，对提高各种生态经济系统的功能，有着十分重要的意义。

（三）研究生态经济系统的综合功能和整体运动问题

生态经济系统综合功能是由系统内各要素之间进行物质、能量、信息的流动和转移的各种状态、速度所决定的。它包括生态和经济两个系统的生态平衡和经济平衡及其内在规律性问题，经济再生产和自然再生产的内在联系和规律问题，人类的各种经济活动对生态经济系统带来的影响和效益问题，以及一系列计量的指标体系问题。

（四）研究人类对生态经济系统的科学管理问题

由于生态经济复合系统是人类通过各种经济行为作用于生态经济系统的结果，人类是生态经济系统的主要消费者，因此研究人类管理生态经济系统的科学显得特别重要。

（五）研究生态经济学的发展历史及其实用问题

生态经济学必须在总结历史经验教训的同时，从中找出许多生态经济学规律性的东西，从而促进人类更好地运用生态经济复合系统的理论去指导生产实践，使生态效益、经济效益和社会效益达到满意的程度。

上述五个方面的内容，均是生态经济复合系统所要研究的问题。当然，要研究这一系列的内容，必须运用现代科学的一些方法和手段，如系统论、信息论、控制论、耗散结构论、协调论、突变论、电子计算机的系统工程等，才能达到理想的效果。

第四节　生态经济学学科体系及与其他相关学科的关系

一、生态经济学学科体系

综合生态经济学的研究内容，生态经济学的学科体系可以划分为四类：

（一）理论生态经济学

理论生态经济学从总体上研究人类社会经济活动和自然生态环境的统一运动，揭示生态经济发展的总体规律，研究生态经济理论和实践的共性、全局性问题，为各部门应用生态经济学提供基础理论，如生态经济学、生态经济学说史等。

（二）部门生态经济学

部门生态经济学研究国民经济某一个部门的生态经济发展状况及其运动规律，如工业生态经济、农业生态经济、运输生态经济、基本建设生态经济、旅游生态经济等。

（三）专业生态经济学

专业生态经济学研究国民经济某一个行业的生态经济状况及其具体规律，如能源生态经济、人口生态经济、水利生态经济等。

（四）地域生态经济学

地域生态经济学研究某一自然地理区域的利用、改造和保护。生态经济总是同一定地域相联系，因而具有明显的区域性特征，如山地生态经济、流域生态经济、海域生态经济、水体生态经济、城郊生态经济、庭院生态经济等。

二、生态经济学与其他相关学科之间的关系

(一) 生态经济学与生态学之间的关系

生态学和经济学在很大程度上是相统一的，生态学是研究生物与其周围物理、化学环境因子相互关系的科学，生态系统是一定区域内由生物与周围物理、化学环境组成的具有特定结构和功能的统一体，因此生态学也重点研究生态系统的结构、状态和功能。因而生态学也被称为“研究大自然的经济学”，即研究世界上含人类在内的所有生物与生物之间及其他各类环境因子相互依存、相互作用的关系和状态，是最宏观的经济学。而经济学只是研究人类这种生物为生存、繁衍和发展与各类环境因子（含生物因子及资源）的相互作用、过程及效果。生态经济学是从整体上和客观上来研究如何使生态、经济、社会三个子系统协调发展的。

(二) 生态经济学与经济学之间的关系

传统经济学的世界观是以人为本位，人类的偏好为主宰经济行为的动力。生态经济学则认为，必须通过限制人的需要以适应自然资源的有限性。传统经济学的核心是增长和规模，它提倡不受自然生态环境制约的经济发展，解决人们需求之无限扩张的根本方式是经济的不断增长和规模化发展，主张经济规模不断扩大、经济增长率不断提高。生态经济学主张经济发展应该受自然资源和生态系统整体性的制约，经济规模是和生态系统的自然承载力相关的，即在可持续的基础上输入能量、更新资源和吸收消化废弃物的能力。经济系统被看成是一个更大的、但有限的而且是非增长的生态系统的子系统。生态系统的规模是固定的，经济规模相对于这个生态系统的规模非常重要。

生态经济关系的本质是经济关系，对经济关系的科学分析来自经济学理论。

宏观经济学以一个国家的整体经济活动或经济运行作为考察对象，考察一个国家整体经济的运作情况以及政府如何运作经济政策来影响整体经济的运行。宏观经济学所研究的问题分为短期和长期。就长期问题来讲，宏观经济学主要考察一个国家的长期增长和发展的问题。而经济发展的根本点就是经济、社会的发展与生态环境相协调。生态经济学把生态系统和经济系统作为一个整体来研究人类进行物质资料生产的发展规律，揭示人类社会经济活动和自然生态发展的普遍的、必然的、内在的联系。它所研究的经济、技术、社会和生态问题具有宏观的特点，如人口与资源、经济发展与生态环境、经济发展与技术进步等问题，这与经济学所关心的问题是完全一致的。另外，生态经济问题的解决，需要通过国家政策、法律的调控，乃至国际市场、国际法对世界的经济发展进行调控，对全球环境建设合理规划、管理；生态建设涉及的各部门、各区域的协调问题同样需要政府从宏观上加以调控。现行的宏观经济政策在改进一个国家的生态经济的状况上起着重要作用。

微观经济学以单个经济主体的经济行为作为考察对象，所要解决的问题是经济资源的优化配置问题。在当今世界上，经济资源的优化配置是通过市场机制达到的，而市场机制的最主要部分是价格机制问题。微观经济主体的行为与结果通过价格的引导可以解决

资源的优化配置问题。从微观角度来看，价格手段是保护环境的经济手段体系中比较灵活和有效的手段。价格手段一般具有两方面的作用：一是使价格具有帮助体现社会边际成本的功能，如对产生污染的产品提高价格；二是尽力消除价格在发挥原有功能时产生的副作用，如资源价格偏低。所以，生态经济学中要运用微观经济学的理论来影响微观决策主体的行为。生态经济学具有微观经济学的性质，这是因为生态经济协调发展除了实现战略思想的转变外，还必须以最基本的经济细胞企业、农户为依托，从小区域、小流域建设开始，配置丰富多彩的技术项目和生态经济具体模式，即从大处着眼，小处着手，才能建立生态经济持续发展的良性循环。

生产力经济学是研究社会生产力的学科。社会生产力是指人同他所用来生产物质资料的那些自然对象和自然力的关系，即生产过程中人和自然的关系。它表明某一社会的人们控制和征服自然的物质能力。而这种物质能力是存在于人和自然之间的物质变换关系之中的。可见，无论是生产力经济学还是生态经济学都要考察人和自然之间的物质变换关系。这样，生态经济学的研究就不可避免地同生产力经济学的研究范围与对象发生某种重叠。这种情况表明两门经济学科是相互交叉的，两者有着极其密切的联系。

发展经济学以发展中国家经济为研究对象。其任务是研究发展中国家经济从落后状态发展到现代化状态的规律性，研究其发展的过程、发展的要素及应该采取的发展战略和政策等。生态经济学是研究生态经济系统由不可持续发展状态向可持续发展状态转变及维持其可持续发展动态平衡状态运行所需要的经济条件、经济关系、经济机制及其综合效益的学科。由于可持续发展不仅是发展中国家的目标，也是发达国家的目标，所以生态经济学所探索的规律带有上述两类国家之间的通用性，是研究在这两类国家走可持续发展道路所需遵循的普遍原则；而不像发展经济学只探索发展中国家发展的规律性，所概括的规律和原则只适应于发展中国家。

生态经济学的时间尺度亦类似生态学，但又强调不同时间尺度间的开发行为的长期影响。在空间尺度上，生态经济学更强调全球性观点的生态与经济之间相互作用与互相依存关系。生态经济学的总体目标是综合经济学与生态学的目标，即追求生态经济系统的可持续性，并把握生态经济系统的规律。

第五节　研究生态经济学的意义

一、带动一批新学科的发展

生态经济学的发展将带动一批新学科的研究，也将为原有学科注入新的内容。生态经济学研究的对象是生态经济系统，它包括两个主要的子系统，即生态系统和经济系统。在社会再生产过程中，经济系统持续地从生态系统中吸取物质和能量（资源），又持续地把物质和能量排入生态系统。因此，二者互为开放系统。西方经济学家把研究这种开放系统的经济方面的学科叫作“开放生态经济学”。

此外，生态哲学、资源生态经济学等都是随着生态经济学的发展而发展起来的。

二、推动生态经济的发展

生态经济学的创立，为发展经济、保护生态环境提供了理论基础和科学依据，是编制经济发展规划的指导思想，是解决目前存在的生态问题的有效途径，因而对推动生态、经济、社会的协调发展具有十分重要的意义。

（一）为制定社会经济持续发展战略提供正确的理论指导

制定一个正确的战略规划，是保证社会经济顺利发展的重要前提。传统经济学片面地强调经济增长，忽视了经济增长中的生态问题。生态经济学主张从生态与经济的结合上研究和树立社会经济的产值观、资源价值和发展战略观，认为现代经济社会是一个生态经济有机整体，社会再生产是包括物质资料再生产、人口再生产和生态环境再生产的生态经济再生产；人类的需求不仅是物质、文化的需求，而且包括对优美舒适的生态环境的需求。因此，经济社会发展战略应该是经济—社会—生态同步协调发展战略，在目标选择上注重不断改善生态条件和提高环境质量，并通过完整的多元指标体系来保证这一目标的实现。生态经济学这一重要的战略观点，为制定全面正确的社会经济发展战略提供理论指导，对国民经济建设方针及政策的确定、国土资源开发整治、编制国家经济发展规划和国民经济管理等，都具有重要意义。

（二）为设计和建设良性循环的生态经济系统提供科学依据

生态经济学的重要任务之一，就是通过对生态经济系统的结构和功能机制的研究，揭示生态经济运动的规律，为设计和建立良性循环的生态经济系统提供科学依据。近几年来，人们在应用生态经济学原理建设高质量的生态经济系统方面，进行了有益的尝试，如我国上海、贵阳、大连等城市，进行生态建设的试点，取得了很好的效果。

（三）对当前经济发展的现实意义

1. 推动生态经济的发展是从我国国情出发的必然选择

众所周知，人口、资源、环境的状况是一个国家最基本的国情。如果说它们是当今人类生存与发展所面临的三大难题，那么可以说，这三大难题在中国尤其突出。人口众多、资源相对不足、生态基础脆弱的现实国情，决定了在建设中国特色社会主义现代化的事业中，必须而且也只能实施可持续发展战略。这是因为，人口众多、资源短缺、环境污染、生态退化已成为影响我国经济和社会发展的重要因素。生态经济学正是为了寻求解决上述问题的措施和途径，以协调人和自然的关系，维护生态平衡，促进经济发展。

2. 推动生态经济的发展是企业转变增长方式的客观需要

目前，我国多数企业仍然是一种高投入、高消耗、高污染、低产出、低质量、低效益的粗放型经济增长方式，这种方式使企业及整个国民经济发展付出了极大生态代价和社会成本，造成了不可持续发展的危机。把企业生产经营管理的重点放在转变粗放经营的经济增长方式上，逐步从现有以资源环境消耗型为基本内容的粗放型非持续经济增长方式，转向以环境资源节约型为基本内容的经济增长方式。这样才能切实避免以牺牲环境和浪费资源为代价换取企业经济一时增长的先污染后治理的老路。

3. 推动生态经济的发展是增强企业竞争力的需要

目前，我国企业面临的是按照国际通行的 WTO（世界贸易组织）规则竞争的新环境。为了适应这种新环境，我国国内市场必须严格按照现代市场经济的规范与要求运作。这是关系到我国企业命运与前途的重大问题。从国际贸易来看，中国加入 WTO 之后，关税大幅度降低，传统的非关税贸易壁垒也将逐步取消；国际贸易壁垒逐步转向各种苛刻的技术标准和环境法规与生态标准及其要求，这样对我国企业的生产与销售构成很大冲击。从国内贸易来看，我国政府实施可持续发展，保护生态环境，必然要支持与鼓励低污染或无污染的生产与消费，从而对低污染或无污染的绿色产品实行减征消费税的优惠政策。

■复习思考题

1. 生态经济学的内涵是什么？
2. 生态经济学的研究对象是什么？
3. 简述生态经济学的学科体系。
4. 简述生态经济学与经济学之间的关系。
5. 简述研究生态经济学的意义。

第二章

生态经济系统

生态经济系统是生态经济学的研究对象，理解和掌握生态经济系统的概念和基本原理，有助于把握生态经济系统运行规律，对生态经济系统进行优化调控，从而实现生态经济系统的可持续发展。本章主要介绍生态经济系统的概念、特性、组成要素及功能，以及生态经济系统要素配置及方法、生态经济系统的基本矛盾与协调统一等内容。

第一节　生态经济系统概述

一、生态经济系统的概念

生态经济系统是由生态系统和经济系统两个子系统相互交织、相互作用、相互混合而形成的统一复合系统。它们是通过技术中介及人类劳动过程所构成的物质循环、能量转换和信息传递的有机统一整体。生态系统与经济系统之间有物质、能量和信息的交换，同时，还存在着价值流沿生态链的循环与转换。在这个系统中的各个子系统之间、子系统内各个成分之间，都具有内在的、本质的联系，这个系统中的每一个要素承担着特殊的作用，都是系统不可缺少的部分。

生态系统和经济系统的统一必须在劳动过程中通过技术中介才能相互耦合为整体。技术系统是生态经济系统的中间环节，技术是人类利用、开发和改造自然物的物质手段、精神手段和信息手段的总和。凡是生态系统与经济系统相互交织和物质能量的循环转化过程，都有技术的中介作用。从生态系统的整体结构来看，技术系统只是起一个中介作用，起主导作用的还是主体结构中掌握和运用技术的主体人。价值的形成及其增值过程也必须通过人类脑力和体力劳动，以及各种具体劳动过程才能实现。因而，人类通常所见到的经济系统和生态系统实际上绝大多数都是复合生态经济系统。生态经济系统并不是自然的生态系统和人类社会经济系统简单的叠加体，而是由它们之间存在的物质交换和能量流动两个系统相互作用和影响组成的有机体，是生态经济要素（如环境要素、生物要素、技术要素和经济要素等）遵循某种生态经济关系的集合体。人类的社会经济系统建立在自然生态系统的基础上，并且在依靠生态系统的同时也通过各种活动对其产生影响。

二、生态经济系统的特性

（一）融合性

生态经济系统的融合性体现在生态经济系统的再生产是自然再生产、经济再生产和人类自身再生产这三个再生产过程的相互交织。

人是经济系统的主体，人的再生产需要消耗一定的物质资源，以一定的经济条件为支撑，在人的主导作用下自然力和人类劳动相结合，共同创造使用价值，其产品参与和影响经济、社会、自然再生产的总循环过程。生态系统通过能量流、物流的转化、循环、增值和积累过程与经济系统的价值、价格、利率、交换等软件要素融合在一起。

（二）开放性

生态经济系统是一个开放的系统，它与更大的大自然和社会环境有着物质、能量、价值与信息的输入输出关系，这是整个生态经济系统协调发展的依据。系统通过不断地与外界进行物质、能量、信息、价值的交换，就可能使系统从原来的无序状态变为一种在时间、空间和功能上的有序状态，这种平衡状态下的有序结构就叫耗散结构。通过这种交换和循环使生态经济区域功能的发挥具有较高的效率，具体表现在物质循环的高效性、能量转换的高效性、价值增值的高效性及信息传递的高效性。

（三）有序性

生态经济系统的有序性也是生态经济系统构成的重要特性之一，即构成生态经济系统的各种成分和因素，不是杂乱无章地偶然堆积，而是在一定时间和空间上处于相对有序的状态。实质上是生态经济系统双重目标及协调有序的实现，是在生态系统与经济系统双向循环耦合过程中完成的。首先，经济系统的有序性是以生态系统的有序性为基础的。经济系统也遵循经济有序运动的规律性，不断地同生态系统进行物质、能量、信息、价值等交换活动。经济系统的有序性也影响生态系统的有序性，以维持一定水平的社会经济系统的稳定性。其次，生态系统的有序性和经济系统的有序性必须相互协调，并融合为统一的生态经济系统的有序性。为使系统结构趋于稳定状态，生态系统和经济系统相互之间不断进行物质、能量、信息和价值等交换，各要素相互交换过程中的协同作用，不仅使两大系统协调耦合起来，而且使耦合起来的复合系统具有生态经济新的有序特性。

人类活动在很大程度上影响了生态经济系统协调有序性的发展，如乱砍滥伐、肆意排放废弃物等必然影响生态系统的有序性，因而人类活动一定要和生态系统相协调，而不能超越生态经济系统的限度。所以生态系统与经济系统所具有的非平衡生态结构，决定了二者必须相互进行不断的交换活动以维持某一稳定状态。

（四）动态演替性

生态经济系统演替是社会经济系统演替与自然生态系统演替的统一，它与社会历史发展相关联，而且还与同一历史阶段经济发展的不同时期以及同一时期的不同经济活动相联系。生态经济结构进程大体经历了原始型生态经济系统演替、掠夺型生态经济系统演替和协调型生态经济系统演替三个阶段。

1. 原始型生态经济系统演替

原始型生态经济系统演替是生产力发展水平极低条件下的产物。它主要存在于自然经济和半自然经济条件下农业和以生物产品为原料的家庭工业中。在这种社会经济条件下，经济系统与生态系统只能形成比较简单的生态经济结构，其特点如下：①主要依赖自然的帮助才能完成演替任务；②在演替过程中，资金要素基本上不参与生态经济系统结构的形成，主要由自然经济决定；③演替过程中起中介作用的技术手段十分简单，经济系统与生态系统的能量流、物流结合能力差，并且转化率低；④演替规模小，速度慢，经济系统对生态系统的作用，一般不会超过生态系统的耐受限度。

根据上述特征，原始型生态经济系统是生产手段落后，以石器为主的生产工具不可能充分开发出生态系统积累起来的物质和能量的生态经济系统；同时人口数量少，植物数量丰富，生态系统的食物资源可以说是取之不尽、用之不竭，但这是生产力发展水平极度低下的产物。

2. 掠夺型生态经济系统演替

掠夺型生态经济系统演替主要表现在资本主义的发展阶段，以化石能源利用为主。它是指经济系统通过技术手段，以掠夺的方式同生态系统进行结合的一种演替方式。掠夺型的生态经济系统演替的特点如下：①具有经济主导性，生态基础要素的定向演替要靠经济、技术要素的变动来实现；②有使生态资源产生耗竭趋势的特点，这是由于经济主导型的生态经济系统演替，具有极强的同化和吸收自然资源的能力；③由于严重的环境污染，具有环境质量快速消耗的特点。

掠夺型生态经济系统演替是具有脱离生态规律约束倾向的经济增长性的演替。这种演替虽然一定时间内能使经济快速增长，但由于这种增长以破坏资源和环境为代价，所以，当环境和资源损伤到一定程度出现严重衰退时，便会成为制约经济增长的严重障碍。

3. 协调型生态经济系统演替

协调型生态经济系统演替主要表现在生态文明社会的发展阶段。它是指经济系统通过科技手段与生态系统结合成物能高效、高产、低耗、优质、多品种输出、多层次互相协同进化发展的生态经济系统的演替方式。它是经济社会持续协调发展阶段的生态经济特征。协调型生态经济系统演替的特点表现在：①互补互促的要素协调关系。经济系统与生态系统各要素是互补互促的协调关系，单一的生态系统因其营养再循环复合效率、生产率和生物产量都较低，人们为了满足需要，便运用经济力量来干预生态系统中营养循环和维持平衡的机制，以获取高转化率和高产量。这种干预引起生态系统向更加有序的结构演化，从而生产出比自然状态循环时多得多的物质产品。较多的物质产品输入社会经济系统后，又会引起经济有序关系的一系列变化。②高输入、高输出的投入产出关系。协调型生态经济系统演替必然包含一部分对维持现状多余的物质和能量，这部分物质和能量既是系统自身的产物也是自然经济和社会环境的投入。协调型生态经济系统演替在于利用这些多余的物质和能量，在技术手段的作用下，使原来有序的生态结构关系发生新的变化，从而产生更加有序的结构演替变化，且具有不危及生态环境的特征。经济系统与生态系统的关系有时是不协调的，特别是经济迅速发展时期，常常会出现经济系统与生态系统相矛盾的现象，协调型生态经济系统演替在于能够找出恰当的方法解决两者之间的矛盾。

三、生态经济系统的分类

地球上最大的生态经济系统是生态经济圈。依据不同的经济特征，可以把它分为农村生态经济系统、城市生态经济系统、城郊生态经济系统和流域生态经济系统四大类。

（一）农村生态经济系统

凡是以农业为主体的生态系统，就是农村生态经济系统。农业在整个国民经济中具有十分重要的基础地位和作用，随着农村经济的发展，农村生态经济也在日益向专业化方向发展。农村生态经济系统大致分为以下四种类型：

1. 农业（种植业）生态经济系统

农业（种植业）生态经济系统是农村生态经济系统的基础，主要特点是利用绿色农作物的光合作用，将太阳能转化为化学潜能和将无机物转化为有机物的第一性生产系统，其他各种不同形态的农村生态经济系统都要在这个基础上才能建立起来。

2. 林业生态经济系统

林业生态经济系统是指以经营木本植物为主的林业生产系统。林业生态经济系统可以分为自然森林生态经济系统和人工营林生态经济系统两大类。林业生态经济系统在农村生态经济系统中的地位十分重要，对于保障农业生产和为畜牧业提供条件，对于保持水土、涵养水源、调节气候、有利水分和其他一些物质循环以及充分利用光能生产林产品等方面，都具有独特的不可替代的作用。

3. 畜牧业生态经济系统

畜牧业生态经济系统是指以生产家畜、家禽等经济产品为主的生态经济系统。它可分为草原畜牧业生态经济系统和农区畜牧业生态经济系统两大类。

4. 渔业生态经济系统

渔业生态经济系统是指以水生生物生产为主的生态经济系统。它包括海洋生态经济系统和内陆水域生态经济系统两大类。

（二）城市生态经济系统

城市是一个典型的经济—生态有机系统，在这个系统中还可以分为三个不同级别的亚系统，即工业经济生产系统、高密度的人口消费系统、维护城市生态平衡的分解还原系统。这三大亚系统有着内在的特殊有机联系。工业经济生产系统是城市存在的经济基础，也是城市人口生存的物质条件；经济生产与人口生存不可避免地会排泄废弃物，这又是还原系统存在的前提；反过来，城市人口高密度集中，如果没有人口和人口集聚，也就不会有城市，更不可能有工业经济生产系统；但如果没有生态分解还原系统，城市就可能毁于垃圾、污水和臭气之中。因此，城市工业经济生产系统、高密度人口消费系统和城市生态分解还原系统三者相互作用、相互联系构成了一个不可分割的统一的城市生态经济系统。

（三）城郊生态经济系统

这是既区别于城市又不同于农村的一种特殊生态经济类型，它的最大特征就是以城市为主要服务对象建立起来的农村生态经济系统。为城市服务，不仅包括通过商品交换为城市提供蔬菜、食品等生活消费品，更重要的还包括非商品交换所接纳和处理城市排放的废弃物。因此，有城市就必须有城郊，有多大规模的城市就必须有相适应面积的城郊与之配合。随着城市化迅速扩展和城市“三废”污染的加剧，城郊生态经济系统也显示出越来越大的作用。

（四）流域生态经济系统

流域生态经济系统视研究的范围而定，小的系统可指小流域，是一种比较简单的生态经济系统，流域内既可是单一的某种生态经济系统，也可以是包括农、林、牧、渔等几种经济生产内容的农村生态经济系统。大的系统可以是在很大范围内既包括农村经济生产，又包括城市和城郊经济生产的综合性生态经济系统，如珠江三角洲流域、长江流域、黄河流域。流域，一般是指地域或区域而言。研究流域生态经济系统，可以为国土整治和制定经济总体发展规划提供理论依据。

案例链接

“三北”防护林体系工程

“三北”防护林体系工程（以下简称“三北工程”）东起黑龙江宾县，西至新疆的乌孜别里山口，北抵北部边境，南沿海河、永定河、汾河、渭河、洮河下游、喀喇昆仑山，包括新疆、青海、甘肃、宁夏、内蒙古、陕西、山西、河北、辽宁、吉林、黑龙江、北京、天津13个省、自治区、直辖市的559个县（旗、区、市），总面积406.9万平方千米，占我国陆地面积的42.4%。1978—2050年，历时73年，分三个阶段、八期工程进行，规划造林5.35亿亩（1亩≈666.67平方米）。到2050年，三北地区的森林覆盖率预计将由1977年的5.05%提高到15.95%。三北防护林体系建设工程五期即将完成，现已启动第六期工程建设。截至2020年年底，三北工程累计完成营造林保存面积达3 174.29万公顷。

建设三北工程是改善生态环境、减少自然灾害、维护生存空间的战略需要。三北地区分布着我国的八大沙漠、四大沙地和广袤的戈壁，总面积达148万平方千米，约占全国风沙化土地面积的85%，形成了东起黑龙江西至新疆的万里风沙线。这一地区风蚀沙埋严重，沙尘暴频繁。从20世纪60年代初到70年代末，有667万公顷的土地沙漠化，有1 300多万公顷农田遭受风沙危害，粮食产量低而不稳，有1 000多万公顷草场由于沙化、盐渍化，牧草严重退化，有数以百计的水库变成沙库。据调查，三北地区在20世纪五六十年代，沙漠化土地每年扩展1 560平方千米；20世纪七八十年代，沙漠化土地每年扩展2 100平方千米。

三北地区大部分地方年降水量不足400毫米，干旱等自然灾害十分严重。三北地区水土流失面积达55.4万平方千米（水蚀面积），黄土高原的水土流失尤为严重，每年每平方千米流失土壤万吨以上，相当于刮去1厘米厚的表土，黄河每年流经三门峡16亿吨泥沙，使黄河下游河床平均每年产生淤沙4亿立方米，下游部分地段河床高出地面10米，成为地上“悬河”，母亲河成了中华民族的心腹之患。

干旱、风沙危害和水土流失导致的生态灾难，严重制约着三北地区经济和社会的发展，使各族人民长期处于贫穷落后的境地，对中华民族的生存和发展构成严峻挑战。建设三北工程不仅对改善三北地区生态环境起着决定性的作用，而且对改善全国生态环境也有举足轻重的作用。

建设三北工程是实现民族团结、巩固国防、实现各民族共同繁荣的战略需要。三北地区是我国多民族聚居区，聚居着汉、回、蒙、满、维吾尔、哈萨克、鄂伦春、塔吉克等22个民族，总人口1.67亿。

三北地区战略地位突出，有我国重要的国防基地。工程区横跨我国北方半壁河山，同俄罗斯、蒙古等10多个国家接壤，国境线长达7 000千米。三北地区有许多革命老区，由于生态条件恶劣，经济发展缓慢，群众生活困难。建设三北工程不仅对增强民族团结、实现各民族共同繁荣有着重要意义，而且对维护国家安全，巩固国防建设起着积极的作用。

建设三北工程是促进区域经济发展、加快农民脱贫致富、实现经济社会可持续发展的战略需要。三北地区地域辽阔，光热资源充足，物种资源多样，矿产资源丰富，人均农地、草地均高于全国平均水平，是我国重要的畜牧业基地和极具开发潜力的农业区；已经发现的矿产有170多种，约占全国的70%，其中有多种矿产在全国乃至全世界都占有明显的优势，是我国重要的能源、冶金、重化工基地。

三北地区植被稀少，农村木料、燃料、肥料、饲料俱缺，农业生产低而不稳，农村经济发展缓慢，人民生活水平低下。三北地区恶劣的生态环境严重地制约了区域社会经济发展，影响了农民脱贫致富。建设三北工程不仅对促进当地的经济社会发展、早日实现农民脱贫致富具有非常重要的现实意义，而且对促进我国国民经济社会可持续发展具有战略意义。

建设三北工程是改善三北地区生态环境、解决生态灾难的根本措施。三北地区在农田保护、水土保持、防风固沙等方面进行了广泛的探索，积累了一定的经验，不少地方取得了较好的效果。工程建设前，三北风沙区造林保存面积达 187 万公顷，黄土高原水土流失区造林保存面积达 140 万公顷，为大规模进行沙害、水患治理积累了经验。实践证明“治水之本在于治山，治山之要在于兴林”是符合客观规律的，植树种草是解决生态灾难的根本措施，生态灾难只能用改善生态的办法来治理。

资料来源：https：//baike. baidu. com/item/%E2%80%9C%E4%B8%89%E5%8C%97%E2%80%9D%E9%98%B2%E6%8A%A4%E6%9E%97%E5%B7%A5%E7%A8%8B/11046362? fr=aladdin.

第二节　生态经济系统的组成

一、人口要素

人口要素是指生活在地球上的所有人的总称。人口是组成社会的基本前提，是构成生产力要素和体现经济关系与社会关系的生命实体。在生态经济系统中，人口要素属于主体地位，其他要素都属于客体地位。这是因为其他的自然生态系统以及环境等都是和人口相对应的，只有和人类相互作用才具有实际意义，没有人类也就谈不上生态经济系统和自然生态系统与人类经济系统之间的矛盾。另外，人类作为生态经济系统的主体，最大的特点是具有创造力，也就是能动性，这是人和其他一切生物的区别。因为人类具有能动性，所以人类才可以能动地控制和调节这个系统，使之符合客观发展规律。

二、环境要素

环境是一个相对的概念，是指与居于主体地位的要素相联系和相互作用的客体条件。在生态经济系统中，人类居于主体地位，从广义上说环境要素就是人之外的其他一切生物和非生物。另外，根据和人类的关系，环境要素可以细分为物理系统、生物系统和社会经济系统三个亚系统。

（一）物理系统

物理系统由所有自然环境成分组成，包括地球之外的太阳辐射、岩石土壤圈、大气圈、水圈。它们独立于有机生命体之外，均有其自身的运动规律，但是这些圈层却是生物圈和人类社会存在和发展必不可少的，并且生物圈、人类的社会经济系统和这些圈层时时刻刻都在进行着物质和能量的交换，包括人类社会从这些圈层中获取物质和能量，同时又将人类消费过的废弃物排放到环境中。因此，可以说这些物理系统是生命系统存在的基础。

（二）生物系统

生物系统包括植物、动物及微生物等，这些生物在生态经济系统中分别扮演了不同的角色。绿色植物进行光合作用，固定太阳能，并且从土壤中吸收营养元素，促进物质循环，即进行第一次生产的过程。绿色植物不仅是自然生态系统中的生产者，也是生态经济系统中的生产者。动物在生态经济系统中既是消费者也是生产者，各种动物和植物及非生物环境组成了丰富多样的自然生态系统。微生物在系统中担当着分解者的角色，有了它们的分解作用才使得系统的物质循环能够形成一个闭环。

（三）社会经济系统

社会经济系统是人类为了生存和发展而创造的，是人类文明的象征，这个系统从自然环境中获取资源进行生产和消费，不断地发展和进步。

这三个亚系统都有各自的结构和功能，而且系统之间还在不断地进行着物质和能量的交换。人类社会经济系统以物理系统和生物系统为基础，人类从其中获取资源，享受舒适的生态环境，同时自然环境还容纳了人类所排放的各种废弃物。总之，环境要素是人类社会经济系统的基础，同时人类社会经济系统对环境也产生了重大的影响。

三、科技与信息要素

科学是关于自然、社会和思维的知识体系，技术是指依据科学原理发展而成的各种操作工艺和技能，包括相应的生产工具和其他物资设备及生产的作业程序和方法。现代科学技术贯穿于社会生产的全过程，其重大发现和发明，常常在生产上引起深刻的革命，使社会生产力得到迅猛的提高和发展。

科技要素能改变全球生态经济系统中物质能量流动的性质和方向。发达国家正是借助科技要素这种特殊功能从发展中国家掠夺了大量财富，造成了发展中国家生态恶化。科技和技术两者相互依赖、相互促进，都是人类在改造自然的过程中所造成的，这是人类和其他生物最主要的区别。信息是事物运动的状态及这种状态的知识和情报。在系统内部及系统之间的相互作用过程中，不仅存在物质和能量的交换，还存在信息的交换。在一定条件下，信息交换对系统的组成、结构和功能及系统的演化起着决定性的作用，是人类对系统实施干预、控制的基本手段。

从系统论来看，科学技术是一种精神创造过程，可以被认为是减熵过程，如技术的进步使资源的利用效率提高，减少了不必要的消耗，也就减少了系统中熵的增加；科学发展使得人类可以认识自然界发展的规律，发展中的不确定性随之减少，系统的有序程度得到提高，使熵减少。因此，科学技术也是一种资源，这种资源在人类经济高速发展的今天显得尤为重要，因为在经济发展中化石燃料等一些不可更新资源日益减少，成为发展的主要限制因素，一方面科学技术的发展可以提高这些资源的利用效率，减缓资源危机的到来，另一方面可以依靠人类科学的发展来寻找新的资源作为替代品。

根据维纳的定义，信息可以看作一种解除不确定性的量，可以用所解除的不确定性的程度来表示信息量的多少，因此信息的实质就负熵，在生态经济系统中可以将其看作一种负熵资源。例如，对于一个生产系统（企业）来说，必须了解充分的信息，才有可能做出正确的决策，使其不断地发展和进步，而对于整个生态经济系统来说，信息的充分和流动，可以使得系统中的各个子系统之间相互关联，达到协同运动，通过协同作用，可以使系统从无规则混乱状态走向宏观的有序状态。信息在生态经济系统中具有很重要的作用。维纳等人强调指出，任何系统都是信息系统，他说："任何组织之所以能保持自身内的稳定性，是由于它具有取得、使用、保持和传递信息的方法。"系统各部门之所以能组合成相互制约、相互支持、具有一定功能的整体，关键是由于信息流在进行连接和控制（见图 2-1）。没有信息，任何有组织的系统都不可能独立地存在。

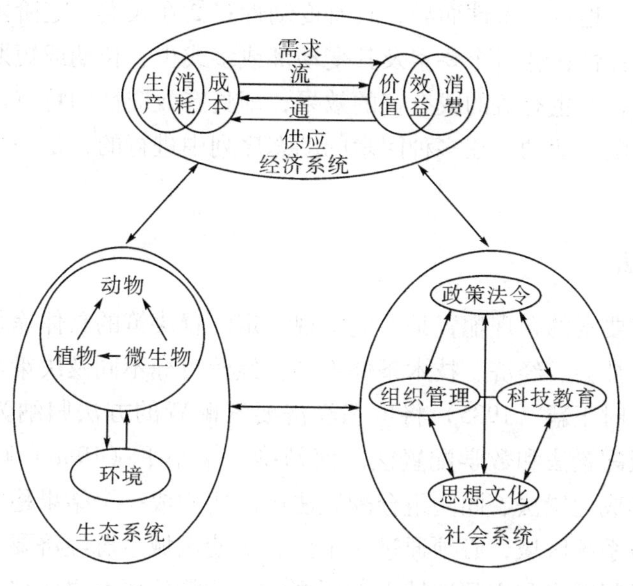

图 2-1　生态经济系统

第三节　生态经济系统要素配置及方法

一、要素配置

所谓生态经济系统的要素配置，就是人类根据生态经济系统的构成、要素作用效应及由此给社会经济系统或环境系统所带来的后果，通过人类自觉的生态平衡意识，遵循一定的原则，利用科学技术、上层建筑（主要是行政干预和经济政策、经济计划等）、技术措施等手段，围绕一定的社会经济目标，对生态经济系统所进行重新安排、设计、布局的活动。生态经济系统要素配置包括以下三个部分：

第一，生物要素的控制。即对一定生态系统中的动、植物的时空分布、数量、品种进行组合。例如，根据生态系统的容量和限度，对森林、草地、作物、人口、牲畜进行增减、移位、变动，使它们的现存状态有利于达到该系统的动态平衡并取得最佳的经济效益。

第二，经济要素的配置。经济要素所包括的内容很广，泛指一定生态经济系统的人、财、物和信息。经济要素的配置，即对输入、输出该生态经济系统的资金、劳动力、机械、化肥、价格、产品及经济政策、经济信息、政策等进行过滤、选择和实施的活动。

第三，技术要素的配置。技术要素输入是人类对生态经济系统驾驭能力的重要标志，它包括作用于一定生态经济系统的技术措施、技术设施、技术方案和技术决定。

由此可见，生态经济系统要素配置的内容和对象包括生物要素、经济要素和技术要素，其范围包括宏观、中观和微观方面的活动。被配置的各要素具有三个显著的特点：①要素本身依时间、地点、条件而异，具有变动性；②在人类一定阶段的认识能力和科学水平下，具有可控性；③每个要素及其变动都或多或少、长期或短期地从不同角度作用于生态经济系统，产生有益的或有害的效果，即具有效应性的特点。所以，人类对生态经济系统要素的配置活动是在多种因素的动态序列中进行的，是一个社会、技术的系统工程。

二、配置方法

区域生态经济要素的合理配置是人们实现一定配置决策的具体途径。由于生态经济系统的范围不同，社会、经济、技术条件不同，经营目标不同及决策水平的差异，配置方法亦不尽相同。时正新（1985）将生态经济要素配置的方法归纳为宏观配置法、食物链配置法、增减配置法和数学配置法。何乃维、李小平（1988）则根据要素的属性特征，提出相辅相成配置法、同阈组合配置法等。要构成一个结果稳定、功能高效并持续发展的生态经济系统区域，必须通过一定的方法使区域生态经济要素的配置在属性关系、数量规模、时间顺序和空间地域上有所规定，才能使要素之间彼此相辅相成，合理组合在一起。

（一）同类要素的择定：相辅相成配置法

同类要素择定是指根据区域生态经济要素的同类相吸特性，选择那些具有相辅相成、共利共生关系的要素，使之有机地组合在一起。

1. 生物群落与无机环境之间的相宜配置

生物群落演替的规律表明，生物群落与无机环境之间是在相互适应、相互改造的过程中向前演进的。因此，要实现生物群落与无机环境之间的相宜配置，可以从下面两方面进行：一是依据无机环境特性来选择适宜的生物群落；二是改造或恢复无机环境使之适合生物群落。但是，就目前人类对生态经济区域的调控程度来看，改造无机环境具有很大的困难。相反，可以通过适宜生物群落的选定及配置，达到改造和恢复无机环境条件的目的。例如，在水土流失区域采取种树、种草等措施，当森林（绿色）覆盖率达到一定程度时，不仅遏制了水土流失，保持了水土，而且改善了气候、水文等无机环境条件。因此，生物群落与无机环境相宜配置的关键是要做到适地适作、适地适树、适料适养、适水适渔。

2. 产业部门与生物群落、无机环境之间的相宜配置

一方面，产业部门应适应生物群落和无机环境的特点。例如，对生物群落和无机环境有较大依赖性的农业（农、林、牧、渔）、采掘业、环保业、交通运输业等，在一定的技术手段和水平条件下，应该宜农则农、宜林则林、宜牧则牧、宜渔则渔、宜矿则矿。另一方面是改变生物群落，使之符合产业部门的需要。例如，在加工制造业、商业、服务业聚集的城市地区要注意和加强绿化，在市郊发展蔬菜、畜禽、乳蛋生产，以满足这些产业部门的发展需要。

3. 产业部门之间的相关配置

如果产业部门与生物群落及无机环境之间的相宜配置使人类决定了一个生态经济区域的主导产业部门，那么产业部门之间的相关配置，就是根据部门之间的投入产出关系，即产前、产中、产后关系来决定一个生态系统区域的补充部门和辅助生产部门的。配置好主导产业部门的旁侧结构，可使产业部门形成一种互助的彼此相关的关系。产业部门之间的相关配置，一方面要根据生物群落要素及无机环境的多用性和相关性特点，进行综合开发、综合利用、综合治理和综合保护。例如，对以一矿为主的伴生矿，除了开掘、利用主要矿种之外，对其他伴生矿元素也要加以利用；对林区的木材，除了木材之外，还应对树桩、梢头、树皮、刨花、边角料等加以综合利用，做到地尽其力，物尽其用。同样，对恶化的生态经济区域，在要素重组的过程中也要注意产业部门的相关配置。例如，水土流失区工程措施与生物措施相结合，治山、治水、治林、治田、治路相结合，矿区被破坏的土地、废石填沟与植树造林相结合，排出的废气、废水、废渣处理利用与消除污染源及限制排放相结合等，这是从生物群落与无机环境特点出发围绕主导产业部门进行旁侧结构的相关配置。另一方面，要根据主导产业部门的原料要求、产品供给等关系，建立服务于主导产业部门的交通运输业、商业、服务业及加工制造业等具有投入产出链特征的产业。例如，对牧区，不仅要注意肉、蛋、奶的生产，还应加强肉、蛋、奶产品的加工转化的增值能力、出口的开拓能力，以提高区域的复杂度、开放性。

4. 农村、小城市、大中城市及城市郊区的相应配置

在那些生物群落、无机环境条件优越的地区发展起来的城市、集镇是生态经济区域中物质循环、能量转化、价值增值及信息传递最活跃、最集中的地方。大中城市通过小城镇、城郊向农村输送先进的技术、设备、人才、信息，为农村注入新的活力，带动农村的发展；农村则通过小城镇为城市提供丰富的原料和剩余劳动力。在这种连为一体、结成网络的生态经济区域内，要做到相应配置。首先，城市应该向农村传递先进的技术、工艺和设备，禁止或减少落后的、陈旧的设备的转移，杜绝城市污染向农村扩散。同时，城市自身的扩展要注意保护农村的耕地、水域等资源要素。其次，农村也应向大中城市、城镇提供适销对路的农产品。这样，城市与农村才能相互促进、相得益彰，共同促进生态经济区域的繁荣和发展。

（二）适度规模的限制和规定：同阈组合配置法

各个区域生态经济要素的合理规模，使生产规模、社会规模、环境容量及生物（及其生长量）之间相互匹配，使丰富资源的优势得到充分发挥，短缺资源的劣势得到有效避免。

1. 产业部门的规模必须适度

从产业部门在生产过程中与生物群落及无机环境的关系来看，后者不仅为前者提供必备的原料、劳动资料、劳动对象，而且还作为活动场所给前者提供立足之地，前者也将物质和能量投入后者之中，促进生物的生长、发育、繁殖。因此，相对于生物群落要素，产业部门与无机环境之间就是提取与给予的关系。我们假定产业部门对生物群落、无机环境的提取量与投入量分别为 M 和 S，生物群落的生物生长量及无机环境的各个因子的自我更新量分别为 G 和 V，并且 G、V 一定，那么，可分为以下四种情况讨论：

（1）只取不投，即 $S=0$，$M>G$，或 $M \leqslant G$（V）。

当 $M>G(V)$ 时，其现实形态是生态经济区域的产业部门只顾森林砍伐、草地放牧、牲畜屠宰、作物收获、培肥地力、水体养殖、换代补给、综合利用、节约利用、回收转化等来保护生态，使得林木、草类、畜群、鱼群的生长量小于采伐量、屠宰量及捕捞量，生产规模大于生长限制阈，地力更新量、矿产资源的综合利用水平及换代补给量小于地力耗竭量、浪费量，生产规模大于环境容量限制阈。其结果是生态经济区域中生物群落的衰退、无机环境的污染及矿藏的大量浪费（换代补给问题似乎不是那么令人担心），显然这种做法是不可取的。当 $M \leqslant G(V)$ 时，即虽然产业部门的生产不对生物群落及无机环境给予投入，但是对这些资源的耗用量小于其生长量和自我更新量，这是一种自然型的生态经济区域。

（2）取大于予，即 $M>S+G(V)$。其现实形态是采伐量大于生长量及植物总量、捕捞量大于放养量、矿产耗用量快于发掘量等，即生产规模阈大于环境容量限制阈和生物生长限制阈。显然，这也会导致生态经济区域的退化。

（3）取予相当，即 $M=S+G(V)$。其现实形态是生态经济区域产业部门的生产，一方面，要注意植树种草、培肥地力、水产养殖、饲养牧畜（并与饲料供给量相适应），寻找矿产代用品并注意综合利用、节约利用、废料利用、废料循环转化；另一方面，通过上述措施，使森林砍伐量等于栽种量及原油林木生长量之和。土壤肥力的耗竭等于投入的肥料量及土壤肥力自我更新量之和，即生产规模与环境容量限制阈及生物生长限制阈相当。那么，这对于一个没有劣化的生态经济区域来说是可取的，不仅具有生态效益，而且经济上也可行，因为 $M>S$。

（4）取小于予，即 $M<S+G(V)$。其现实形态是在生态经济区域内注意恢复植被、保护土壤、加强养殖、配备防污设备等，即生产规模不超过生物生长限制阈和环境容量限制阈。显然，这对于区域生态经济要素的重组来说，虽然初期的经济效益不显著，但有利于生物群落中动植物的生长和无机环境条件的改善与恢复。因此，这种做法也是可取的。

综合考虑上述生产规模阈、环境限制阈及生物生长限制阈之间的四种关系，无论是在一个初建还是一个重组的生态经济区域内，都必须服从 $M \leqslant S+G(V)$，并且要素重组只能是 $M<S+G(V)$，才能优化生态经济区域。因此，在调控生态经济区域，进行要素配置的过程中，应该确定合理的垦殖指数、采伐量、饲养量、屠宰量、采掘量和排污量，使产业部门的生产规模不超过环境限制容量和生物生长量。

2. 社会群落规模必须适度

首先，人口规模要加以控制，这是显而易见的。因为，在一个特定的生态经济区域内，人口的增长必须与其赖以生存、享受和发展的土地、粮食、森林、草地、淡水、能源等资源相适应。如果人口过多，那么人均资源不足，这就必然一方面导致盲目扩大生产规模，使生态经济区域更趋劣化，另一方面又限制了人类自身的生存和发展。例如，中国人口过多并且集中分布在东南部，人均资源拥有量与世界平均水平相比严重不足，并且已经体现了人口作为重要原因之一的滥垦、滥伐、滥捕的现象。有人根据中国淡水供应、能源生产、乳蛋鱼肉供应、粮食生产、土地资源、人均收入、人口老化等因素综合考察，提出中国生态理想负载能力是 7 亿~10 亿人。其次，城市的规模也应适度。城市的规模过大不仅会导致城市大气、水质污染、垃圾排放量过多、交通拥挤、噪音增多、住房紧张、就业困难及犯罪严重等一系列“城市病”，而且不利于生态经济区域内农村地区的发展。所以，应该从生物群落、无机环境条件的特点出发，控制社会群落的规模，使人口、城市规模适度。

3. 发挥规模效益与消除“瓶颈”制约

在生产规模、社会群落的规模不超过环境容量限制阈及生物生长限制阈的前提下，对区域生态经济要素调控的同时应注意扬长避短，发挥规模效益和消除“瓶颈”，这是另一层意义上的适度规模配置。

美国经济学家保罗·萨缪尔森指出：“规模的经济效果可以解释为我们购买的许多物品都是大公司制造的。”虽然，人们主张控制产业部门的生产规模和社会群落的规模，但是在这一前提下（尤其是当作为资源的生物群落、无机环境较为丰富的时候），对区域生态经济要素的调控仍然要注意发挥生物群落和无机环境要素的优势，使产业部门的生产规模以及社会群落的人口数量达到一定的程度，获得规模递增的收益——成本最低、盈利最多时的最优生产规模。如果产业部门生产规模及社会群落聚集规模以及社会群落的规模不超过生物群落的生物生长限制阈和地理环境的环境容量限制阈，而更偏重于从产业部门要素及社会群落要素对生物群落要素及无机环境要素的开发利用角度来考察的话，那么，发挥规模效益则是把投入和产出两个方面综合起来加以考察，即达到产业部门内部及产业部门间人力、物力、财力量上的合理聚集，从而达到在合理的城市规模和全球乡村规模基础上形成合理的城市与乡村结合的规模。

事实上，生态经济区域内诸要素对区域的贡献能力不是等同的，能力较差、规模最小的要素形成区域发展的“瓶颈”，因此，在要素优化配置过程中，应该消除“瓶颈”制约，达到要素之间配比阈下合理配置的规模效益。例如，对交通运输十分落后的区域应当积极开辟各种运输渠道，为搞活区域创造条件。

（三）同步时序的确定：同步运行配置法

要使具有不同生态经济序的要素同步运行，必须合理确定各个要素的时序，使之相互一致，彼此呼应。同步，时序的确定有四种类型和方法，即周期性时序链条的同步配置、食物链时序的同步配置、投入产出链时序的同步配置和时序网络的同步配置。

1. 周期性时序链条的同步配置法

根据不同生物群落对象规定不同产业（农业）生产周期。例如，与作物的生长周期、轮作演替结构、四季交替结构相适宜，规定种植业的播种期、施肥期、休闲期及采收期；与果树的大小年结果周期、林木的更新成熟周期相适宜等，规定相应的林业生产周期、轮伐期（回归年）及封山育林期；与畜龄结构、家畜利用年限相适应，制定相应的家畜生产周期及役畜使用时期（季节）计划；与草原、草地的生长季节性相适应，确定相应的放牧期和轮牧期；与鱼龄结构相适应，制订相应的养鱼周期及禁渔期等。要使产业部门（农业）生产周期与生物群落中动植物生长、发育、繁殖、衰亡的生命机能节律同步协调、相互配合，就必须做到起步时点、运行速率及终止时限的一致性。

（1）起步时点的一致性。不同动植物有不同的出生（发芽、出苗）时间、季节，产业部门（农业）生产周期的开始也必须与之适应，做到同步。这包括两种情况：一种情况是产业部门（农业）的起步时点与生物群落中动植物的生命机能活动时点的正点具有一致性（例如播种行为）；另一种情况是产业部门（农业）的起步时点的超前（例如苗期基肥的施用，必须在播种之前完成，这也是起步时点的一致性）。

（2）运行速率的一致性。产业部门（农业）的劳动力投放、施肥供应、电力分配、农药使用、机械选择等的配备，也要与动植物生长、发育、繁殖的速率相适应，使得劳动时间与生物的自然生长发育繁殖相吻合。例如，南方稻区“前稳、中攻、后补”的施肥方式，就是在前期底肥充足、基本期稳定的基础上，在中期增加追肥量以促进第二枝梗分化和颖花分化，后期看苗补施“保花”肥和“增粒”肥。

（3）终止时限的一致性。根据边际均衡原理，要素投入的适合点及最大收益值的获得是在边际收益刚补偿了边际成本的时候。因此，一旦 MR = MC（边际收益 = 边际成本），即在产业部门（农业）以与生物群落相吻合的速率向其投入最后一个单位的物质、能量的成本，与其获得的增产量的收益相等时，那么产业部门（农业）与生物群落在时间上的配合运行终止，即终止时限的一致性。例如，家禽在饲养期内随饲养时间的推移，生产函数曲线呈 S 形（畜禽生产性能在其生长发育期内随着时间的推移呈现由低到高，又由高到低的变化）。因此，对于主要提供肉、乳、蛋等产品的畜禽，在畜禽饲养周期内就应根据边际收益等于边际成本的原则，确定屠宰、出售的期限，至此，畜禽生产周期也告完结。又如，树木或林木在其自然生长期内其材积平均生长量也呈 S 形，那么，用材林的砍伐就应以目的树种的平均生产量达到最高值时的时间为终止的时限。至此，也完成了一个林业生产周期。

2. 食物链时序的同步配置法

首先，要使生物群落的生命机能节律与无机环境的变动节律相吻合：①使生物群落的生长、发育及繁殖节律适应无机环境的光照、温度、热量、降水节律。例如，高粱的播种、出苗、拔节、抽穗、开花、成熟的适宜温度分别是12℃（地温）、20～25℃（气温）；马尾松的造林适宜时期是雨水至春分；水杉的造林适宜时期是立冬至大雪，雨水至春分；苹果适宜在冬季9℃下低温的2～3个月的地区生长、发育等。②根据这些特点就应把它们分别配置在相应的季节和地区，使人工改造无机环境的节律变化，适合于生物群落的生命节律，如利用温室、塑料大棚等设施消除温度降低对植物生长、发育的影响，从而使生物生长、发育的时间延长，这也是两种不同生态经济序的要素通过人工调控、合理配置之后的时序组合达到同步状态。由于生物生长要以无机环境的元素为养料，所以，称之为食物链时序的同步配置。

其次，要使具有不同生命机能节律的生物群落之间，以食物链次序进行同步配置。例如，一个湖区，在要素配置的时序上应先发展以湖区为主体的水体农业，然后可以利用耕地的农作物群落、林地的森林、果树群落以及水域的鱼类和水生植物群落之间存在的供求关系、连锁关系及限制关系，相继配置防风林、防浪林、作物、家禽等生物群落，使水域、林带、农田、牧场之间水陆结合、互利共生。

3. 投入产出链时序的同步配置法

由于各个产业部门自身生产所必需的因子（如劳动者、资金、物资、技术等）有其不同的生存、组合、运行的规律，要达到产业要素之间同序组合、同步运行的目的，就要按照产业部门之间客观存在的投入产出链关系进行配置，使之同步协调。例如，在一个以农业生产为主的区域，在农业生产起步之前，就要做好产前、产后部门的准备。如农业机械、化学肥料、农机、能源等产品首先要及时供应，处于“临战”状态，当一个生产周期终结之后，又应该及时地把农副产品进行加工、储藏、运输、销售，产后产业部门的起步也要随之衔接上来。这样，就达到了产前、产中、产后部门之间以投入产出关系连接起来的时序上的协调运行。

4. 时序网络的同步配置法

一方面，从单个产业部门与单个生物群落及无机环境之间的时序配置来看，起步时点的一致性、运行速率的一致性及终止时限的一致性，不过是描述了单对区域生态经济要素的长期配置中的要求之间结合—运行—分离的一个短周期而已。因为区域生态经济要素之间无时不在进行着物质循环、能量转换、价值增值和信息传递，无时不是耦合在一起运行，各个配置周期之间总是此起彼续、此止彼起、相互衔接的。因此，单对区域生态经济要素同步配置的周期性链条实际上应该是起步—运行—终止—起步—运行……另一方面，从所有的区域生态经济要素之间的时序配置来看，不仅有单对要素同步配置的周期性链条的存在，而且由于要素之间复杂的食物链（网）及投入产出链（网），形成了所有区域生态经济要素之间交错、叠合、复杂的时序网络，这同样要求我们搞好在周期性链条同步配置和食物链投入产出链同步配置基础上的所有区域生态经济要素长期性的时序网络的配置。只有这样，整个生态经济区域的时序网络才会有条不紊，整个生态经济区域才会有节律地运行，区域结构才会表现出在具有均衡性、复杂性、开放性基础上长期高效发展的持续性。

达到时序网络配置的关键是要以在生态经济区域优势生物群落及无机环境的生态经济序基础上建立起来的产业部门、行业部门为先导，按照该产业部门的生态经济序来使其他产业的生态经济序与之组合，即先建立骨干主体，然后建立辅助产前、产后的产业部门。

（四）空间位置的划定：立体网络配置法

将各个区域生态经济要素布局在适宜的地域空间，使各个要素具有合适的经济生态位，要素之间的空间关系上呈现立体网络格局形式。

1. 生物群落之间立体配置及边缘效应的运用

在林地、耕地、草地、养殖场、水域、庭院内进行垂直分层格局式的各个要素内部因子的配置，达到对光、热、水、气的充分利用，使各个因子互利共生。在林地内部：把山区、丘陵地貌下的山顶、山腰和山脚结合起来；乔、灌、草间套作；林、茶间套作；林、药、菌间套作；林、草、禽、畜结合；平原、沙漠地貌类型下的农林套种；林、茶、药结合；林、草、畜结合，如河南农桐间作物网内的小气候较非间作区有明显改良，作物产量及经济效益都有明显提高。在耕地内部：稻、林间套作，稻、藕、鱼套养，绿肥、秧、油菜间套作、高低搭配等。在水体内部：上中下分层养鱼，鱼虾、鱼鳖混养，藕苇混植。在庭院内部：果木、葡萄、瓜豆、蔬菜、花、牛、马、鸡、鸭、猪、羊、猫的立体种养业配置等。在水平散布的平面上，根据生态经济区域的林地、耕地、草地、养殖场、水域、庭院等生物群落之间的供求关系、限制关系，将它们配置在合适的生态位上，进行适度、合理的聚集，达到对资源的循环利用、土地的合理利用。首先，要根据土地资源（气候、地貌、岩石、土壤、植物和水文等因子的自然综合体）的特点及生物群落的特征，使之具有合适的生存及开拓环境。例如，在坡度大于25°的山地，就不适宜垦殖，而应该作为林地；湖泊水域，就不适宜围湖造田作为耕地，而应该建立渔场。使各个生物群落有合适的生态位是立体网络配置最重要、最关键的一环。其次，在各个生物群落有合适的生态位的基础上，使林地、耕地、牧场、渔场及庭院在空间和地域上相互配合，有利于物质、能量及信息在空间上的相互交换和传输，以减少空间交换和传输上的损失。将具有垂直分层格局的各个生物群落在水平面上纳入更为广泛的再循环、再利用、再增值的立体配置格局之中，使耕地、林地、草地、养殖场、渔场及庭院之间互相促进、相得益彰。例如，我国南方较为广泛发展的“桑基鱼塘”农业生态模式就是各个生物群落之间空间上的立体配置模式——塘泥培桑、桑粪喂鱼。又如，被誉为中国生态村的北京留民营村，在鱼塘、菜地、林木、果园、畜禽、加工厂、微生物（沼气）、村庄院落之间实行了立体网络配置，实行物质循环利用、能量高效转化、价值多次增值。这几种农业生态模式均获得了异常高的经济效益和生态效益。

在各个生物群落的交错区，不同的生物群落集聚在边缘交错地带会出现物质循环、能量转换、价值增值和信息传递效率特别高的边缘效应。因此，在生物群落要素空间配置的过程中，也应该注意发挥边缘效应的作用，在耕地与养殖之间，林地与耕地之间，耕地、林地、养殖场、渔场与庭院之间，在空间上很好地渗透、衔接，达到作物借林木之利增加产量，林木借畜禽之利增加材积，果品、畜禽因作物丰产增加肉、蛋、奶，庭院借林绿荫而环境优美的效果。

2. 农业（采掘业）、加工制造业、建筑业、商业、服务业之间的立体配置与集聚效应的运用

各个产业、行业部门依其投入来源和产出流向，在空间地域上有不同的布局、指向规律。按照这种布局、指向规律配置各个产业部门要素，使之有合适的生存和发展的经济生态位。受资源（来自生物群落和无机环境的动物、植物、矿藏、能源、燃料、动力等）指向约束的行业部门有林业、牧业、渔业、采矿业、冶金、石油、钢铁、化工、建材、水电、制糖、罐头、乳肉水产加工、纺织、缝纫、制药等产（行）业。将它们分别配置在动植物矿藏、燃料、动力、原料、劳动力等资源丰富的地区。受市场（消费）指向约束的行业，如硫酸、食品、日用品、家具、专业设备等，应将它们配置在消费区。虽然产业、行业部门的资源指向约束和市场指向约束并不是绝对的，还受到其他因素的修正（如行为学派、社会学派对资源和市场约束产业、行业的主要特性并不以为然），但无论如何，综合考察诸多因素对产业部门指向约束的影响，是达到立体配置产业部门要素的第一步。另外，从空间位置上来看，农业、采掘业、环境保护业、加工制造业、商业及服务业等各大产业不过是位于生态经济区域内以开发、利用、保护、治理生物群落要素、无机环境要素的农业、采掘业和环境保护业为起点的投入产出链（网）的各个节点上，因此，也必须依据投入产出关系使各个产业、行业部门之间在空间和地域上达到立体组合状态。例如，在农业、加工业、商业具有合适的生态位的基础上，进行同位集聚，实行农、工、商一体化，产、供、销一条龙配置。

我们可以合理运用集聚效应的原理，以生态经济区域内的主导产业、行业为骨架，然后依照各行业的指向、区位规律及其之间投入产出关系在空间地域上展开乘数效应，通过产业部门的立体空间配置，达到资源从空间充分利用、物质循环利用、能量高效转化、价值多次增值、信息迅速传递的目的。但是，产业部门在空间上的集聚不能过分集中、臃肿，分散反而有利于空间结构上的均衡，有利于避免过分集中所带来资源供给不足和环境污染严重等问题。

3. 农村、小城镇、大中城市间的立体配置

作为大中城市、小城镇、乡村实体的建筑设施，其合适的经济生态位都应是地势高、绿荫掩映、交通方便、靠近水源、地质较好的地方。大中城市是生态经济区域内社会群落要素的中心环节，它与小城镇乡村之间是点、面关系，并非孤立地存在，一方面，它本身在地域、空间上不断地向外扩张；另一方面，它又吸引周围地区的小城镇、乡村向它靠拢，形成大中城市—小城镇—乡村立体组合格局。因此，在生态经济区域的调控过程中，应以大中城市为中心实行立体配置。应控制大城市空间的过分扩大，开发

大城市的地下、地上空间，形成大城市的上、中、下垂直分层格局，同时积极地把大城市的居民、企业单位向中等城市、卫星城疏散，从而使社会群落内各个因子（居民、企业、事业等）在生态经济区域内比较均衡地分布，这也符合边缘效应的原理，因为城镇作为大城市与乡村的纽带，事实上处于城市社会群落与农村社会群落的边缘交错地带。

4. 所有区域生态经济要素立体网络配置

生态经济区域内的各个要素在地域空间上是相互关联的。因此，对所有区域生态经济要素必须进行因地制宜、统筹兼顾、合理布局的安排，建立融洽的生态经济区域立体网络结构。整个生态经济区域立体网络结构表现在：分布在地势高、交通发达、水源便利点上的第二、第三产业大量集中的城市社会群落，同林场、农场、牧场、渔场融为一体的以第一产业为主的农村社会群落之间依靠交通运输网，凭借中、小城镇交互进行产业部门之间、农村与城镇之间、生物群落之间、产业部门之间、社会群落、生物群落及无机环境之间的物质循环、能量转换、价值增值及信息传递，形成“点—线—网—面”一体的立体网络结构。然后，通过城乡一体化出现具有均衡性、复杂性、开放性的稳定结构。配置空间立体网络结构，一方面，应根据生物群落要素与无机环境要素的地域空间的分布来配置与之相适应的产业部门与社会群落。例如，应使林果业配置在山地丘陵地区，种植业配置在平原地区；而污染物质排放最大的行业、工厂不应建立在居民稠密区、水源保护区、城市上风区及风景游览区；农村、城镇居民点应配置在地势高、绿树掩映、交通发达、水源便利的地点（区）。另一方面，根据社会群落的空间布局来配置生物群落。譬如著名的“杜能圈”受“$P=V-(E+T)$”支配，其中 P 为利润，E 为成本，V 为价格，T 为运费。它反映了这一规律：以城市为中心，由近及远分别配置蔬菜、奶牛、薪炭林、集约型谷物业、休闲型谷物业、农业、畜牧业。

相辅相成配置法、同阈组合配置法、同步运行配置法以及立体网络配置法，分别从生态经济要素属性关系、数量规模、时间顺序和空间位置四个侧面做了规定，然而事实上，在对一个现实的生态经济区域进行调控的过程中必须要同时运用这四种方法。

第四节 生态经济系统的基本矛盾与协调统一

一、生态经济系统的基本矛盾

（一）基本矛盾的内容

人类的经济系统是以自然生态系统为基础的，人类各项经济活动必须在一定的空间进行，并且依赖生态资源的供给。凡是人类活动可以达到的生态系统，一般也不是纯粹的自然生态系统，而是被纳入人类经济活动范围，并且打上人类劳动烙印的生态系统。总的来说，生态经济系统的基本矛盾是：具有增长型的经济系统对自然资源需求的无限性与具有稳定型机制的生态经济系统对自然资源供给的有限性之间的矛盾。这一矛盾又称为经济无限发展过程同生态系统顶极稳态之间的矛盾。这一矛盾是贯穿于人类社会各个发展阶段的普遍矛盾。

生态经济系统的基本矛盾具有决定性、普遍性、复杂性和可控性的特点。首先，在生态经济矛盾体系中，生态经济基本矛盾是最主要的矛盾。一旦这一矛盾得到妥善的解决，其他生态经济及社会矛盾就会迎刃而解或者有了解决的基础。不难设想，一个社会，如果经济需求能有合理的约束，而生态供给又能源源不断地涌现，那么制约经济发展的最大问题——资源的稀缺性就将不再困扰人类，其他生态、社会问题自然也就易于解决了。其次，生态经济系统的基本矛盾是贯穿于人类社会各个历史发展阶段的普遍矛盾，是一个不分地域的世界性问题。这一矛盾是人类永恒的矛盾，在不同的历史时期这一矛盾又具有不同的表现形式。再次，生态经济基本矛盾比起系统的其他矛盾更具有复杂性，生态经济基本矛盾是众多问题集结而成的，因而更为复杂，它的解决要依赖于各种分门别类的生态经济问题的解决，所以也更加困难。最后，生态经济系统的矛盾还具有可控性，人则处于这个控制系统的中心。生态经济基本矛盾是一个对立统一体，虽然当人类经济活动对生态系统的干预方式和程度不适当时，这一矛盾会尖锐激化，但人类可以重新调节自己的干预方式，使生态系统的资源既得到充分利用，又不超越系统维持稳定状态所允许的限度，使矛盾得以缓解。

（二）基本矛盾的主要表现

（1）生态生产力更新的长周期与社会生产力更新的短周期之间的矛盾。这一矛盾通常要造成一种生态供给不能满足经济需求的生态滞后效应。

（2）单纯适宜经济增长的技术体系与恢复生态平衡技术滞后之间的矛盾。社会技术活动，首要目的是提高劳动生产率，取得最大的经济效益，因此总是力图强化生态系统的经济功能，而简化其生态结构，降低其生态功能；生态系统，只有维持其复杂的生态结构，保持其较高的生态效能，才能使系统趋于稳定，实现平衡发展。

（3）生态经济系统的自然有序与经济系统要素的社会有序之间的矛盾。

（4）生态系统负反馈机制与经济系统正反馈机制之间的矛盾。

（三）经济发展过程中应该确立的原则

发展经济必须与保护生态相结合，生态可持续发展是经济可持续发展的充分条件。经济发展过程中应该确立以下原则：

1. 合理利用自然资源

经济系统必须依赖生态系统提供生产所需的原料、食物、能源等，在开采、利用可更新资源时，开采率不能超出其再生能力，以确保自然界能维持资源存量，持续地提供经济系统所需要的资源。

2. 合理确定区域人口承载力

从宏观经济角度来看，区域的经济规模（总资源消耗量）不应超出该区域的承载能力，否则会加速自然资产的耗竭。换言之，在不危及区域环境品质的前提下，该区域所能承受的经济成长是有限制的。区域的人口承载力主要受两方面因素的影响：一是生活水平；二是外界能量、资源的供给量。

3. 生产过程废弃物的循环利用

经济生产或消费行为所产生的人类不需要或厌恶的副食品，一般称之为废弃物。这些废弃物，有的经过处理后排放，有的未经处理直接排放回自然界。当释放到环境系统的废弃物量超过了环境的同化力时，就会导致环境系统衰退，进而影响其对经济系统的承载能力。应用生态工程理论，通过生态系统使养分循环返回自然界，促进自然环境的生命支持功能，或者废弃物通过回收而被经济系统再利用。

总之，改变过去视生态经济保护与经济发展相对立的错误观点，将保护生态与发展经济有机统一起来进行研究，积极探讨生态系统与经济系统间的密切关系，才有可能实现可持续发展。

二、生态经济协调发展

在生态经济系统统一体中的各个子系统之间、子系统内各个成分之间，都具有内在的、本质的联系，这个系统中的每一个要素都承担着特殊的作用，都是系统不可缺少的组成部分。在这个系统中如果一个环节发生变化，就会引起一系列的连锁反应，离开某一要素，系统的功能就要受到影响，原有的系统就会受到质的影响。就经济与生态这两个子系统来看，一个良好的经济系统必然要求一个良好的生态系统与之相适应，二者相互促进，构成一个良性循环的整体。这主要表现在以下三个方面。

（一）生态与经济协调是经济社会发展的必然趋势

人类的生产活动是人与自然关系的纽带，社会再生产所需的一切物质和能量都来自自然生态经济系统，因此生态系统是经济系统赖以发展的物质源泉。当经济系统的调节机制破坏了生态系统的生物资源和环境资源结构、布局和自我更新能力时，经济系统本身就会陷入恶性循环之中。因此，现代经济的发展要受生态环境的制约，人类保护地球生态环境，促使生态与经济协调发展就成了客观必然趋势。

（二）生态与经济的协调发展是经济与生态矛盾运动的产物

生态环境的实质是自然生态系统，其组成要素是各种自然资源，这就决定了发展经济必须依托生态环境来进行。自然生态系统所蕴含的自然资源是十分丰富的，但同时它们又都是有限的。然而，人类发展的经济需求是无限的，人类社会要不断进步，人的物质和文化生活要不断提高，因此人向生态环境取用自然资源的要求也是无限扩大的。由此在人类的经济社会发展活动中，发展经济对自然资源需求的无限性与生态系统自然资源供给的有限性之间，就必然会出现越来越尖锐的矛盾，从而就会出现生态与经济日趋严重的不协调。这就必须依靠人发挥正确的主观能动作用，使生态与经济的关系从不协调走向协调。

（三）生态与经济协调理论是生态经济学的核心

人类社会从过去的农业社会转变为工业社会，又向今后的生态化转变是一个客观的过程，这也是生态与经济不断协调的过程。新的生态时代一个最突出的特点就是可持续发展，而它正是建立在生态与经济协调的理论基础之上。这就决定了生态经济协调理论是指导当代人类社会发展的核心理论，并且体现了生态时代的基本特征。

生态经济学有一系列的生态经济学基本理论范畴和基本原理，它们相互联系、相互依存；同时，它们也分别在各自的领域，对生态经济实践起着不尽相同的指导作用，但是它们对于实现生态与经济协调的促进作用又是相同的。生态与经济协调这一核心理论对整个生态经济学理论体系的建立起着基础作用，并且也赋予这个体系“生态与经济相协调”的基本理论特色。

三、生态经济发展的协调路径

建立生态—经济—社会—技术大系统发展战略，是解决人类面临的人口、环境、资源、粮食等严峻问题的基本方向，也是发展生态经济生产力的物质基础。

（一）加强全民生态意识教育，正确处理人与自然的关系

在现代社会中，人与自然的关系有三种态度：一是热爱自然的保护者，二是凌驾自然的征服者，三是自然与社会共生的协调者。前两项各自走向极端，难为现实社会所接受，最后一项才是自然社会持续发展的必由之路。因此，加强生态意识宣传，变“征服”为共生，化“掠夺”为互助，保护自然，利用自然，是人类生存与社会发展的根本。

（二）保护自然资源，维持生态平衡，提高生态经济效益

自然资源包括有机的和无机的资源与要素，既是生态系统、自然生产力的构成与基础，更是人类社会、经济发展的源泉。自然界中，水、土、气、生物、矿物等都是人类赖以生活和不可缺少的生态物质资源。保护自然资源，就是保护人类自己。

保护自然，改善环境，与充分利用自然资源，增加社会经济实力是密不可分的。充分有效地利用自然资源，意味着在生态平衡或不超过生态阈值条件下，使生态经济的物质、能量的利用率高，或物质、能量的消耗小，同时，又使生态、经济、社会、技术和谐发展，保持生态经济系统动态平衡和持续运转。按照系统科学的观点，一个复杂的大系统，只要自觉运用控制反馈原理，合理控制，就可形成最佳的结构与功能，保持稳定有序地发展。当今的耗散结构理论和协同论，已揭示和证明了这一事实的客观存在，并逐渐应用于实践之中。为便于生态经济系统高效和谐发展，利用生态与经济学的一些基本规律或原则，如物质循环与重复原则，避害趋利原则，共生互利原则，以及开源节流原则等为获取资源高效利用服务。同样，利用相生相克原则、可靠性强风险小原则，使经济、生态相互制约，相互作用，持久和谐发展。

（三）依靠科学技术，改革传统产业结构，发展新的产业

追求生态经济高效和谐模式，需依靠科学技术。一方面，探索生态经济协调发展的理论与方法，并施之于实践；另一方面，要改革传统产业，使之走向生态经济协调发展的轨道。这种新型产业的功能，既能缓解消除污染、净化和消化废物、改善环境质量、

又能提高资源利用率、劳动生产率，进而不断提高生态经济生产力；更重要的是为生态经济协调发展提供了良好的自然、社会条件。改善和优化产业结构，不论农业、工业和第三产业，都要通过科学技术手段，使其朝着有利于发展高效和谐的生态经济系统的方向迈进。

（四）经济高速发展的今天，更要注意生态环境问题

我国将保护环境作为一项国策是非常英明的。根据我国目前经济、人口和环境的发展势态来看，未来的环境前景可能有两种状况：一是正确处理发展与环境的关系，强化环境管理，增加环保投入，实行建设与环保同步发展方针，使生态环境问题不再加剧或有所改善；二是水资源危机愈演愈烈，大气质量日益恶化，污染废物（特别是固体）急剧加重，生态环境更加不稳或失调，不但给人民健康、生活带来了威胁，也将制约经济的进一步发展。环境前景的两种情况都是可能出现的，我们只有选择正确的道路，才能利于经济和社会的协调发展。

知识链接

生态经济平衡

生态经济平衡是指构成生态经济系统的各要素之间达到协调稳定的关系，特别是经济系统与生态系统达到协调统一的状态。

这是在生态经济学探索过程中出现的概念，反映了对经济问题和生态问题进行综合研究的发展趋势。狭义的生态经济平衡就是人工生态平衡。一般说来，人工生态系统的平衡基本上是生态平衡与经济平衡的统一。广义的生态经济平衡包括生态平衡、经济平衡以及经济系统与生态系统之间的平衡。生态平衡是经济平衡的前提和基础之一，经济平衡应该能够维护和促进生态平衡。当代条件下的社会发展，首先要争取世界经济增长的规模、结构、建设、速度与地球生物圈的承载能力保持平衡，即世界范围的生态经济平衡。其途径在于以经济增长的物质条件和技术条件促进地理环境的生态结构乃至地球生物圈定向发展，以增强社会经济系统的自然基础来达到经济平衡。

资料来源：https：//baike. baidu. com/item/%E7%94%9F%E6%80%81%E7%BB%8F%E6%B5%8E%E5%B9%B3%E8%A1%A1/5330113？fr=aladdin.

■复习思考题

1. 简述遏制生态环境恶化的措施。
2. 简述经济发展和生态保护矛盾的解决措施。
3. 简述生态经济系统良性运作的条件。
4. 举例说明区域生态系统的构成。
5. 试论生态环境恶化对我们的启示。

第三章

生态经济学的价值理论

价值理论是经济学理论的一个重要方面，价值理论随着社会的进步和发展而不断完善。在建设生态文明的要求下，为了抑制或消除外部不经济性对环境的消极影响，一个基本的思路是人们因生产和消费产生的外部成本内部化，使损害环境者付出相应的代价，这就牵涉环境和资源的价值问题。生态经济学作为一门新兴学科，价值论问题是不可回避的，这关系到理论体系的建立，也关系到生态经济学向纵深领域的发展。本章将介绍生态经济学的价值观、产值观、效益观和财富观。

第一节 生态经济学的价值观

一、有益价值与无益价值

价值是凝结在商品中的抽象的人类劳动或无差别的人类劳动。抽象的人类劳动是价值的质的规定性，而其量的规定性是用社会必要劳动时间来计量的。在商品交换中价值才能实现，但已实现的这部分价值，对社会、对消费者并非都是有益。生态经济价值观认为，在目前条件下（社会、政治、经济、技术及人们的观念等），价值有“益”和“害”之分。也就是说，并非所有的抽象劳动或社会必要劳动对社会、对消费者都是有益的。

由于社会、消费者得到的是商品的使用价值，当他们受害后，这些受害者及社会谴责的是某种使用价值的生产——具体劳动。然而，抽象劳动和具体劳动、价值和使用价值是融合在一起的。某些具体劳动和使用价值的有害性后果最终还是由社会抽象劳动创造的价值来承担。所以，由具体劳动创造的，对社会和消费者产生危害的那部分使用价值中所凝结的人类抽象劳动，就是无益价值。相反，对社会文明及消费者的生理、生活（物质的、文化的和生态的）及生产的正常进行起促进作用的那部分使用价值中凝结的人类抽象劳动，就是有益价值。

二、生态价值概念的产生

有益价值的重要组成部分是生态价值。为使生态系统朝着有利于人类生存和经济社会发展的方向进化与演替，人们使自然物质由潜在使用价值转化为实在使用价值都付出了一定量的物化劳动和活劳动。这些劳动转移和凝结于生态系统之中，就形成了生态价值。

传统的经济学认为经济系统是与生态系统无关的封闭系统，仅就经济系统内部物质资料的生产、交换、分配、消费等现象和过程来研究人类社会经济活动，把人类劳动过程看成单纯的经济作用过程，因而必然认为人类劳动只能是投入在经济系统内部，经过人类劳动过滤的只有经济产品，在商品经济条件下表现为商品。所以，劳动价值论就是商品价值论。

在这个原理的指导下，人们把自然生态的演替与进化看成完全由生态系统的自然力本身所推动而与人类劳动无关，认为自然资源和自然环境没有人类劳动的凝结，完全是大自然的产物，它只有使用价值而没有价值，因而人们可以无偿使用它。这样，自然资源与自然环境即生态环境的无偿性，就成为传统经济学的一条重要经济原则。很明显，传统经济学的价值理论和以它为基础的经济原则，既不完全符合现代生态经济系统运动的实际情况，也不完全适应现代经济社会发展的客观要求。

现代生态经济系统中的生态环境都是经过人类劳动改变过的生态环境，它已经不是“天然的自然”，而是“人化的自然”。这种“人化的自然”的进化与演替，并不完全取决于自然力本身的作用，还要受人类经济活动的干预和影响。因而它直接或间接地、或多或少地都要投入人的劳动。同时，我们还要看到，人类社会发展到今天，现代人类在创造现代文明过程中，给予自然界以前所未有的巨大影响，地球上几乎每个角落都成为人类相互竞争的激烈场所，以至整个生物圈都有人类“征服”自然的踪迹。人类没有涉足过的自然资源环境、没有经过人劳动的天然的自然，在当代的世界里可以说已经是为数不多了。只要是经过人类涉足的生态环境，就不仅具有使用价值，而且具有价值。

在当代，人类社会经济活动对生态系统需求的无限性与生态环境满足生产力发展需求的有限性之间的矛盾，经济系统中生产生活排污量迅速增长与生态系统调节能力、净化能力的有限性之间的矛盾，已经成为现代人类与自然之间物质变换关系的两个基本矛盾。现代生态经济系统的基本矛盾的运动改变了生态经济系统的价值运动和经济系统价值运动的同向轨道，使得一般人类劳动凝结在经济系统中形成的商品价值，从生态经济系统的总体来看，并非一定是正值。这是因为，现代社会生产与再生产是人们大规模消费自然资源和环境质量的经济活动过程，具有两个显著特点：一是经济系统生产某些具有价值的商品时，大量消耗了某些稀缺自然资源，使某些再生产性资源不能补偿，或使某些非再生产性资源日益减少，甚至走向枯竭，结果在生态系统同时产生负价值；二是经济系统生产某些具有价值的商品时，人类的生产和生活活动所产生的各种污染物超过了环境容量的极限，使环境污染、生态恶化，结果在生态系统同时产生了负价值。这样，一般人类劳动在经济系统创造了商品的价值，而从生态经济系统的总体来看，形成的商品的价值，可以是正值，也可能为零值，还可以是负值。不管是在哪种情况下，需要人类再付出劳动对经济产品生产过程中对生态环境产生的负价值进行补偿。而这种补偿不能仅仅依靠生态系统本身源源不断地提供。这就是说，在现代社会条件下，良好的生态环境已经不能像过去那样靠自然界的赐予而免费获得了，必须通过人们的劳动活动来提高自然生产与再生产的能力，把它再生产出来，这就要花费大量社会必要劳动。

现代经济社会是社会经济和自然生态互相制约、互相作用的生态经济有机体，这是使生态环境没有价值而成为有价值的根本条件。现代经济社会是生态经济有机体，这就决定了它的生态经济生产与再生产已由过去那种对自然界的单方面作用转变为互相作用。一方面，在经济再生产过程中人类劳动要有自然界提供具有实在使用价值的自然物质作对象，并受到自然界的协助，因此，现实的使用价值是劳动和自然物质相结合的产物；另一方面，在自然再生产过程中越来越多的自然物质和生态因子为了达到可供人类及其社会使用的形态，必须经过劳动过滤，才能由潜在使用价值变成具有满足人类生存和经济社会发展所需要的实在使用价值。在这种情况下，各种体力的和智力的、直接的和间接的劳动力都在与自然资源和自然环境发生日益扩充的联系，使它们不同程度地受到这种或那种形式的劳动的渗入和作用。因此，在现代经济社会条件下的自然资源和自然环境，虽然主要不是在人工劳动下产生与形成的，但在自然生态生产与再生产的某些环节上，是与社会经济生产与再生产相互交织、相互作用的。因而人们为使生态系统朝着有利于人类生存和经济社会发展的方向进化与演替，使自然物质由潜在使用价值转化为实在使用价值，都要付出一定量的物化劳动和活劳动。这些劳动转移和凝结于生态系统之中，就形成了生态价值。

三、生态价值的组成

从本质上来说，生态价值与商品价值一样，都是人类抽象劳动的凝结。

（一）生态价值补偿过程中物化在生态系统中的社会必要劳动

在自然资源和自然环境消耗的价值补偿过程中物化在生态系统中的社会必要的人的劳动，形成生态价值。现代经济社会的生产和生活消耗了大量的自然资源和环境质量，必须通过人的活动把它再生产出来，使生态系统得到必要的补偿。从自然环境消耗的补偿，使它恢复到原来具有的使用价值的状态来说，世界各国在治理污染和公害方面投入了大量的资金。

（二）保护和建设生态环境过程中物化到生态系统中的社会必要劳动

人类在保护和建设具有一定使用价值的生态环境过程中物化到生态系统中的社会必要劳动，是形成生态价值的重要组成部分。现代经济社会发展实践表明，有效地保护和建设生态环境已成为现代人类及其社会经济运行的重大问题。因此，现代经济社会发展必须执行以有效保护为核心的生态环境资源开发战略，使生态环境达到适合现代人的生态需要的质量标准，必须投入大量的劳动，才能保护和建设具有不同等级使用价值的生态环境。因此，在现代社会中，保护天然资源逐渐为人们所重视，不仅各国相继颁布了各种资源法和建立了专门管理和保护机构，而且对天然资源进行了大量物化劳动和活劳动的投入。

（三）开发生态环境过程中物化到生态系统中的社会必要劳动

人类将生态系统中具有潜在使用价值的自然物质变成符合人类生存和经济社会发展所需要的实在使用价值时，必须付出一定量的劳动，这也是形成生态价值的一个方面。在生态系统中，无论是自然资源还是自然环境的生态因子，首先具有潜在使用价值的性质，一旦经过劳动过滤发展到可供人类及其社会使用的形态时，潜在使用价值的自然物质就变成有实在使用价值的自然资源。例如，矿物是埋藏在地下的地质体，在没有经过地质勘探之前，它只是一种潜在的使用价值，把它变成能够满足人类需要的使用价值即实在使用价值，就要投入地质勘查等劳动，对它的发现和探明矿体的质量、数量、形状、产状、技术加工性能和开采条件等方面的情况，都要付出大量的物化劳动和活劳动。

四、生态价值的计量

按照马克思的劳动价值理论，商品的价值量是由生产该商品的社会必要劳动时间决定的。社会必要劳动时间是在现有的社会正常的生产条件下，在社会平均的劳动熟练程度和劳动强度下制造某种使用价值所需要的劳动时间。这个理论同样适用于生态价值量。所以，生态价值量是由创造具有一定使用价值的生态环境的社会必要劳动时间所决定的，它与投入创造的劳动量成正比，与劳动生产率成反比。创造具有一定使用价值的生态环境的劳动生产率越高，它所需要的劳动时间越少，这种生态环境所形成的价值就越小；相反，劳动生产率越低，它所需要的劳动时间就越多，这种生态环境所形成的价值就越大。所以，提高创造具有使用价值的生态环境的劳动生产率是实现社会经济建设和生态环境建设同步协调发展的重要途径。

生态价值的构成和商品价值的构成一样，也是分为三部分：C，V，m。我们以补偿、保护和建设具有一定使用价值的生态环境来说，如果人们在补偿、保护和建设具有使用价值的生态环境的过程中，所投入的全部劳动都物化在生态系统、生态环境之中，那么，C 是补偿、保护和建设生态环境所需要的生产资料的价值，如消耗的能源、物资的价值及其机械设备和设施的折旧费等；V 是补偿、保护和建设生态环境的劳动者的必要劳动所创造的价值，即维护劳动力生产与再生产所需要的生活资料的价值；m 是补偿、保护和建设生态环境的劳动者的剩余劳动所创造的价值。因此，创造具有一定使用价值的生态环境的总价值量 $W_{生}=C+V+m$。其中 C 是物化劳动转移的价值，$V+m$ 是活劳动所创造的新价值。

但是，在生态经济系统的实际运行中，人们投入一定量的劳动创造具有一定使用价值的生态环境，在创造生态价值的同时，还会生产具有一定使用价值的经济产品，创造商品价值。在这种情况下，生态价值量 $W_{生}=C+V+m-W_{经}$。而生态经济价值量则是投入补偿、保护和建设具有一定使用价值的生态环境全部劳动所形成价值量 $W_{生经}=C+V+m=W_{生}+W_{经}$。

第二节 生态经济学的产值观

一、无效产值和有效产值

价值的有益性和无益性，直接关系到产值的有效和无效。所谓产值，是指企业或一个地区、一个国家在一定时期内所生产的全部物质资料的价值。这样定义的产值至少有下列三点缺陷：其一，那些毒化社会文明、污染生态环境、损害人民健康的使用价值中所凝结的社会抽象劳动——价值，在商品交换中得到实现，这是以损害社会文明和消费者利益为代价的，但却得到社会承认。这种违背了社会生产目的的“价值”，被计入产值，将会形成产值增加而社会文明和生态环境破坏的结果。其二，该定义只把“物质资料”的价值叫作产值，由优美的自然景观、良好的生态环境和丰富多彩的历史文化而发展起来的旅游业收入却没有被计算在内。其三，由卫生、环保部门的劳动带来生态环境改善从而产生的经济效益也被排斥在产值之外，没有得到社会的承认。为了克服上述缺陷，必须从理论上确立有效产值和无效产值，确立完整的生产观（以下简称广义生产观）。

所谓无效产值，是指一定时期内，企业、一个地区或一个国家生产的造成环境污染、生态结构破坏、毒化社会文明、损害人民健康的商品的价值总和。反之，一定时期内，企业、一个地区或一个国家生产的有益于环境质量提高、生态平衡改善、社会文明和人民健康的商品的价值总和就是有效产值。

例如，生产假冒产品、色情录像带和毒品的产值，无论如何不能叫作有效产值。再如，某些发达国家一年由于污染带来的损失，占国民经济总产值的5%，这些损失不能算作有效产值。由于农业环境污染，许多农产品有毒物质含量超过食用标准而不能食用，这一部分农产品产值也是无效产值，这一部分产值的作用和原有的产值概念是难以确定的。

无效产值的危害有三：一是使国民经济总产值失去产值的真实意义（包含一部分无效产值），从而违背社会生产的目的；二是降低了某些行业的产值（如降低水产品量，减少以野生动植物为对象生产部门的产值等）；三是严重危害了人口的再生产。第一种情况实际上是总产值里的负数，在这个负数里包含一切由于“环境毒化”所带来的动植物损失和材料、原料、疾病等损失；第二种情况的直接后果是使以后的总产值增长速度减低，在实际总产值里已经被减掉；第三种情况影响到人口的质量。所有这一切，用旧的产值观是无法表达的。

明确无效产值概念的意义有三点：其一，无效产值在总产值中所占的比例，标志着社会经济系统健康、健全发展程度，也标志着社会文明程度和人民生活质量。无效产值越大，说明有害使用价值及凝结其中的社会抽象劳动量越大，给社会文明及消费者带来的危害越大，偏离社会生产目的越远。其二，通过对无效产值的计量，可以发现和及时采用新技术，减少以至消除产生有害价值的隐患。其三，从价值观念上改变狭隘生产观、消费观及生态观，用人口—需求—资源—技术—经济—生态环境协调发展的理论指导现代经济社会，提高现代人的素质。此外，通过对有害价值的考察、计量可以促使社会实行“三废”资源化，首先在生产领域中把污染物纳入无限物质循环过程中，最终消除产生无效产值的根源。

如上所述，在社会抽象劳动量中，并非所有的部分都对社会有益，并非都能实现满足人民日益增长的美好生活需要这一目的。环境污染使总产值中带有负数，而社会抽象劳动量中也有一部分是负数。如果种植鸦片是有害于人类再生产的“有害劳动”，生产色情录像带劳动是毒化人民精神的鸦片，那么引起“公害”的那些社会抽象劳动同样也是有害的。同理，违背生态规律带来的农业损失是能够被人们接受的“经济损失”，这些劳动是无效劳动，那么上面指出的那些劳动也是无效劳动，就应当从社会耗费的抽象劳动量中减去这一部分。

与此相联系的是，在国民经济总产值或在社会抽象劳动量中还应加上一部分。这一部分产值包括：由于植树造林及城市园林化，绿色植被生产释放出氧气，从而提高了环境质量，提高了人民健康水平的效益；由于清洁工人所创造的环境高质量而带来的效益；由于按生态规律生产，从而使动植物资源兴盛繁茂，增强了生态系统稳定性而带来的效益（对土壤质量的改善，由于直接增加了农作物产量，其总产值已被计入）等。

二、生态经济学的产值观

可见，产值应该是企业产前、产中和产后经济、社会效果的统一，是企业内部经济性（创造物质资料的货币表现）与外部性经济性（对环境的益害）的统一。这正是我们把环保部门合理协调自然的活动，作为生态经济环境以及建立广义生产观的经济学依据。

在这里我们重温一下马克思、恩格斯的有关论述，可以更坚定地树立广义产值观。马克思在《资本论》中指出："社会化的人，联合起来的生产者，将合理地调节他们和自然之间的物质变换，把它置于他们的共同控制之下，而不让它作为盲目的力量来统治自己，靠消耗最小的力量，在最无愧于和最适合于他们的人类本性的条件下进行这种物质变换。"如果说在科学技术不发达的历史时期内，改造自然能力低下，人们不得不屈从自然的统治是问题的一面的话，那么在科学技术相当发达的今天，把自然当作奴仆而任意摆布则是问题的另一面，马克思这段话正是教育人们既不能被自然统治也不能去统治自然，而是应当建立一种人和自然的协调关系去进行生产。

恩格斯在《劳动在从猿到人转变过程中的作用》中指出："我们必须时时记住，我们统治自然界，决不像征服者统治异民族一样，决不像站在自然界以外的人一样，相反地，我们连同我们的肉、血和头脑都是属于自然界，存在于自然界的，我们对自然界的整个统治，是在于我们比其他一切动物强，能够认识和正确运用自然规律。"上面我们列举的使产值失去真实意义的事实，都不是违背经济规律本身，而是违背自然规律，特别是违背生态规律，也就是说，违背自然规律同样会造成经济上的损失。换言之，经济发展在企业内部（或社会内部）必须遵照经济规律办事，在企业外部（人与自然）必须遵照自然规律办事，并把二者（社会的人与自然的人）协调起来，才能形成企业内外、社会与自然相协调的生产有机整体，才能把制约经济发展的生态规律与经济规律有机统一起来，而不是人为地把它们分离。正由于既是社会的人，又是自然的人，所以其本身便成为一个杠杆系统的支点，把社会经济与自然过程紧密联结在一起，成为一个把自然物质变换为社会财富的生态经济系统。

综上所述，完整的产值观就是合理调节人与自然的物质变换关系，有计划地开发、利用、保护资源，以便把生态系统改造好后传给后代。按照这种生态产值观，开发利用资源是生产，保护更新资源和保护生态系统是生产，治理环境污染也是生产。因为在此过程中不仅耗费了社会劳动量，而且也创造了新的价值。

三、绿色 GDP（绿色国内生产总值）及其核算

（一）绿色 GDP 的定义和原则

随着生态经济学产值观的产生和发展，绿色 GDP 这一概念被提出。对绿色 GDP，很多学者都给出了具体定义，但还未有一个统一、全面的概念。我们先介绍几种具有代表意义的定义。

绿色 GDP 是扣除生态破坏和环境污染损失后的 GDP，可表述为：绿色 GDP＝GDP－（生产过程、污染治理的资源耗竭全部、恢复资源过程+生产过程、污染治理过程的环境污染全部、恢复资源过程）+新增环保生态服务价值。

联合国综合环境与经济核算体系工作把绿色 GDP 定义为从国内生产总值中扣除自然资本消耗和生产资本消耗最终得到的国内生产净值。

绿色 GDP 是扣除了传统 GDP 中因环境和资源损耗所减少的价值（外部不经济），加上环保部门新创造价值（外部经济），从而得到生态恶化与环境污染造成的经济损失的价值量化。

绿色 GDP 是扣除经济增长导致的外部不经济因素如资源滥用、环境污染等，加上自给性服务、地下经济活动及闲暇活动等外部经济因素后的国民福利总值。

绿色 GDP＝固定资产损耗+国内生产净值－生产中使用的非生产自然资产，是在原有 GDP 的基础上修正了环境与资源因素，从而产生的一个新的总量指标。其中的非生产自然资产包括非生产自然资产退化和非生产经济资产耗减两项内容。

从上面的这些定义我们认知到，虽然各种定义不统一，但它们的根本原则是一致的，即都是在原有 GDP 的基础上做适当的调整得到绿色 GDP，加减各种其他要素的影响得到的数值。定义根本的区别在于调整的范围不同，具体考虑哪些环境要素还不能达到统一认识。还有学者认为绿色 GDP 不仅要考虑环境要素，还应考虑经济等其他影响要素。

综上，关于绿色 GDP 的内涵我们应考虑以下两点：①遵循原有 GDP 核算原则，在原有 GDP 的基础上进行适当的调整；②明确调整的范围，具体到各个环境变化要素。结合上述要求，我们总结出绿色 GDP 的内涵：绿色 GDP，就是从传统的 GDP 中扣除由于环境资源质量的退化、环境资源量的减少和因环境恶化而需要进行的补偿三种因素引起的对社会和经济的影响值，从而得出真实的国民财富总量，它是各国扣除自然资产损失后新创造的真实国民财富的总量核算指标。

（二）我国的绿色 GDP 核算

我国是一个发展中国家，面临严重而迫切的环境问题。各地的自然资源浪费、河流的污染触目惊心，并且因用于环境保护的支出相对较少，环境恶化不断加剧。鉴于这种情况，20 世纪 80 年代以后，我国开始了有关环境核算方面的各种研究和探索。1980 年，中国环境科学研究院开展了全国环境污染损失和生态破坏损失的评估，开始了我国第一次系统的环境污染经济损失的估算研究。1990 年，金鉴明院士主持完成了“中国

典型生态区生态破坏经济损失及其计算方法”的研究，应用了生态定位站的长期观测数据，结合了一些实地调查资料，推动了这一方面的研究。1991 年，《资源核算论》出版，该工作由国内十多个部门和地方的百余名专业人士共同完成，具体对国内外绿色国民经济核算和资源核算的理论和方法进行了回顾，对矿产资源、地下水资源、地表水资源、森林资源、土地资源和草原资源进行了初步研究，并在此基础上对 1992 年和 1993 年全国的环境污染损失进行了估算，于 1998 年出版了专著《中国环境污染损失的经济计量与研究》。1998 年年初，国务院发展研究中心首次提出开展资源核算以及纳入国民经济核算体系的课题研究，该课题下设若干子项目，其中综合性的子课题有资源定价资源折旧、资源核算及其指标体系、国民经济核算及其指标体系、资源核算及其纳入国民经济核算体系实施方案、有关的数学模型、相应的政策和措施建议等专题性的子课题。1992 年，联合国环境与发展大会一致通过《21 世纪议程》。1994 年 3 月，国务院正式批准《中国 21 世纪议程》后，相关研究全方位展开。我国已经出版的与环境经济综合核算相关的著作有《绿色投入产出核算——理论与应用》《可持续发展下的绿色核算——资源、经济、环境综合核算》《环境统计与环境经济核算》等。这些研究不仅在核算理论方面进行了探讨，而且还针对国内情况进行了应用和实证研究。1992 年 4 月，中国政府批准成立中国环境与发展国际合作委员会，根据工作重点，组建了七个专家工作组对中国环境与发展领域的一些重大课题进行研究，分别是资源核算与价格政策核算组，污染控制工作组，生物多样性工作组，监测信息工作组，能源战略与技术工作组，科研、技术开发与培训工作组和环境与贸易工作组。其中，资源核算与价格政策核算组和监测信息工作组从事的工作属于环境统计范围，资源核算与价格政策核算组以自然资源定价的理论和方法为基础，对各类资源提出定价模式和价格改革的目标、措施和步骤，为环境成本进入资源核算体系从而进入整个国民经济体系提供理论依据。2000 年开始，国家环境保护总局与世界银行合作，开展中国环境污染损失评估方法研究。2001 年，重庆市作为国家统计局核算司的唯一试点城市，开展了重庆市自然资源与环境核算方法的研究。在国家统计局核算司的指导下，经过三年的努力，课题组完成了重庆市水资源和工业污染的实物量、价值量及绿色 GDP 核算方法的研究。2003 年，国家环境保护总局与 OECD（经济合作与发展组织）合作，开展环境综合指标体系研究以及环境绩效评估工作；并开始与国家信息中心合作，开展建立国家中长期环境经济模拟系统研究以及环境经济投入产出核算表。2004 年，国家环境保护总局开展国家“十五”科技攻关课题“绿色国民经济核算体系框架研究”的研究。同年国家统计局出版的《中国国民经济核算体系》中新设置了附属账户——自然资源实物量核算表，制订了核算方案，试编了 2000 年全国土地、森林、矿产、水资源实物量表；并与挪威统计局合作编制了 1987 年、1995 年、1997 年中国能源生产与使用账户，测算了我国 8 种大气污染物的排放量，并利用可计算的一般均衡模型分析并预测未来 20 年中国能源使用、大气排放趋势；在黑龙江省、重庆市、海南省分别进行了森林、水、工业污染、环境保护支出等项目的核算试点，并编写了技术总结和工作总结报告；翻译出版联合国编写的《综合环

境与经济核算手册——2003》（简称 SEEA2003）。已商定国家林业局、国家林业科学研究院、北京林业大学合作，开展我国森林资源核算及纳入绿色 GDP 核算的研究工作。2004 年 6 月 24 日至 25 日国家环境保护总局和国家统计局联合在杭州召开“建立中国绿色国民经济核算体系”国际研讨会，就建立绿色 GDP 的必要性、中国建立绿色 GDP 的途径和应采取的方式、中国建立绿色国民经济核算体系的机遇和挑战等内容进行了讨论。

中国于 2004 年提出《中国资源环境经济核算体系框架》，标志着中国绿色 GDP 核算体系框架初步建立。资源环境经济核算体系又称绿色国民经济核算体系，是指在原有国民经济核算体系基础上，将资源环境因素纳入其中，通过核算描述资源环境与经济之间的关系，提供系统的核算数据，为分析、决策和评价提供依据。

进行国民经济核算，会形成一组以国内生产总值为中心的综合性指标。与此相对应的，在进行资源环境经济核算时，客观上特别需要开发出功能上类似 GDP 的指标体系，即以“经资源环境因素调整的国内产出——EDP”为中心的总量指标体系。从 GDP 到 EDP，其间的调整是把经济活动对资源环境的利用消耗价值（所谓经济活动的资源环境成本）予以扣除。

和 GDP 有三种计算方法一样，“经资源环境因素调整的国内产出”也可以在三个方向上表示。

生产法：EDP＝总产出－中间消耗－资源环境成本

收入法：EDP＝劳动报酬＋生产税净额＋固定资本消耗＋（营业盈余－资源环境成本）

支出法：EDP＝最终消费＋（资本形成－资源环境成本）＋净出口

第三节　生态经济学的效益观

一、经济效益与生态效益

（一）经济效益

经济效益有两种含义：第一种含义是指人们通常所说的净收益和纯收益，主要是指企业在总收入中扣除物化劳动消耗和包括活劳动消耗在内的全部消耗后剩下的余额，前者叫净收益，后者叫纯收益。第二种含义是指生产和再生产过程中劳动占用和劳动消耗量同符合社会需要的劳动成果的比较。本节着重谈第二种含义。第二种含义中提到的劳动占用是指劳动过程中占用的劳动量，它包括厂房、机器及能使生产正常进行所必需的原材料储备等。劳动消耗量是指生产产品过程中实际消耗的劳动量，包括活劳动消耗和物化劳动消耗。劳动成果则是指所生产的符合社会需要的产品。产品是否符合社会需要是衡量经济活动有无经济效益的前提，商品只有符合社会需要，才能卖出去，也才能实现商品的价值。可见，经济效益是反映投入与产出、费用与效用的关系。生产符合社会需要的产品，所花费的劳动占用和劳动消耗量少，或花费同样的劳动占用和劳动消耗量，生产出更多符合社会需要的产品，经济效益就大；反之，经济效益就小。不断提高经济效益的目的，就是要以尽量少的活劳动消耗和物质消耗，生产出更多的符合社会需要的产品，实现使用价值和价值的统一，使经济活动真正符合和不断满足社会的需要。

（二）生态效益

在人类的经济活动中所产生的污染物的多少和对生态环境的影响，从经济效益的概念中是反映不出来的。正是由于经济效益的这个弊端，人类常常为了追求最大的经济效益，而对生态环境的破坏不闻不问。直到20世纪50年代以后，生态环境遭到严重破坏，人类对其赖以生存的环境产生危机感的时候才醒悟过来，从而提出了生态效益。

生态效益是指生态系统对人类生活环境和生产条件产生某种影响的效应。它是对人与生物、人与环境和谐相处的融洽程度及生态系统稳定性的度量。自然生态系统所产生的生态效益是由众多的自然因素共同作用的结果，而人工生态系统的生态效益则是各种自然因素和人类的生产活动共同作用的结果。人们在社会生产和再生产的过程中，要从生态系统中取走一些物质和能量，又向生态系统投入一些物质和能量。这些活动必定要对组成生态系统的生命系统和环境系统产生影响，进而对整个生态系统的生态平衡造成某种影响，从而对人的生活和生产环境产生不利或有利的作用。当今世界，人类的活动几乎已涉及所有的生态系统，在某些生态系统中人的作用甚至远远超过了自然因素对生态系统的影响。因此，有些学者将生态效益定义为人类经济活动对生态系统功能产生某种影响，进而对人类的生活环境、生产条件产生某种影响的效应。根据这个定义，生态效益好是指投入和耗费的劳动能使生态系统保持和提高稳定性，使人们的生活和生产环境得到改善；相反，生态效益就差。通常所说的提高生态效益，就是要以尽量少的劳动占用和劳动耗费去保持和提高生态平衡水平。生态效益这个概念广泛应用于工业、农业、交通、城乡建设、环境保护各个领域。

（三）经济效益和生态效益的联系

从宏观和长远来看，生态效益和经济效益二者是正相关，即生态效益好，经济效益也好；反之亦然。但从局部和短期来看，则往往存在着不同程度的矛盾，加之人们在物质资料生产和再生产过程中，由于认识和合理运用生态经济规律的程度不同，可能出现复杂的多种情况。

在同等的社会条件下，生态效益高，也就是自然条件优越，或者说自然生产力高，经济效益必然高。因为在这种条件下，花费等量劳动，可以比生态效益低的情况下得到更多的产品。谁都不能否认，土地肥沃、雨量充沛、热量丰富的农业区，要比土地资源贫瘠、干旱缺雨、无霜期短的地区，生产出更多的谷物；等量劳动用在富矿（品位高）上，要比用在贫矿上（品位低）能得到更多的有效成分；工人在良好的环境下工作，其效率就是要高于在恶劣的环境条件下工作的效率；等等。在同等生态效益和劳动消耗的条件下，技术手段合理，经济资源与生态资源组合得当，也就是说所有经济资源的投入符合生态系统反馈机制的需求，从质和量两个方面有利于形成有序的生态经济系统结

构的良性循环，生态系统生产力可得到最大限度的发挥。生态效益的提高导致劳动所得的增加，因而能获得高经济效益。在这里，技术手段合理是指有利于生态平衡与经济发展，有利于生态环境稳定，为经济效益的持续稳定提高创造经久不衰的物质基础。生态效益能否充分发挥并最终影响经济效益，还是取决于投入与产出的产品差价。如果投入物质的价格高，而产出物的价格低，那么劳动消耗肯定增加，即使生态效益再高，也不会导致经济效益增高。并且，为了抵偿劳动消耗增加，生产者有可能采取掠夺式的经营方式，破坏生态效益的自然更新力，结果反而降低了生态效益。若社会的经济、管理及技术条件优越，生态效益相似的系统，其良好的经济效益，则取决于生态经济的总体结构的优越或优化。优化的结构系统，能充分利用生态资源从而相对提高生态生产力的利用效率，相对降低劳动消耗、提高经济效益。

生态效益与经济效益并不总是同步协调的，而是经常发生背离。其主要原因并不在于生态效益的本身，而在于社会的经济、技术甚至某种经济发展理论没有遵循生态经济规律。如在农业中，对农业生态系统物质、能量的高输出、低输入（取得多，补得少），或人工输入的物质能量相互组合比例不恰当，从而出现农业生态经济系统的高输入、低产出现象，使劳动消耗增加、经济效益降低。其原因首先是这种劳动输入没有激活生态效益的潜力。其次，在产出高的农业生态系统中，生态生产力接近或趋向极限，继续追加经济物质和能量，生态转化率降低，从而出现经济上的报酬递减现象，虽然物质能量的总产出量提高，但单位产品的投入劳动增加，成本提高，经济效益必然降低。最后，农业的生态环境结构不合理。用单一种群代替互利共生、共栖，或相间无害的立体多层次结构，不能有效利用生态系统中的物质能量，且不利于种群间相互补偿，不能增强环境变动的抵抗力，从而使生态效益潜力被抑制，劳动消耗增加，经济效益降低。在采矿、冶炼等业中，由于选用矿体复杂，等量劳动得到较少的矿产品或较少的金属；在整个工业领域中，由于管理落后，技术工艺落后，或者由于劳动者素质低、经营管理思想狭隘，即不考虑经济效益的自然物质基础，尽管有良好的自然生产力作为生产的前提条件，仍然不能充分发挥自然生态效益的潜力，提高经济效益。这些都是生态效益与经济效益相背离的例子。

二、生态经济效益

生态经济效益通常是指在社会物质资料生产和再生产过程中，同时产生一定经济效益和一定生态效益的综合与统一，即经济的“产出”和生态的“产出”的综合与劳动占用和劳动消耗量的比较。如把经济产出和生态产出的综合叫作生态经济实践活动的成果，生态经济效益可以表示为

生态经济效益=生态经济实践成果/劳动占用和劳动消耗量

从以上概念可以得出，当取得同样多的成果时，所消耗的劳动总量越少，生态经济效益越大，或者说，当消耗同样多的劳动总量时，所取得的成果越多，生态经济效益越大。当取得成果与消耗的劳动总量都有变化时，需要计算比值，比值大的生态经济效益

大；相反，生态经济效益小。人们在考察劳动的过程中，如果只看到产生经济效益的一面，而看不到同时产生生态效益的另一面，或者相反，只看到产生生态效益的一面，而看不到同时产生经济效益的另一面，那么，这样的考察就是片面的。只有全面地看到劳动对整个生态经济系统所产生的整体影响，并考核在此过程中所产生的生态经济综合效益，才是符合社会实践需要的。

生态经济效益集中反映了生态经济系统的整体性、协调性和有序性特征及其程度。生态效益多是整体的、长远的，而经济效益通常是局部的、眼前的。二者综合统一后的生态经济效益，把人类经济活动的眼前利益和长远利益、局部利益和整体利益结合起来。它引导人们更科学地分析劳动成果同投入劳动的对比关系，引导人们在投入劳动时自觉地遵守生态经济规律，达到生态效益与经济效益的统一。

三、生态经济效益的评价

对人类活动的生态经济效益评价，主要沿着两个方向发展：一是对某项生产经营行为的经济、社会、生态效益进行分指标评价，分别评价某项活动所产生的经济效益、社会效益和生态效益，然后，通过横向或纵向的比较来判断该项活动生态经济效益的高低，或生态经济效益的改善状况；二是通过创造新的概念或建立新的评价模型，对宏观或微观生产经营行为进行无量纲的单一综合指标评价。

对某项生产经营活动的生态经济效益进行分指标单独评价，主要采用的方法有三种。一是经验打分法。即根据设计好的评价指标体系，通过问卷调查的方式，收集被调查者对某项经济活动带来的生态经济效益的主观评价，或某区域生态经济效益的改善状况的评价，然后，通过数据处理得出结论。这种方法类似于环境价值评价中的条件价值评估法（CVM），主要应用于对生态效益和社会效益的评价中。二是成本-收益分析法。这种方法也是根据预先设计的，能分别表达经济、社会和生态效益的指标，通过计算和比较这些指标在一定时间内的产出-投入比，来判断生态经济效益的高低，这种方法对于社会和生态效益的评价结果，往往存在较大偏差。这种方法具体又可分为绝对方法和相对方法两种。绝对方法是从企业收益减去成本（包括内部和外部成本）获得的净增加值来评价净增加值，也被称为“绿色增加值”。相对方法是以每增加一单位环境（或社会）影响所创造的价值，即企业价值增值与环境（或社会）影响增加的比率来评价。三是层次分析法。该方法是把经济、社会和生态作为生态经济系统的三个亚系统，根据要解决问题的性质和要达到的总目标，按照指标的隶属关系分为不同的层次，形成一个多目标、多层次的分析结构模型。然后将不同量纲的指标转换成统一的量纲来表达，并运用专家经验法对各指标的权重进行定量打分。最后经过计算分别得出经济、社会与生态效益结果。层次分析法既能反映某项活动总的生态环境经济效益情况，又能分别反映经济、社会与生态环境三个子系统的效益变动情况。其可以用无量纲的指数形式表达，也可以用货币形式表达，评价结果简单、明了，因此，在实践中应用较多。

对生态经济效益的综合评价与可持续发展的综合评价是同步进行的。本质上，经济社会的可持续发展要求人类各项活动实现生态环境、经济和社会效益的协调与同步增长，或者说生态经济效益的不断提高也就代表着可持续发展能力的提高。因此，可持续发展评价指标和评价方法，都可用于对生态经济效益的评价。这些评价方法主要有两种：一是生态足迹。生态足迹在20世纪90年代初期提出。其基本原理是，因为任何人都要消费自然生态环境提供的产品和服务，同时向自然生态环境排放废弃物，所以均会对地球生态、经济和社会系统构成影响。这些资源和废弃物能折算成生产和消化这些资源和废弃物的生物生产面积或生态生产面积，这一生态生产面积，就是生态足迹。因此，通过计算某个城市、地区或国家的人口所平均消费的资源和消纳废弃物所需要的生态足迹的变化，就可以判断其某一时期的人口活动和生产经营活动的生态经济效益如何变动，确定其可持续发展能力的高低。二是能值理论。能值理论由美国生态学家在20世纪80年代末期提出。该理论认为自然环境系统与社会经济系统之间的联系、发展和变化，均依靠能量流动来进行，自然环境系统为社会经济系统提供的各种物质、服务，以及社会经济系统对自然环境系统的反馈，都是以能量流动的形式来完成的。而地球生态系统的各种资源，以及由这些资源所生产的产品和服务所包含的能量，都毫无例外地来自太阳能。因此，任何物质和服务所包含的能量都可以用太阳能值——太阳能焦耳来表示。只要计算自然环境系统与社会经济系统之间的能值流动和转换比例变化，就可以估计生态环境承载力、生态环境系统服务价值，判断可持续发展能力的变化即生态经济效益的变化情况。但生态足迹和能值的计算需要以大量数据为基础，并经过一系列复杂的数据转换才能完成，而且计算结果也只能直观地体现宏观生态经济效益结果，无法判别引起这一变化的过程和主要影响因素。正因为此，这两种方法的具体应用受到了很大限制。

第四节　生态经济学的财富观

一、传统经济学财富观及其缺陷

（一）传统经济学财富观的基本观点

在经济学说思想史上，英国的重商主义认为，财富由货币或金银构成。英国杰出的古典经济学家亚当·斯密在他著名佳作《国民财富的性质和原因的研究》中指出，“货币总是国民资本的一部分”，“它通常只是一小部分”。因此，他认为一国国民财富由社会劳动每年所再生产的消费的货物构成，而构成一国真实财富与收入的，是一国劳动和土地的年产物的价值。可见，亚当·斯密的财富观不仅是指货币，也不专指商品，而是指人们生产和消费的物品。不仅如此，亚当·斯密的财富观还颇有见解地提出了，一国幅员辽阔、土地肥沃、自然条件良好，也是一国富裕的重要标志。

马克思吸收了亚当·斯密理论的科学成分，在《资本论》巨著中研究资本主义的生产关系，揭示资本主义经济运动的发展规律。他认为商品是资本主义社会的财富的元素形式，所以，“资本主义生产方式占统治地位的社会财富，表现为庞大的商品堆积”。商品具有使用价值和价值，“使用价值总是构成财富的物质内容”，价值体现财富的社会关系。使用价值或财物具有的价值，是因为有抽象人类劳动体现或物化在里面。因此，财富归根到底是由劳动者所创造的。后来，马克思主义经济学者按照马克思的财富观形成了传统经济学财富观的基本观点，主要有以下五点：

第一，所谓财富，就是“社会财富”或“国民财富”，通常是指一个社会或国家在特定时间内所拥有的物质资料的总和。

第二，构成财富的内容，包括一切积累的劳动产品（生产资料和消费资料）；用于生产过程的自然资源（如土地、矿藏、森林、水源等）；劳动者的生产经验和科学技能、科学理论（包括哲学、自然科学和社会科学）、文艺作品、文化遗产等。前两项是物质财富，后两项是精神财富。

第三，无论物质财富或精神财富，归根到底都是劳动人民创造的。

第四，自然界是物质条件的第一源泉，因此，自然界和劳动都是一切物质财富的源泉。

第五，物质财富在不同社会中有不同的占有形式，无论财富的社会形式如何，使用价值总是构成财富的物质内容。

以上不难看出，传统经济学的财富观是建立在人类生存和发展完全依赖于物质生产基础之上的。现代人类的生存和发展仍然要以物质生产发展为基础，因而物质生产本身的发展仍然是现代社会进步的重要内容和主要标志，所以我们说，传统经济学财富观反映了客观真理，具有科学性，为我们建立生态经济学财富观提供了理论基础。

（二）传统经济学财富观的缺陷

在现代经济社会条件下，生态经济系统的基本矛盾运动，使人类需要的满足和社会进步的实现，不仅取决于社会物质生产本身的发展，而且取决于自然生态生产本身的发展。这样，传统经济学的财富观就暴露出它的缺陷。

第一，传统经济学财富观把国民财富仅仅看成由人的劳动创造的财富。人类在经济系统中把自然界提供的材料通过劳动加工成符合人类生存和社会经济发展需要的使用价值，传统财富观认为这些使用价值才构成物质财富；而生态系统中，符合人类生存和社会经济发展需要的生态环境，不被传统财富观视为财富。

第二，传统经济学财富观只是把现实用于生产过程的自然源泉看作财富，而把没有进入生产过程但却具有使用价值的自然源泉、不进入物质生产过程的自然环境生态诸因子排除在国民财富之外。

第三，传统经济学财富观衡量财富的尺度只是劳动的耗费及其物化的经济产品或商品，而忽视了符合人类本性的良好生态环境及其“合乎人本性的人”的全面发展的程度这个根本尺度。

可见，传统经济学财富观把经济系统看成封闭循环的运动，是社会发展完全依赖于物质生产发展的理论表现。这是狭义的、不完全的财富观，它不能完全反映作为生态经济有机体的现代社会经济运行的实际，也不能完全体现为生态经济再生产的现代经济社会再生产运动的特点。所以，我们必须在生态经济价值理论的基础上，把传统经济学财富观扩充、延伸到生态系统中，建立起生态经济学财富观。

二、生态经济学的广义财富观

（一）生态财富的概念

按照经济学的观点，凡是符合人类社会需要的具有使用价值和价值的东西，必然是社会财富，在生态经济学领域里也是这样。生态经济价值论认为，生态经济系统的生态环境不仅具有使用价值，而且具有价值，因而生态经济系统的生态环境是人类社会的宝贵财富，我们把它称为生态财富。它的物质内容是具有符合人类生存和经济社会发展所需要的使用价值，即存在于生态系统中的实在使用价值。生态经济系统的经济产品或商品是经济财富，它的物质内容是具有符合人类生存和经济社会发展所需要的使用价值，即存在于经济系统中的现实使用价值。生态财富的载体是物质的，所以生态财富和经济财富都是物质财富。但从生态财富的属性来说，尤其是自然环境的各生态因子以及它们的有机整体的良好生态环境，并不是具体的物质实体，是物质客体之间相互联系、相互作用的一种表现形态。因此，我们不能把生态同具有生态的物质这个载体混为一谈，必须把它独立当作一类财富，称之为生态财富。

（二）传统经济学财富观和生态经济学财富观的根本区别

在生态经济系统的总体上，一个国家或社会的国民财富应该由生态财富、物质财富和精神财富构成。由此看来，传统经济学财富观和生态经济学财富观的根本区别在于：前者只把现实用于生产过程的自然资源当作财富，后者不仅如此，还把现实尚未用于生产过程而存在于生态系统中具有实在使用价值的自然资源也当作财富。更为重要的是，前者认为不进入物质生产过程的自然环境各生态因子不属于财富，后者把它视为现代社会最宝贵的财富。

因此，人们长期以来已经习惯的阳光、水、空气等构成人类生存的自然环境的生态因子不是财富的概念，在生态经济学的广义的财富观看来，已经过时了。

首先，从人类社会发展的历史来看，社会生产力低下时期，社会发展只是为保证十分匮乏的物质资料以满足人自身的生存需要，人们对日常的吃、穿、住、用、行的物质产品的需求最为迫切，往往对自己生存的环境状况没有多高的要求，即使生活在比较恶劣的生态环境之中也能忍受，因而对生态需求，确切地说对第三种形态的生态需求并不迫切。随着社会生产力的发展、人民生活水平的提高，尤其是现代生产力提供了现代生活的物质基础，人们对物质生活的消费比较容易得到，在这一情况下对自己生存环境质量的好坏就十分关注，对第三种形态的生态需求就日益迫切，因而，在经济发达的国家，人们对生态环境的关心程度超过了对经济收入的关心程度，所以，在现代经济社会条件下，满足人们的物质文化需求的物质产品和精神产品是财富；满足人们生态需求的生态产品也是财富。不进入物质生产过程的阳光、水、空气等生态产品，是人类生存所必需的生存资料。这类生存资料在人类很长的历史阶段完全是由大自然无偿赐予的，用不着人们耗费劳动去进行生产。可是，在现代经济社会条件下，情况发生了很大变化，人类对这种生存资料的获得，已经不是完全由大自然无偿赐予，人们要花费劳动参与生态生产，它已成为社会的生态产品了。因此，现代人对良好生态环境的需求的实现，完全同社会再生产过程没有直接联系、完全不消费社会劳动的时代已经过去了。现在，人们对生态产品需要的满足，已经由过去完全非经济需要变成具有经济需要的性质了，生态产品的生产，已经是现代经济社会的生态经济再生产的重要组成部分。

其次，从现代生态经济系统的再生产来看，现代经济社会再生产是生态经济有机体再生产，产品都是生态经济再生产的产品，是社会产品，属于社会财富。因而，社会财富应当包括物质再生产的物质产品、精神再生产的精神产品、人口再生产的劳动者、生态再生产的生态产品。

最后，就自然环境中的阳光、空气、水、热量等生态因子来看，它们虽然不直接进入物质生产过程，但构成了人类生存和社会生产的自然环境，直接参与生态经济生产与再生产过程。一是自然环境的生态因子直接参与生物的生命新陈代谢的过程，在农业生产过程中尤其明显。农作物的生长发育缺乏这些生态因子，根本就不能生长，农业生产也就不能生产出供人们消费的农产品。农业环境严重污染、生态条件恶化，就会危害农业生产过程本身，即使能生产出农产品，也是含有污染物质而不符合人们需要的。二是自然环境的生态因子直接参与人口生产过程。人需要新鲜的空气、清洁的淡水等来维持生命的新陈代谢过程。一个成年人每天平均吸入约 13.6 千克空气，如果断绝空气就会死亡。所以如果人类自身再生产缺少这些生态因子，生命过程就要停止，也就没有什么劳动者的劳动过程可言了。如果人们生活在恶劣的生态环境之中，轻则降低劳动生产效率，重则危害人身健康，使人丧失劳动能力。三是工业生产过程中一切燃烧过程都离不开空气中的氧气，如果空气污浊或氧气不足，也会影响燃烧过程或燃烧效率。当然，更重要的还在于物质生产过程越是现代化，对环境质量要求越高。如果环境严重污染，空气十分恶化，不仅现代设备会受到腐蚀，而且生产过程也难顺利进行。因此，自然环境的诸生态因子是制约物质生产过程的重要因素。

在现代社会条件下，衡量社会财富的根本尺度和首要标志，开始由过去人类劳动耗费所创造的经济产品的使用价值和价值及其货币表现，转变为社会每个人的合乎人类本性的全面发展的程度。这个重大变化，使得生态健全的环境及其欣赏价值对于合乎人类本性的人的全面发展具有越来越重要的意义，生态环境价值在生态价值中的作用将会越来越巨大。因此，现代经济社会创造出一个最无愧于和最适合于人类本性的生态环境，保证满足人民全面发展的生态需要非常重要。这对于我国社会主义现代化建设尤其重要，它不仅是我国社会主义物质文明的重要标志，而且是我国社会主义精神文明的重要标志。

综上所述，传统经济学的狭义财富观，只是把经过劳动改变了自然形态而符合人类生存和经济社会发展需要的使用价值，或者说是由经济系统直接供给社会生产和社会生活的物质看作财富，对那种具有符合人类生存和经济社会发展需要的使用价值的自然物，或者说是由生态系统直接供给社会生产和人们生活的物质不视为财富。很明显，这是不全面的。现代经济社会是一个生态经济有机体，使人类社会进入社会经济和自然生态互相融合、协同发展的新时代，自然生态既是经济财富的源泉又是人类全面发展的源泉。这样，就使得现代经济社会发展无论在何种社会经济形态中实现，其内容不仅是物质生产本身的发展，而且是自然生态本身的发展。因此，现代人的财富观已由过去只着眼于社会经济内部的经济财富，变为经济财富同生态财富同时并重，从而把爱惜、保护和扩大生态财富放在极其重要的地位上。生态经济学广义的财富观，既把由经济系统直接供给而进入社会生产和社会生活过程的物质看作财富，又把由生态系统直接供给而进入社会生产和人们生活过程的物质看作财富。总之，在生态经济系统中一切能够进入生态经济生产过程的物质条件和精神条件，都是现代经济社会的宝贵财富，我们称之为生态经济财富观。生态经济财富观将会为我们有效地协调人、社会与自然的发展关系提供科学依据。

■复习思考题

1. 生态价值由哪些部分构成？
2. 明确无效产值的概念有哪些意义？
3. 绿色 GDP 核算的原则是什么？
4. 请回答传统财富观与生态财富观的联系与区别。
5. 请回答经济效益与生态效益的联系与区别。

第四章

生态产业

生态产业是在人类生存环境受到严重威胁的基础上发展起来的一种新型产业。它的出现和发展，能够有效地减少环境污染、保护自然环境和合理利用资源。通过自然资源、社会资源的高效配置，最大限度地满足人类生存和经济社会发展的需要，最终实现人与自然，生态、经济与社会环境的协调发展。生态产业的出现和发展是历史的必然。

第一节　生态产业概述及原理

一、生态产业概述

（一）生态产业的定义

生态产业是一种新型的产业，因涵盖范围非常广泛，其分类方式并不唯一，所以对生态产业的定义也不统一。中国科学院生态环境研究中心研究员王如松和海南热带农业发展研究所教授傅国华认为：生态产业是按照生态经济原理，以生态学理论为指导，基于生态系统承载能力，在社会生产消费活动中，应用生态工程的方法，模拟自然生态系统，具有完整的生命周期、高效的代谢过程及和谐的生态功能的网络型、进化型、复合型产业。国际东西方大学环境生态文化研究中心研究员董斌认为：生态产业是有关生态优化的产业，其目的是直接创造良好的生态环境，主要涉及生态化的环保产业、生态化的农业产业、生态化的绿色产业。浙江理工大学生态经济研究中心教授沈满洪认为：生态产业是按生态经济原理和知识经济规律组织起来的基于生态系统承载力、具有高效的经济过程及和谐的生态功能的网络型进化型产业。它通过两个或两个以上的生产体系或环节之间的系统耦合，使物质、能量能多次利用、高效产出，资源环境能系统开发、持续利用。企业发展的多样性与优势度、开放度与自主度、力度与柔度、速度与稳定度达到有机结合，污染负效应变为正效益。

综上所述，生态产业是指遵循生态学原理和经济学的规律，以生态系统承载能力为基础，因地制宜，将传统产业优势和现代科技成果进行有效结合，建立具有和谐生态功能和高效经济过程的、在生态与经济上均实现良性循环的新型产业，进而达到生态、经济、社会三大效益有效统一。生态产业包括生态农业、生态工业、生态服务业，它横跨初级生产部门、次级生产部门、服务部门，是包含农业、工业、居民区等的生态环境和生存状况的有机系统。

（二）生态产业的基本类型

1. 传统产业的基本类型

在传统的经济学理论中，产业主要指生产物质产品的部门，包括农业、工业和交通运输业等部门，一般不含商业。随着社会经济的发展和人们生活方式的转变，产业也泛指一切生产物质产品和提供劳务活动的集合体，包括农业、工业、交通运输业、邮电通信业、商业饮食服务业、文教卫生业等部门。

传统产业分类是把具有不同特点的产业按照一定的标准划分为不同类型的产业。常见的传统产业分类方法主要有：按生产活动的性质及其产品属性进行划分的产业领域分类法；根据社会生产活动历史发展的顺序对产业结构进行划分的三次产业分类法；按照各产业所投入的、占主要地位的资源不同为标准来划分的生产要素密集分类法；按照联合国统计委员会制定的《所有经济活动的国际标准行业分类》(2006 年，修订第四版，简称 ISIC Rev. 4）进行分类的国际标准产业分类法；按照我国《国民经济行业分类》标准（GB/T 4754—2017）进行分类的中国标准产业分类法（见表 4-1)。

表 4-1　传统产业分类

产业分类法	产业分类标准	产业类别
产业领域分类法	生产活动的性质及其产品属性	物质资料生产部门和非物质资料生产部门两大领域
三次产业分类法	社会生产活动历史发展的顺序	第一产业、第二产业和第三产业
生产要素密集分类法	生产要素密集程度	劳动密集型、资本密集型和技术密集型产业
国际标准产业分类法	《所有经济活动的国际标准行业分类》(ISIC Rev. 4)	A ~U 共 21 个部门、88 个大类、238 个中类和 419 个小类
中国标准产业分类法	《国民经济行业分类》(GB/T 4754—2017)	A~T 共 20 个门类、97 个大类、473 个中类和 1 381个小类

2. 生态产业的基本类型

生态产业是生态工程在各产业中的应用，通过纵向结合、横向耦合、统一管理等方式，力求实现资源的高效利用和有害废弃物向外的零排放。生态产业横跨初级生产部门、次级生产部门、服务部门，形成生态农业、生态工业、生态服务业等生态产业体系。

生态产业的分类是在传统产业分类的基础上进行的，由于传统产业分类标准不同，生态产业分类也存在差异，最常见的有：我国学者傅国华根据生态产业的设计原则进行的产业分类；澳大利亚经济学家费歇尔、英国经济学家克拉克、我国学者沈满洪等按产业发展的层次顺序及其与自然界的关系作为分类标准进行的产业分类（见表 4-2)。

表 4-2　生态产业的基本类型

分类依据	基本类型	主要内容
按生态产业设计原则	自然资源业	生态农业、生态养殖、有机农业、资源开采等
	加工制造业	节能汽车产业、生物制药产业、绿色化学、生态建筑、清洁生产、能源替代等
	人类生态服务业	生态旅游、自然保护区建设等
	智能服务业	生态管理、生态设计、生态评价、生态文化建设等
	自然生态服务业	污水处理业、生态恢复、物资回收与再生、生态卫生建设等

表4-2(续)

分类依据	基本类型	主要内容
按产业发展的层次顺序及其与自然界的关系	生态农业	生态种植业、生态养殖业、生态林业等
	生态工业	矿产资源开采业、生态制造业、绿色化学、生态建筑、原子经济、生态工程、能源替代等
	生态服务业	生态旅游、生态物流、生态教育、生态贸易、生态文化建设、生态设计、生态管理等

二、生态产业原理

生态产业是以生态学的基本理论为指导，结合生态系统的基本原理和系统原则，寻求生态型的经济产业发展。生态产业的原理主要有以下七种。

（一）生态位原理

生态位是指一个种群在生态系统中，在时间、空间上所占据的位置及其与相关种群之间的功能关系与作用。生态位原理表明：任何一个企业、地区或部门的发展都有其特定的资源生态位，只有在充分了解生态系统中该资源生态位优势和特点的前提下，才能做出符合比较优势的生态、经济和社会发展规划。

（二）竞争共生原理

系统的资源承载力、环境容纳总量在一定时空范围内是恒定的，但其分布是不均匀的。差异导致了竞争，竞争促进资源的高效利用。持续竞争的结果形成生态位的分异，分异导致共生，共生促进系统的稳定发展。生态系统的这种相生相克作用是提高资源利用效率、增强系统自生活力、实现持续发展的必要条件，缺乏其中任何一种机制的系统都是没有生命力的系统。

（三）反馈原理

反馈就是由控制系统把信息输送出去，又把其作用结果返送回来，并对信息的再输出产生影响和控制，以达到预定的目的。反馈分正反馈和负反馈两种，前者使系统的输入对输出的影响增大，后者则使其影响减少。复合生态系统的发展受正反馈和负反馈两种机制的控制，正反馈导致系统发展或衰退，负反馈维持稳定，一般系统发展初期或崩溃期正反馈占优势，晚期负反馈占优势，持续发展的系统中正负反馈机制通常保持相互平衡。

（四）补偿原理

补偿原理是指在发展中对生态功能和质量所造成损害的一种补助，这些补偿的目的是提高受损地区的环境质量或者用于创建新的具有相似生态功能和环境质量的区域。生态补偿机制的建立是以内化外部成本为原则，对保护行为的外部经济性的补偿依据是保护者为改善生态服务功能所付出的额外的保护与相关建设成本和为此而牺牲的发展机会成本；对破坏行为的外部不经济性的补偿依据是恢复生态服务功能的成本和因破坏行为造成的被补偿者发展机会成本的损失。

（五）循环再生原理

世间一切产品最终都要变成其功能意义上的“废物”，世间任一“废物”必然是生物圈中某一组分或生态过程有用的“原料”或“缓冲剂”；人类一切行为最终都会以某种信息的形式反馈到作用者本身，或者有利，或者有害。物资的循环再生和信息的反馈调节是复合生态系统持续发展的根本动因。

（六）多样性主导性原理

系统必须以优势组分和拳头产品为主导，才会有发展的实力和刚度；必须以多元化的结构和多样化的产品为基础，才能分散风险，增强系统的柔度和稳定性。结构、功能和过程的主导性与多样性的合理匹配是实现生态系统持续发展的前提。

（七）生态发育原理

发展是一种渐进的、有序的系统发育和功能完善过程。系统演替的目标在于功能的完善，而非结构或组分的增长；系统生产的目的在于对社会的服务功效，而非产品的数量或质量。系统发展初期需要开拓与适应环境，速度较慢；在找到最适应生态位后增长最快，呈指数式上升；接着受环境容量的限制，速度放慢，呈逻辑斯谛曲线的“S”形增长。但人能改造环境，扩展瓶颈，使系统出现新的“S”形增长，并出现新的限制因子或瓶颈。

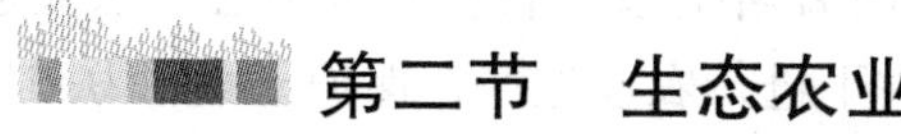

第二节　生态农业

一、生态农业概述

农业不仅是人类的衣食之源、生存之本，而且还是工业产品的主要消费产业，也为工业提供大量的原料，在国民经济中占有极其重要的地位。然而，农业在经历从原始农业到传统农业，再向现代农业发展的过程中，除了带给农业产量大幅增长外，同时还对生态环境造成极大的破坏，严重地影响着人类的生存和发展。为此，取而代之的生态农业开始发展起来。

（一）生态农业的产生

从农业发展的进程看，农业的发展经历了原始农业、传统农业、现代农业三个时期。原始农业时期生产力极其低下，农业生产水平相当落后，人们几乎都是依靠夺取自然产品来获得生存的，谈不上利用生产原理和生产技术，此时土地的利用率很低，生产的产品不能完全满足需要，还需要靠采集和狩猎作为获取食物的重要的补充方式。在原始农业时期，人们基本上没有对自然生态造成影响，整个世界还处在自然生态系统物质循环之中。传统农业是在原始农业的基础上发展起来的。这个时期生产规模小、社会化程度非常低、经营的地域分散而且难以集中，处于自给自足的综合性的自然经济，属于人工或半人工的生态系统，其系统的稳定性完全依靠农业内部的循环来维持，其中的物质循环首尾相接，无废无污，整个生态环境处于自然和谐之中。工业革命以后，农业进入现代农业时期，这一时期，随着科技的创新、工业化进程的推进以及现代管理方法的广泛应用，农业实现了机械化，土地使用率以及劳动生产率均得到了提高，化肥农药取代了农家肥和牲畜粪肥，等等。现代农业的高速发展给人类社会的发展带来前所未有的贡献的同时，没有遵循自然规律，没有发挥农业生态系统的自我调节、自我缓冲、自我完善的重要功能，而是过多地进行人为的主观控制，造成了人与自然的过分分离，酿成了一系列的生态灾难。这些灾难的蔓延严重地影响了农业的可持续发展，也对人类生存的环境造成了严重威胁，于是人们开始了不断的研究和探索，并提出生态农业的发展思路。

（二）生态农业的概念

生态农业概念最早是美国密苏里大学土壤学家威廉姆·奥博特 1971 年提出的。他认为，通过增加土壤腐殖质，建立良好的土壤条件，就会有良好健康的植株，因此可以不用农药，但可用铜制剂“波尔多液”治病，用轻油杀死蔬菜里的杂草。少量施用化肥对作物有好处，又不会对环境造成不良影响，但农药是不能使用的，因为农药只有达到一定浓度才能对目标生物生效，这时已对环境造成了污染。英国农学家凯利·瓦庭顿 1981 年将生态农业定义进一步系统化，他将生态上体现为自我维持和低输入，在经济上体现为有生命力，在环境、伦理、审美方面不产生大的和对长远发展有较小负面作用的小型农业系统定义为生态农业。1984 年，美国著名生态学农业专家韦恩·杰克逊则将生态农业定义为：在尽量减少人工管理的条件下进行农业生产，保护土壤肥力和生物种群的多样化，控制土壤侵蚀，少用或不用化肥农药，减少环境压力，实现持久性发展。美国农业部将生态农业定义为：生态农业是一种完全不用或基本不用人工合成的化肥、农药、动植物生长调节剂和饲料添加剂，而是依靠作物轮作、秸秆、牲畜粪肥、豆科作物、绿肥、场外有机废料、含有矿物养分的矿石补充养分，利用生物和人工技术防治病虫草害的生产体系。1991 年，我国著名的生态、环境学家马世俊教授提出，生态农业是农业生态工程的简称，它以社会、经济、生态三效益为指标，应用生态系统的整体、协调、循环、再生原理，结合系统工程方法设计的综合农业生态体系。

综上所述，生态农业是指包含农、林、牧、副、渔在内的生态上和经济上构成良性循环，生态、经济、社会实现效益统一的大农业体系。它是在保护和改善农业生态环境的前提下，按照生态学原理和生态经济规律，利用传统农业精华和现代科技成果，将粮食生产与多种经济作物生产，大田种植与林、牧、渔、副业发展，大农业与第二、第三产业的发展结合起来，运用系统工程方法和现代科学技术，因地制宜有效地组织、协调和管理农业生产和农村经济的系统工程体系。

（三）生态农业的特点

为防止生态环境污染，生态农业通过生态与经济的良性循环，合理利用农业资源、最大限度地减少农业资源消耗。与传统农业比较，生态农业具有高效性、持续性、多样性和综合性的特点。

1. 高效性

生态农业通过物质循环、能量综合利用、产品深加工和废弃物的再利用，既实现农业产业经济价值的增加，又实现农业产业成本的降低，同时还为日益增加的农村剩余劳动力实现农业内部就业创造了条件，进而有效地提高了农民从事农业生产活动的积极性。

2. 持续性

发展生态农业能够有效地防治污染，保护和改善生态环境。将维护生态平衡与经济发展紧密结合起来，不仅能够提高农产品的安全性，还可以提高生态系统的稳定性和持续性，最大限度地满足人们对农产品需求的日益增长，增强农业发展后劲。

3. 多样性

我国地域辽阔，虽然不同地区之间存在自然条件、资源基础的差异，其社会与经济发展水平也存在较大的差异，但是不同地区均有其特定的优势，生态农业可运用多种生态模式、生态工程和丰富多彩的技术类型装备农业生产，将现代科学技术与传统农业精华有效结合，发挥区域优势，实现产业与区域经济的协调发展。

4. 综合性

生态农业以大农业为出发点，按“整体、协调、循环、再生”的原则，充分发挥农业生态系统的整体功能，促使大农业与农村三大产业综合协调发展，以提高综合生产能力。

（四）生态农业产业链的构成

生态农业产业链又称生态农业体系。由于存在地理条件、环境条件以及区域经济发展的差异，生态农业体系的构成也存在差异。由生态种植业、生态林业、生态渔业、生态牧业及其延伸的生态农产品加工业、农产品贸易与服务业、农产品消费领域之间通过废物交换、循环利用、要素耦合或产业生态链延伸等方式形成的网状分布的相互依存、密切联系、协同作用的生态农业体系被认为是最完整的生态农业产业体系。

二、生态农业的模式

生态农业的模式按照自然地理条件和经济社会状况，可以划分为平原型、山区型、丘陵型、水域型、草原型、庭院型、沿海型及城郊型生态农业。生态农业模式按照主产品或主要产业类型，可以划分为综合型和专业型生态农业。其中，综合型又分为农林牧副渔综合发展型、农林牧型、林农牧型、农渔型和农副型等；专业型分为粮食户、蘑菇养殖户、养猪（牛、羊、鸡、鸭）户和养鱼户等。生态农业模式按照生态农业建设的区域规模或行政级别，可以划分为生态农业市、生态农业县、生态农业乡、生态农业村及生态农业户等。

我国常见的生态农业模式：

（一）立体农业生态模式

立体农业最早产生于农作物的间作套种，在中国已有 2 000 多年的历史。20 世纪初，美国哥伦比亚大学的J. R. 史密斯教授将立体农业概括为：立体农业是“种植业、畜牧业与加工业有机联系的综合经营方式”。该模式是运用生态位原理，利用自然生态系统中各种生物种群的特点，通过合理的组合，多种类、多层次配置农业生物的垂直空间利用模式。这种模式在我国普遍存在，数量较多。按照配置的不同，该模式又可分为立体种植模式、立体养殖模式和立体种养模式三种具体模式。

1. 立体种植模式

立体种植模式是指在同一处栽培两种或两种以上的植物，根据生态位原理，栽培植物应该采取高秆与矮秆、大个体与小个体、深根与浅根、直立生长与匍匐生长、喜阳与耐阴等搭配种植方式，这样既可充分利用太阳辐射能和土地资源，又能为农作物营造一个良好的生态系统。其主要形式有：农田立体间套种模式、农林（果、茶）复合模式、林药复合模式等。

2. 立体养殖模式

立体养殖模式是指在同一土地或水面上，农业动物与鱼类分层利用空间的一种饲养方式。这种方式可有效地利用一些有机废弃物，实现资源利用最大化和生态经济效益的不断提升。其主要形式有：分层养鱼模式，上层养鸡、中层养猪模式，水面上养鸡或鸭、水体养鱼模式，鱼塘养鱼、塘基养猪模式等。

3. 立体种养模式

立体种养模式是指在同一土地或水面上的植物、动物、微生物分层利用空间的种养结合方式。这种模式将植物和动物结合起来，既可取得较好的经济效益，又可取得显著的生态效益。其主要形式有：稻田养鱼、蟹、鸭模式，果园养鸡、鸭模式，茶园养鸭模式，林下养鸡模式以及林蛙鱼结合的模式等。

（二）*以沼气为纽带的生态农业模式*

以沼气为纽带的生态农业模式是指种养结合，以沼气为纽带，种养比例协调，养殖场清理出来的有机废物进入沼气池，沼气作为能源，用于生活和其他生产，沼液则储存起来，作为有机肥料对种植业进行灌溉。该模式既可节省大量的商品肥料的费用，又可减少燃料的使用成本，经济效益较为可观。同时，沼液作为肥料，可使土壤有机质含量提高，作物的抗病虫能力增强，减少周边水体的污染，生态效益也明显提高。其常见形式有：北方的“四位一体”模式，西北的“五配套”模式，禽（畜）—沼—果（林、草）模式以及北京留民营模式等。

1. 北方的“四位一体”模式

“四位一体”模式是指利用太阳能建大棚饲养牲畜和种植蔬菜，利用沼气池对人畜粪便发酵生产沼气来满足生活与照明，将生产沼气产生的沼渣作为种植业所需的肥料，从而形成沼气池、猪禽舍、厕所和日光温室“四位一体”的生态农业模式。这种模式既解决了农村能源供应紧张问题，又使农民的卫生和生活环境得到了有效的改善，同时还减少了以过多投入农药和化肥来促使农作物和蔬菜快速生长的做法，提高了食品的安全性。

2. 西北的“五配套”模式

“五配套”模式是指通过每户建立“沼气池+果园+暖圈+蓄水池+看营房”配套设施，形成以土地为基础，以沼气为纽带，实现以农带牧、以牧促沼、以沼促果、果牧结合的配套发展和良性循环体系。其具体做法：圈下建沼气池，池上搞养殖，除养猪外，圈内上层还放笼养鸡，形成鸡粪喂猪、猪粪池产沼气的立体养殖和多种经营系统。这种模式不但可以净化环境、减少投资、减少病虫害，还可以增收增效，是促进农业可持续发展、提高农民收入的重要模式。

3. 禽（畜）—沼—果（林、草）模式

禽（畜）—沼—果（林、草）模式是为解决畜禽养殖污染问题，探索出来的一种生态农业模式。其具体做法：户户建沼气池，家家养殖一定数量的猪牛等牲畜，种植一定数量的果树。通过沼气的综合利用，大大降低饲养成本，增加农民收入，同时带来可观的经济效益和生态效益。

4. 北京留民营模式

留民营村作为中国生态农业第一村，位于北京郊县大兴区长子营镇。北京留民营模式是典型的生态农业模式，该模式以生态学原理为准则，对产业结构进行了调整，将单一的种植业转换为农、林、牧、副、渔全面发展的产业模式，开发利用新能源和大力植树造林。经过多年的发展，形成了以沼气站为能源转换中心，促进各业良性循环，达到清洁生产，循环利用的生态农业模式。该模式将居住环境和生产环境有机结合起来，使有限的土地资源得到充分利用，同时，通过对太阳能、生物能和农业系统的有机废料的综合利用，不但使生产生活的废弃物得到有效的处理和利用，而且还使土壤结构向良性转换，在农业生产上实现了高产、优质、高效和低耗。

（三）种—养—加结合型生态农业模式

种—养—加结合型生态农业模式是把种植业、养殖业与农产品加工业结合起来，充分利用加工业的副产品，变废为宝，最终达到增加系统产出、提高系统整体效益的目的。这种模式主要有三种基本形式：粮食—酿酒—酒糟喂猪—猪粪肥田模式，豆—豆制品下脚料喂猪—猪粪肥田模式，花生（或油菜籽）—榨油—饼粕喂猪—猪粪肥田模式。

（四）庭院生态农业模式

庭院生态农业模式是继家庭联产承包责任制实施以后迅速发展起来的一种生态农业模式，广大农民利用庭院零星土地、阳台、屋顶进行种植业、养殖业、农产品加工工业的综合经营，合理安排生产和经营，做到宜种则种、宜养则养、宜加则加、宜贮则贮，以获得经济效益、生态效益和社会效益的统一。

（五）贸工农一体化经营模式

生态系统通过代谢过程使物质流在系统内循环不息，并通过一定的生物群落与无机环境的结构调节，使得各种成分相互协调，达到良性循环的稳定状态。这种结构和功能统一的原理，用于农村工农业生产布局和生态农业建设，并形成了贸工农一体化经营模式。贸工农一体化经营模式有利于延长食物链、生产链和资金链，农林经济得到可持续发展。该模式主要有以下形式：

1. 龙头企业带动型模式

评估企业的综合实力，以实力较强的企业为龙头，围绕一种重点产品的生产、加工、销售，联系有关部门和农户，进行一体化经营。

2. 骨干基地带动型模式

按照“基地化生产，企业化经营”的原则，通过建立各种类型的生态农业基地，兴办专业农场，选择生产技术素质高、经济实力强的农户进行规模生产，统一销售。

3. 优势产业带动型模式

围绕优势产业的发展，成立相应的产品经销服务公司，获取市场信息，指导农民以市场为导向发展生产，并配套相应的社会服务体系，如加工业、运输业等。

4. 专业市场带动型模式

通过建立各种形式的农副产品市场，为农民产销直接见面提供交易场所，达到“建一个市场，活一片经济，富一方群众”的目的。

5. 技术协会带动型模式

围绕某个项目的主要生产，建立民间技术协会，并通过协会向会员提供技术、良种、生产资料、产品销售等服务，把生产、科技和市场紧密地结合起来。

三、生态农业发展趋势

从农业生产的现状、农业生产技术的状况及其发展方向来看，生态农业发展呈现四大趋势：

（一）从“平面式”向“立体式”发展

利用各种农作物在生长过程中的“时间差”和“空间差”进行各种综合技术的组装配套，充分利用土地、光照和动植物资源，形成多功能、多层次、多途径的高产高效优质生产模式。

（二）从单一农业向综合农业产业发展

以集约化、农业产业园化生产为基础，以建设人与自然相协调的生态环境为长久目标，集农业种植、养殖、环境绿化、商业贸易、观光旅游为一体的综合性农业产业，引致“都市生态农业”的兴起。

（三）从手工操作简单机械化向电脑自控化数字化方向发展

农业机械化的发展，在减轻体力劳动、提高生产效率方面起到了重大作用。电子计算机的应用使农业机械化装备及其监控系统迅速趋向自动化和智能化。计算机智能化管理系统在农业上的应用，将使农业生产过程更科学、更精确。带有电脑、全球定位系统（GPS）、地理信息系统（GIS）及各种检测仪器和计量仪器的农业机械的使用，将指导人们根据各种变异情况实时地采取相应的农事操作，这些都赋予农业数字化的含义。

（四）从传统土地利用方式向多元土地利用方式发展

生物技术、新材料、新能源技术、信息技术使农业脱离土地正在成为现实，实现了工厂化，出现了白色农业和蓝色农业，甚至未来将出现太空农业。

案例链接

中国生态农业第一村——留民营村

一、村庄基本情况

留民营村位于北京市东南郊，大兴区长子营镇境内，村庄总面积2 192亩（约1.46平方千米），人口不足千人，是我国最早实施生态农业建设和研究的试点单位，被联合国环境规划署正式承认为中国生态农业第一村，获得“全球环境五百佳”称号，被评为世界环境保护先进单位；被环境保护局评为有机农业示范基地，荣获“国家AAA级景区”“全国绿化美化千佳村”“全国绿色村庄”“全国创建精神文明先进单位”“全国首批农业旅游示范点”“北京市爱国主义教育基地”“北京最美的乡村”“北京市民俗旅游村”等殊荣或称号。

留民营于1982年开始实施生态农业建设，通过开发利用生物能、太阳能，美化环境、调整生产结构，形成了以沼气为中心串联种植、养殖、加工、产供销一条龙的生态系统。留民营几十年来坚持走生态农业发展之路，坚持科技兴农，为建设资源节约型、环境友好型的社会主义新农村做出了贡献。近几年，优美的生态环境、整齐的现代化农业设施、系统的能源建设为观光旅游奠定了坚实的基础，千人饺子宴、“三八席”及淳朴的乡土文化为生态旅游健康发展注入了活力，全村每年接待中外游客10万余人，旅游收入达到1 300万元，实现社会总产值2.5亿元。

二、生态农业产业特色

生态农业建设和沼气清洁能源使用成为留民营生态农业第一大特色。留民营从20世纪80年代初期，在北京市环保所的指导下，开始进行生态农业建设，被誉为“中国生态农业第一村”，从而也为生态农业的发展创造了优越条件。生态农业以沼气为中心，留民营的沼气事业发展约40年。现在的大型沼气站不仅为留民营及周边村子1 800余户家庭提供清洁能源，也成为市民参观体验节能减排、发展循环经济的重要场所，从而使市民及游人感受到低碳生活、循环经济发展给留民营带来的深刻变化。留民营农业生态系统综合利用循环图见图4-1。

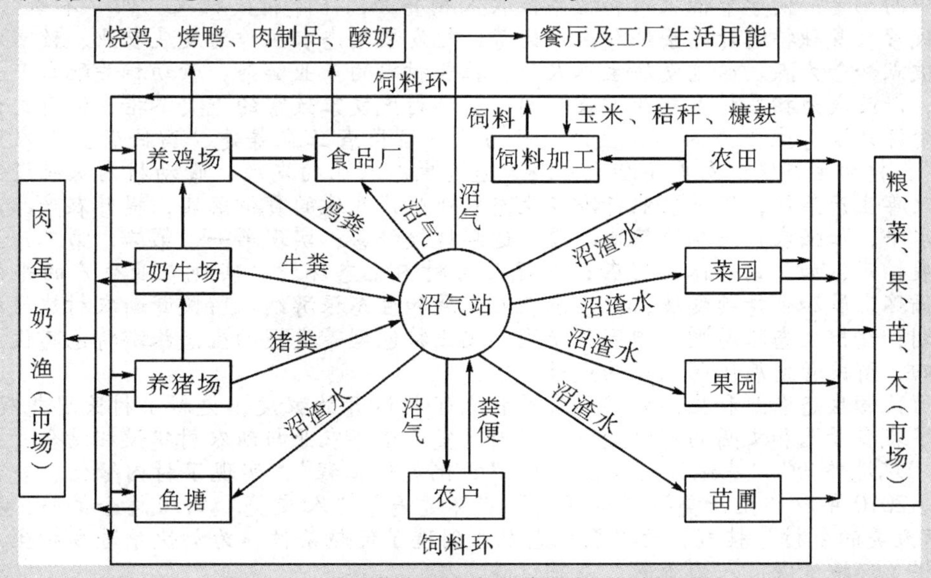

图4-1 留民营农业生态系统综合利用循环图

科普公园是留民营休闲农业第二大特色。科普公园建有科普大道，主要向市民和游人普及传统农业、现代农业、生态农业以及都市型观光农业基本知识；科普展馆则更加形象地向市民和游人展示了农耕文化及留民营生态农业发展历史全貌及发展远景。

“印象留民营文化墙”是留民营生态农业第三大特色。“印象留民营文化墙”以图文并茂的形式向市民和游人展现了自20世纪70年代以来，留民营的历次“五年规划”奋斗口号和发展历程，使人们深刻感受到建设社会主义新农村这40余年，留民营所发生的翻天覆地变化。

有机食品采摘、捡拾绿色鸡蛋和田园踏青是留民营生态农业第四大特色。留民营已有近20年发展有机食品的历史，北京、天津及香港的大型超市都有留民营所提供的有机食品和绿色鸡蛋。市民和游人来到留民营更愿参加的活动便是亲手采摘有机种植园中的有机食品、捡拾散养鸡柴鸡蛋和田园踏青。一方面，使人亲近自然，感受丰收喜悦；另一方面，掌握一定的劳动技巧，并且强身健体，使市民和游人流连忘返。

品味“三八席”是留民营休闲农业第五大特色。“三八席”起源于京东南百年前的民间。每逢家中贵客临门，特别是女婿登门拜见，老丈人都要大摆“三八席”（八凉菜、八热炒、八蒸碗）招待一番。而如今，市民和游人更是闻香而来，热情好客的村民们同样以“三八席”招待远来的宾客。客人们在品尝到可口的民间美食的同时也领略到京南的饮食文化和民俗特色。

“千人饺子宴”是留民营休闲农业的第六大特色。“千人饺子宴”自1980年春节开始举办。近些年，部分市民也踊跃参与其中，元旦刚过就有市民通过电话、短信以及网上预订等方式报名。市民通过参加“千人饺子宴”，与村民一样同为座上宾，享受村干部和党团员的周到服务，欣赏艺术家和村内文艺骨干的精彩演出，感受千人大家庭同庆新春佳节的和谐氛围。

三、留民营生态农业发展思路

生态农业与生态旅游是留民营重点发展的朝阳产业。要把发展生态农业作为建设社会主义新农村，实现村容整洁、村风文明、管理民主的重要举措。通过发展生态农业带动村民致富，使村民的农业生产收入与经营收入相叠加，在传统增收途径外开拓新渠道；使村民的就业收入与创业收入相叠加，提高资产性收入和资本性收入在农民收入中的比重；使季节性收入和常年性收入相叠加，保障村民收入“四季不断”。依托留民营自身独特的资源条件和区位优势，把发展生态农业作为发展农业、致富农民的突破点和着力点。通过发展生态农业，拉长村内的产业链条，带动相关配套产业的发展，以此成为拓展村民就业增收空间、引领村民发家致富的重要举措。没有文化的旅游资源是没有生命力的。在生态文化方面，留民营正在筹建“留民营生态农业展览馆”，推动生态农业向更高层次发展。通过生态农业的发展，带动村内基础设施建设，改善生产条件；促进农业标准在生态农业生产基地的贯彻落实，提升农产品质量安全水平；加强农产品生产基地建设，达到规模经营；实现第一、第二、第三产业融合发展，产、加、销一体化经营；明显改善村内生态环境，实现农业生产的平衡发展、循环发展和可持续发展；把生态农业发展和生态旅游纳入留民营新农村建设的整体规划；突出生态旅游型、田园风光型、文化特色型等类型的生态旅游特色建设。

四、留民营发展休闲农业的成效

留民营生态农业和生态旅游的发展扩大了村域开放程度，更新了村民思想观念，促进了城乡资源和文明的有机交融；村内将发展生态农业与新农村建设相结合，先后实施“环境整治”“基础设施建设”和“绿化美化工程”，实现了村内绿化、美化和亮化。2010年以“生产美”“生活美”“环境美”“人文美”四项总分第一，摘得“北京最美的乡村”桂冠，为发展生态农业创造了优越条件，为加快推进乡村生态旅游提供了环境资源、人力资源、基础设施支撑。

资料来源：留民营村［J］. 休闲农业与美丽乡村，2016（2）：46-55.

第三节　生态工业

一、生态工业概述

生态工业是生态城市发展中的一个主要内容，也是生态经济学的一个重要内容；是人类在生态环境与经济发展矛盾激化、传统的工业经济发展模式导致严重环境问题和社会问题情况下应运而生的。发展生态工业，既有利于充分有效地利用资源发展工业生产，又有利于减轻污染，实现生态与经济的协调发展。

（一）生态工业的兴起

人类社会的发展进入工业革命以后，劳动生产率得到极大的提高，工业的发展给人类带来巨大物质财富和精神财富的同时，也给环境带来了巨大的灾难，企业生产过程中排放的废水、废气和废渣已经严重威胁着人类生存的环境，虽然人类已经意识到工业污染给自己生存所带来的危机，并已着手进行对生产过程中排放出来的废水、废气和废渣进行治理，但污染物一经排放，再对其进行治理难度就会加大，而且也可能对环境造成永久性伤害。为此，学术界和企业界开始着手探讨各种减少环境污染的途径，如通过建立生态工业园区、发展循环经济等手段来实现对污染的有效治理，生态工业也就应运而生了。

（二）生态工业的概念

生态工业是根据工业生态学与生态经济学原理，应用现代科学技术所建立和发展起来的一种多层次、多结构、多功能、变工业排泄物为原料、实现循环生产、集约经营管理的综合工业生产体系。生态工业作为一种新型的工业模式，追求的是生产系统内部的生产原料—中间产物—废弃物—产成品的物质循环，最终实现“资源+能源+投资”的最优组合及利用。其具体做法：在生态工艺系统内各生产过程中，利用物料流、能量流和信息流互相关联，将一个生产过程产生的废物作为另一生产过程的原料，最终实现各工艺流程环节的有效结合。

（三）生态工业与传统工业的比较

生态工业区别于传统工业的一个重要方面在于：传统工业一般将来源于自然界的原材料经过一次生产过程后，就将其当成废弃物排放到环境中，既造成资源枯竭，同时也造成生态过程的阻滞；生态工业则要求在产品的设计时就必须考虑产品使用期结束后的再循环问题，产品的废弃物处置问题同产品设计和加工制造过程一样重要（表 4-3 列出了生态工业和传统工业的比较）。

表 4-3　生态工业与传统工业的比较

类别	传统工业	生态工业
目标	单一利用、产品导向	综合效益、功能导向
结构	链式、刚性	网状、自适应性
规模化趋势	产业单一化、大型化	产业多样化、网络化
系统耦合关系	纵向、部门经济	横向、复合型生态经济
功能	产品关系，对产品销售市场负责	产品+社会服务+生态服务+能力建设，对产品生命周期的全过程负责
经济效益	局部效益高、整体效益低	综合效益好、整体效益好
废弃物	向环境排放、负效益	系统内资源化、正效益
调节机制	外部控制、正反馈为主	内部调节、正负反馈平衡
环境保护	末端治理、高投入、无回报	过程控制、低投入、正回报
社会效益	减少就业机会	增加就业机会
行为生态	被动，分工专门化，行为机械化	主动，一专多能，行为人性化
自然生态	厂内生产与厂外环境分离	与厂外相关环境构成复合生态体
稳定性	对外部依赖性高	抗外部干扰能力强
进化策略	更新换代难、代价大	协同进化快、代价小
可持续能力	低	高
决策管理机制	人治，自我调节能力弱	生态控制，自我调节能力强
研发能力	低、封闭性	高、开放性
工业景观	灰色、破碎、反差大	绿化、和谐、生机勃勃

（四）生态工业的特点

生态工业与传统工业相比具有四个特点：

第一，生态工业是工业生产及其资源开发利用由单纯追求利润目标向追求经济与生态相统一的生态经济目标转变，工业生产经营由外部不经济的生产经营方式向内部经济性与外部经济性相统一的生产经营方式转变。

第二，生态工业在工艺设计上十分重视废物资源化、废物产品化、废热废气能源化，形成多层次闭路循环、无废物无污染的工业体系。

第三，生态工业要求把生态环境保护纳入工业的生产经营决策要素之中，重视研究工业的环境对策，并将现代工业的生产和管理转到严格按照生态经济规律办事的轨道上来，根据生态经济学原理来规划、组织、管理工业区的生产和生活。

第四，生态工业是一种低投入、低消耗、高质量和高效益的生态经济协调发展的工业模式。

二、生态工业的模式

（一）工业生产模式

工业生产可归结为三种模式：传统工业模式、现代工业模式和生态工业模式。

1. 传统工业模式

传统工业模式是指不顾环境的一种生产模式，即“资源—生产—消费—废弃物排放”。在该模式下，除剧毒废料外，其他废弃物均不经过处理直接排放进入环境，由环境充当“无偿清洁工”的功能。这种发展模式最终会导致自然资源的短缺和枯竭，引发严重的环境污染问题，影响人类的可持续发展。

2. 现代工业模式

现代工业模式是“先污染后治理”的生产模式，是指工业生产排放物已超过了环境的承受力，这种排放造成严重的工业污染、破坏生态平衡、危及人类健康。为此，各国制定了一系列的政策和措施，规定凡工业有害废弃物未经净化治理，或者处理后没有达到容许排放标准的，不允许排放或必须承担相应的经济责任。但是几十年的运作结果表明，该运作模式是把精力集中在对生产过程中已经产生的污染物进行处理上，所以是一种被动的、消极的处理方式，即使采取了诸多措施来减少和降低环境污染，但温室效应、酸雨现象、臭氧层破坏、土壤退化、水污染以及噪声污染等现象日趋严重。

3. 生态工业模式

生态工业模式是以减量化、再利用、再循环为原则，在企业层面推行清洁生产，在区域层面建立生态工业园区，在社会层面提倡生态消费。生态工业模式打破了传统经济发展理论把经济系统与生态系统人为割裂的弊端，要求经济发展以生态规律为基础，同时结合工业生态系统的理论，建立生态共生系统，以求实现资源利用效率最大化和生态化的最高目标。目前，国内生态工业主要是通过生态工业园区的建设来实现的。

（二）生态工业园区

生态工业园区是以工业生态学和循环经济理论为指导，着力于园区内生态链和生态网的建设，最大限度地提高资源利用率，从工业源头上将污染物排放量减至最低，实现区域清洁生产。与传统的“设计—生产—使用—废弃”生产方式不同，生态工业园区遵循的是“回收—再利用—设计—生产”的循环经济模式。它仿照自然生态系统物质循环方式，使上游生产过程中产生的废物成为下游生产的原料，不同企业之间形成资源共享和副产品互换的产业组合，达到相互间资源的最优化配置。

生态工业园区模式风格迥异，按照建设基础不同，可分为现有改造型与原始规划型生态工业园区；根据区域位置不同，可分为实体型与虚拟型生态工业园区；依据产业结构不同，可分为联合企业型与综合园区型生态工业园区。

生态工业园区的建设内容丰富，一般包括园区选址、土地使用、景观设计、基础设施建设和共享支持服务等。生态工业园区系统建设框架内容包括企业选择、系统集成和管理集成三个部分。企业选择标准应该是那些对环境友好的企业，或者那些即使有少量污染但是能通过园中的生态工业链进行“自我消化”的企业。避免污染大且不能通过生态工业链消除污染的企业进入生态工业园区，以免造成对工业园区的损害。系统集成主要是在区域和企业层次上进行，物质、能量与信息的共享和循环是通过具体的集成方式得以实现的。系统集成包括物质集成、能量集成和信息集成三个部分。物质集成是按照园区总体产业规划，确定成员间的上下游关系，同时根据物质供需方的要求，运用各种策略和工具，对物质流动的线路、流量和组成进行调整，完成工业生态链的构建，包括企业内部的物质转化和交换、企业间的废弃物交换、再生循环等。能量集成就是要实现生态工业园区内能量的有效利用。通过采用节能技术、节能工艺以及再生能源的使用来减少能量的消耗；通过实行按质梯级用能、集中供热和热电联产，优化工程用能结构，达到合理使用能源，避免能源数量上和质量上的损耗；通过建立完善的信息数据库、计算机网络和电子商务系统，并进行有效的集成，充分发挥信息在园区运行、与外界信息交流、管理和长远发展规划中的多种重要作用，以促进园区内物质循环、能量有效利用、环境与生态协调，向更高级的工业生态系统发展。管理集成包括战略管理、政策导向和法律建设等内容，主要是针对各级政府和有关管理机构而言。生态工业建设是一项综合性、整体性的系统工程，它涉及极为广泛的不同层次和多个对象，而且各方面的关系错综复杂地相互交织在一起，因此需要不同层次的管理部门有效地协调组织，从政府、园区、企业三个层次进行生态化管理。政府主要着眼于战略管理、政策导向、法规建设和激励机制；园区管理则侧重于协调生产企业和技术、产品、环境、经济等多个部门的关系，保证物质、能量和信息在区域范围内的最优流动，并对其进行指标考核；企业管理主要推行清洁生产、节能降耗，按照工业链的关系优化原料—产品—废弃物的关系，保证高效、稳定的正常生产经济活动。

三、生态工业的发展趋势

现代工业发展呈现出高科技化、规模化、集群化、生态化的特点。可见，生态工业本身就是现代工业的发展趋势。现代工业在生态化过程中具有以下两大发展趋势：

（一）企业层面实行清洁生产

不断采取改进设计、使用清洁的能源和原料、采用先进的工业技艺与设备、改善管理、综合利用等措施，从源头削减污染，提高资源利用效率，减少或者避免生产、服务和产品使用过程中污染物的产生和排放，以减轻或者消除对人类健康和环境的危害。

（二）区域层面上实行生态工业园区建设

按照生态系统的“食物链”原则组织生产，实现物料的闭合循环和能量的梯级使用。针对当地资源条件，联合类型不一、性质各异的企业组成生态工业园区，上游企业的“三废”可以直接作为下游企业的原料，这样能大大减少污染的产生，提高整个系统对原料和能量的利用效率。

案例链接

国家生态工业示范园区——苏州工业园区

苏州工业园区是中国和新加坡两国政府间的重要合作项目，该项目1994年2月经国务院批准设立，同年5月实施启动，行政区划面积278平方千米，（其中中新合作区80平方千米），下辖5个街道（截至2021年12月），常住人口数为1 133 927人（截至2020年11月）。苏州工业园区是中国首批国家知识产权示范园区，2016—2021年在国家级经开区综合考评中实现六连冠，成为全国开放程度最高、发展质效最好、创新活力最强、营商环境最优的区域之一，被誉为“中国改革开放的重要窗口”和“国际合作的成功范例”。

近年来，园区坚持以习近平总书记系列重要讲话特别是视察江苏重要讲话精神为指引，统筹推进“五位一体”总体布局，协调推进“四个全面”战略布局，坚持稳中求进工作总基调，把握发展新常态，践行发展新理念，经济社会保持健康持续较好地发展。园区重点抓了以下工作：

一是构筑特色产业体系。坚持引进和培育并举，大力发展高端高新产业，形成了“2+3+1”特色产业体系（“2”：新一代信息技术、高端装备制造两大主导产业；“3”生物医药、纳米技术应用、人工智能三大新兴产业；“1”：现代服务业）。主动对接“中国制造2025”，大力发展智能制造，促进“工业化+信息化”深度融合，积极推动制造业向“制造+研发+营销+服务”转型。百度、华为、滴滴、科大讯飞、苹果、微软、西门子等都在园区设立了人工智能相关领域研发或创新中心，园区正在加速成为国内领先、国际知名的人工智能产业发展高地。

二是实施聚力创新战略。制定出台《加快建设国内一流、国际知名的高科技产业园区的实施意见》，启动实施创新产业引领、原创成果转化、标志品牌创建、创新生态建设等四大工程，加快形成以创新为主要引领和支撑的经济体系和发展模式。园区积极开展招校引研，重点瞄准大院、大所、名校，引进中科院苏州纳米所、中科院电子所苏州研究院、中国医学科学院系统医学研究所等“国家队”科研院所，牛津大学苏州先进研究中心、哈佛大学韦茨创新中心、微软苏州研发中心等新型研发机构，中国科技大学、西交利物浦大学、加州大学洛杉矶分校、新加坡国立大学等中外高等院校，获批全国首个“高等教育国际化示范区”。深入实施“金鸡湖双百人才计划”，集聚高端人才，大专以上人才总量居全国开发区第一，园区被评为国家级“海外高层次人才创新创业基地”、中国科协“海外人才离岸创新创业基地”，被确定为中组部人才工作联系点。突出企业创新主体地位，深入实施“企业扎根”和自主品牌企业培育计划，大力培育壮大创新创业企业集群。苏州金融资产交易中心、股权交易中心等资本要素市场先后设立，东沙湖基金小镇入选首批“江苏特色小镇”，覆盖创新型企业全生命周期的科技金融服务体系日趋完善。集聚硅谷PNP、百度创业中心、腾讯云基地、苏大天宫等众创空间。

三是深入推进开放创新。苏州工业园区优化政府组织机构和权力运行体系，不断创新行政管理体制。通过大部门机构改革，构建了大经济发展、大规划建设、大文化管理、大行政执法、大市场监管等大部门制工作格局，形成“一枚印章管审批、一支队伍管执法、一个部门管市场、一个平台管信用，一张网络管服务”的“五个一”基层政府治理架构。统筹建立人口、法人、地理三大信息基础数据库，建立统一共享交换体系和数据服务平台。以“政务通、企业通、居民通”统一框架为引领，有效规范电子政务项目的集约建设，推动行政审批、居民服务等政务管理服务事项网上审批，优化流程，提高效率。凭借强大的资源整合能力，苏州工业园区从先进制造及科技研发、服务业、人才三个方面，为入驻企业提供政策保障、资金支持、平台服务、技术交流等各类鼓励措施，不断持续推动发展创新。

四是持续优化宜居环境。牢固确立并坚持“无规划不开发”的理念，坚持“先规划后建设、先地下后地上”“一张蓝图绘到底”，制定完善了300多项专业规划，并配套制定了一系列严格的规划管理制度，确保规划得到严格执行。坚持产城融合发展，金融商贸区、科教创新区、国际商务区、旅游度假区等重点板块加快建设，服务经济加速繁荣，集聚金融类机构894家，服务业增加值占地区生产总值比重达44%，获批成为全国首个“国家商务旅游示范区”，阳澄湖半岛成为首批国家级旅游度假区。率先把信息化列入区域总体发展战略，入选全国首批智慧城市试点，成为全国首个数字城市建设示范区。坚持生态优先，扎实开展“两减六治三提升”环保专项行动，深入实施生态优化行动计划，部署开展“基层大走访、问题大普查、环境大整治、管理大提升”四大行动，城市环境综合治理取得明显成效，整体通过ISO14000认证，成为全国首批“国家生态工业示范园区”。

五是不断增进民生福祉。着力构建富民增收长效机制，重点加强对园区居民再就业和新生代动迁居民的帮扶。实施区域一体化八项工程（规划建设、产业布局、基础设施、公共服务、社会保障、社会管理、生态环境、文明素质）。坚持现代化、均衡化、特色化方向，推动教育、卫生、文化、体育等公共服务优质均衡发展，城乡社保全面并轨，基本养老保险、医疗保险、失业保险三大保险保持100%全覆盖。高度重视文化建设，先后成立苏州芭蕾舞团、交响乐团，打造了环金鸡湖马拉松赛、龙舟赛、双年展等一系列国际性文体品牌活动。推进社会治理创新，构建了“一口受理、一门办结、全科社工、全天服务”的社区为民服务模式，入选全国首批“社区服务信息惠民工程智慧社区建设”试点。常态化开展“社情民意联系日”等活动，每年实施一批民生实事项目，增进了居民群众的获得感和幸福感。安全生产三年提升计划深入实施，平安、法治园区建设不断深化，社会保持和谐稳定。

六是全面加强党的建设。落实全面从严治党要求，牢固树立“四个意识”，扎实开展党的群众路线教育实践活动和“三严三实”专题教育、“两学一做”学习教育，始终在思想上政治上行动上自觉同以习近平同志为核心的党中央保持高度一致。深入推进基层党建创新工程，制定关于加强和改进新形势下党的基层组织建设等实施意见。从严加强干部队伍建设，制定实施履职保护、绩效考核、创新激励、责任追究“四项机制”“六个办法”，推行《园区工作人员行为导则》，积极开展处级干部挂钩服务重点企业、机关干部基层蹲点调研、“六个一”基层走访调研等活动，为企业、群众解决了一批热点难点问题。压紧压实管党治党“两个责任”，严格执行中央“八项规定”和省委、市委的有关规定，坚持不懈开展“清风行动”，注重把握运用监督执纪“四种形态”，扎实开展巡察工作，营造了风清气正的良好政治生态。

资料来源：http://www.scichi.cn/content.php? id=3646.

第四节　生态服务业

生态服务业是指在充分利用当地生态环境资源的基础上，开发的以提供社会服务、研究开发教育管理以及生态城市建设等为目标的除生态农业、生态工业以外的产业。它是生态循环经济的有机组成部分，主要包括生态旅游、生态物流、生态教育、生态管理等。本章主要介绍生态物流、生态教育以及生态管理。生态旅游将在后面章节进行阐述。

一、生态物流

（一）生态物流概述

1. 生态物流的产生与发展

全球经济高速发展促使物流总量不断增加，加速物流产业的迅速发展。但是现代物流活动给人类带来便利的同时，也给人类生存的环境带来了危害，如车辆尾气排放对空气的污染，货物包装带来的废弃物污染，运输和流通加工带来的噪声污染、资源浪费、交通堵塞等。人类在认识其生存环境不断恶化的同时，环境保护意识逐步增强，开始关注和重视环境问题，于是，绿色消费运动在世界各国兴起，消费者也从单纯地关心自身的安全和健康上升到关心地球环境的改善，从单纯的满足消费提高到拒绝接受不利于环境保护的产品、服务及相应的消费方式，进而促进绿色物流的产生。

生态物流又称绿色物流。在国际上，绿色物流作为继绿色制造、绿色消费之后的又一个新的绿色热点，备受关注。在国内，随着加入 WTO 以来国际贸易的日益增多，国内企业不仅面临同类国际企业的产品质量竞争，还将面临有关的环境贸易壁垒。国内一些企业及学者已经在绿色生产、绿色包装、绿色流通、绿色物流方面进行了有意义的探索，他们在运输、储存、包装、装卸、流通加工等物流活动中，采用先进的物流技术、物流设施，最大限度地降低对环境的污染，提高资源的利用率。

2009 年，国家发展改革委发布《物流业调整和振兴规划》，该规划从发展规模、发展水平、基础设施和发展环境四个方面评价了我国物流产业的发展现状，从国际金融危机的影响、经济全球化的加剧、国民经济的快速发展、贯彻落实科学发展观构建和谐社会的要求四个方面分析了物流发展面临的形势，提出了物流发展的目标和任务。2011 年，国家又将物流业确定为“十大产业振兴规划”之一。《中华人民共和国国民经济和社会发展第十二个五年规划纲要》也明确提出，要大力发展现代物流业：加快建立社会化、专业化、信息化的现代物流服务体系；大力发展第三方物流，优先整合和利用现有物流资源，加强物流基础设施的建设和衔接，提高物流效率，降低物流成本。2014 年，国务院印发的《物流业发展中长期规划（2014—2020 年）》中提出，到 2020 年，基本建立布局合理、技术先进、便捷高效、绿色环保、安全有序的现代物流服务体系。2016 年国家发展改革委发布《物流业降本增效专项行动方案（2016—2018 年）》，提出到 2018 年，物流业降本增效取得明显成效，建立支撑国民经济高效运行的现代物流服务体系。实现物流基础设施衔接更加顺畅、物流企业综合竞争力显著提升、现代物流运作方式广泛应用、行业发展环境进一步优化、物流整体运行效率显著提高。《中华人民共和国国民经济和社会发展第十四个五年规划和 2035 年远景目标纲要》明确提出，要以服务制造业高质量发展为导向，推动生产性服务业向专业化和价值链高端延伸；聚焦增强全产业链优势，提高现代物流、采购分销、生产控制、运营管理、售后服务等发展水平；建设现代化综合交通运输体系，推进各种运输方式一体化融合发展，提高网络效应和运营效率；到 2035 年，基本实现新型工业化、信息化、城镇化、农业现代化，建成现代化经济体系；广泛形成绿色生产生活方式，碳排放达峰后稳中有降，生态环境根本好转，美丽中国建设目标基本实现。

2. 生态物流的概念

生态物流即绿色物流，目前没有统一的定义。吴（H. J. Wu）和盾（S. Dunn）认为绿色物流就是对环境负责的物流系统，既包括从原料的获取、产品生产、包装、运输、仓储，直至送达最终用户手中的前向物流过程的绿色化，也包括废弃物回收与处置逆向物流。罗德格等认为，绿色物流是与环境相协调的物流系统，是一种环境友好而有效的物流系统。美国逆流物流执行委员会（Reverse Logistics Executive Council，RLEC）在研究报告中对绿色物流的定义是：绿色物流也称“生态物流”，是一种对物流过程产生的生态环境影响进行认识并使其最小化的过程。我国 2001 年出版的《物流术语》中对生态物流的定义：绿色物流就是抑制物流对环境造成危害的同时，实现对物流环境的净化，使物流资源得到充分的利用。

综上所述，生态物流是指以减少环境污染、资源消耗为目标，利用先进物流技术和手段去规划和实施运输、仓储、装卸、流通加工、配送、包装等物流活动。它包括物流作业环节和物流管理全过程的绿色化。

（二）生态物流的构成

包装、运输、装卸、仓储和流通加工是一般物流的五个最基本的环节，这些也构成了生态物流系统的基本内容。但在这五个环节中，包装、运输、仓储和流通加工对生态环境的影响较大。因此，生态物流主要由生态包装、生态运输、生态流通加工以及生态仓储四个环节组成。

1. 生态包装

物流包装在消耗大量资源的同时，也产生了大量的废弃物，是影响环境的主要因素之一。生态包装是指以节约资源、降低废弃物排放为目的的所有包装方式。它包括生态包装设计、包装生产过程的生态化、包装作业过程的生态化、包装废弃物的回收再循环等。

2. 生态运输

运输是物流系统最基本、最重要的活动，运输成本占了物流总成本的 40%～50%，也是影响环境的最主要因素之一。生态运输是以节约能源、减少废气排放为特征的运输。生态运输是生态物流的一项重要内容。根据运输环节对生态环境影响的特点，运输生态化的关键原则是降低卡车在道路上的行驶总里程。围绕这一原则的生态运输途径主要有四种：第一，生态运输方式，因为公路运输的能量消耗最高、废气排放最多、运输利用率最低，所以运输方式要结合其他几种相对生态化的运输方式，降低公路运输的比例。第二，环保型运输工具，主要是针对货运汽车，应采用节能型的或以清洁燃料为动力的汽车。第三，生态物流网络，即路程最短的、最合理的物流运输网络，以便减少无效运输。第四，生态货运组织形式，即在城市货运体系中，通过组织模式的创新，减少货车出动次数、行驶里程、周转量等。

3. 生态流通加工

生态流通加工是生产过程的延续，它对生态环境的影响主要表现在：分散进行的流通加工过程能源利用率低，产生的边角料、排放的“三废”污染周边的生态环境等。解决的途径可采用：第一，专业化集中式流通加工，以规模效应提高资源利用率；第二，对流通加工废料进行集中处理，与废弃物物流顺畅对接，降低废弃物污染及废弃物物流过程的污染。

4. 生态仓储

生态仓储本身会对周围生态环境产生影响，如保管、操作不当引起货品损坏、变质，甚至危险品泄漏等；仓库选址不合理导致运输次数的增加或者运输的迂回等。生态仓储就是要求仓库布局合理，以减少运输里程、节约运输成本。同时，仓库的选址还应进行相应的生态环境评价，充分考虑仓库建设和运营对所在地的生态环境影响。

（三）生态物流的运行模式

产品从原材料采购开始，经过原材料加工、产品制造、包装、运输和销售，经消费者使用、回收直至最终废弃处理，这一整个过程称为产品的全生命周期。在产品的生命周期内，既有企业之间的物流，也有企业内部的物流。企业之间的物流包括：原料供应商与产品制造商之间的供应物流、制造商与使用者之间的分销物流；在产品生产阶段，物料是按工艺流程的要求在不同车间、不同工位之间流转的，这属于企业内部的生产物流；另外，还有回收物流和废弃物物流。

（1）供应物流主要包括物流需求计划、包装、运输、流通加工、装卸搬运、储存等功能，它是产品生产得以正常进行的前提。

（2）分销物流指产品从企业到消费者之间的物流工程，包括包装、运输、流通加工、装卸搬运等环节，同时还包括因产品不合格或积压库存而发生的退货物流。

（3）生产物流担负着物料输送、储存、产品生产、组装、产品包装等活动，是产品在其整个生命周期的主体部分。

（4）回收物流可以发生在产品生命周期的全阶段，生产阶段的余料、残次品等在企业内部进行回收、处理和再利用；在产品使用阶段的废旧包装材料、维修更换件、淘汰件等的回收处理，则发生在用户、销售商、产品生产商和原料生产商之间。

（5）废弃物物流贯穿于整个产品生命周期的各阶段，一般包括收集、搬运、中间净化处理、最终处置等方式。净化处理是为了实现废弃物对环境损害最小，最终处置主要有掩埋、焚烧、堆放、净化后排放等方式。

（四）企业生态物流系统运行模式

基于产品生命周期的企业生态物流系统运行模式实际上是一个物料循环系统，其中产品制造企业是该系统的主体。其运作过程：首先，制造商通过对供应商的评估，选择出生态供应商，供应商将由资源、能源和人力资源转化而来的原料或零部件送达生产厂商。接着，厂商经过对产品的生态设计、生态制造、生态包装后，形成最终生态产品；生产过程中的边角余料、副产品、残次品等，直接进入内部回收系统，尽量做到维修后再利用，避免废弃物的产生；产品被制造出来后，经过企业的生态分销渠道，交给第三方物流企业进行专业化运输和配送；企业的分销系统规划必须考虑产品退货、产品召回以及报废后的回收和处理要求，并制定相应的运行策略。

二、生态教育

（一）生态教育的产生

自20世纪中叶以来，随着第三次工业技术革命以及经济全球化发展的加快，全球变暖、臭氧层破坏、酸雨、水资源危机、能源短缺、土地荒漠、物种加速灭绝、温室效应、生态失衡、森林资源锐减、垃圾成灾等接踵而至，造成了从局部到整体、从区域到全球的生态危机。它是应大工业生产和市场经济发展的要求，人类采用不合理的生产生活方式，对自然资源与环境进行破坏性开发和利用产生的人类与自然关系恶化的结果。生态学研究认为，地球生物圈是人类赖以生存和繁衍的最基本、最重要的生态系统。人类在地球生态系统中扮演着双重角色，既受自然的制约，又对自然生态系统产生巨大的影响。人类无时不在改造和影响着地球的生态系统，但又必须依赖于地球的生态系统。一旦地球的生态系统遭到严重的破坏，并且不能通过自我调节而修复时，人类就会像其他物种一样从地球上消失。生态学家呼吁，地球的生态系统正在遭到空前的破坏，生态危机已经危及全人类的生存和发展。

1968年，国际教育规划研究所首任所长库姆斯在其代表作《世界教育危机》中提出，现在面临着有史以来第一次“世界性危机”，教育体制与周围环境之间的各种形式的不平衡正是这场世界性教育危机的实质所在。他认为教育存在的不平衡主要表现为：一是日益过时的课程内容与知识增长及学生现实学习需求之间的不平衡，二是教育与社会发展需要之间的不相适应。因此，对于生态危机和教育危机的关注迫使人类重新审视自身与自然之间的关系，重新审视人类自身原有的思维方式、发展模式、道德观及发展观。当生态问题逐渐成为一个敏感而重要的，并与教育密切相关的生态伦理道德问题时，生态教育随之产生。

（二）生态教育的概念

关于生态教育，学术界存在不同的观点。俄罗斯学者 Г. Н. Карона 把生态教育定义为：教育、培养和发展人的连续过程，为教学指明了方向，给教学目标和课外活动提供了标准，保证人对周围环境的责任意识。有学者认为，生态教育，即顺应人的自然发展规律，遵从教育教学规律以及将生态学思想、理念、方法等融入教育教学过程中，培养人的思维及综合能力发展。也有学者认为，生态教育是按照生态学的观点思考教育问题，旨在充分发挥教育在应对生态危机中的作用，为人类的生存与合理发展寻找道路。生态教育有着极为丰富的内涵，涵盖各个教育层面，包括学校教育、社会教育、职业教育。其教育对象包括全社会的决策者、管理者、企业家、科技工作者、工人、农民、军人、普通公民、大专院校和中小学校学生。教育方式包括课堂教育、实验证明、媒介宣传、野外体验、典型示范、公众参与等。教育内容包括生态理论、生态知识、生态技术、生态文化、生态健康、生态安全、生态价值、生态哲学、生态伦理、生态工艺、生态标识、生态美学、生态文明等。生态教育的行动主体包括政府、企事业、学校、家庭、宣传出版部门、群众团体等。通过生态教育使全社会形成一种新的生态自然观、生态世界观、生态伦理观、生态价值观、可持续发展观和生态文明观，实现人类、社会、自然的和谐发展，构建一个和谐的社会。

（三）生态教育的意义

1. 生态教育是增强生态意识，塑造生态文明的根本途径

生态意识的增强和生态文明的塑造，依赖于生态教育。生态教育是以生态学为依据，传播生态知识和生态文化、增强人们的生态意识及生态素养、塑造生态文明的教育。开展生态教育、增强生态意识和塑造生态文明三者之间构成了一个相互辐射、互利共生、协同发展的“金字塔”范式，而处于金字塔底部的是生态教育，它为我们的生态保护和生态文明建设夯实了基础。我们要保护和建设好生态环境，走可持续发展的道路，固然离不开科学技术手段的支持和法规制度的保障，但更离不开人们生态意识的强化和生态文明的完善；而要全面地强化生态意识和提升生态文明，使每个公民自觉维护与其自身生存和发展休戚与共的生态环境，最行之有效的途径就是实现从“物的开发”向“心的开发”转换，建立多维的生态教育体系，进行全民生态教育。

2. 生态教育状况和质量是衡量一个国家文明程度的重要标志

生态教育的目标是解决人与环境之间的矛盾，调整人的行为，建立生态伦理规范和生态道德观念，教育人正确认识自然环境的规律及其价值，提高人对自然环境的情感、审美情趣和鉴赏能力，为每个人提供机会获得保护和促进生态环境的知识、态度、价值观、责任感和技能，创造个人、群体和整个社会环境行为的新模式。为解决日渐严重的生态问题，世界绝大多数国家都先后设立专门机构、采取经济和立法及技术手段保护自然生态环境。其中，英、德、美、俄及南非等国较早地开展了卓有成效的生态教育，生态保护和环境治理成绩显著，从“寂静的春天”已变成鸟语花香的人类家园；而另一些国家由于忽视或放松公民的生态教育，人们生态知识贫乏、生态意识淡薄，缺乏参与生态建设的意愿。人们的观念偏差和行为不当，逐渐引发了一系列具体问题，最终综合体现于生态环境恶化。我们不能不认识到：一个没有生态教育的民族是可悲的，也是可怕的。

3. 生态教育可以为解决当代生态危机、实现可持续发展提供精神资源

西方产业革命以来，随着科学技术水平的迅速发展，人口的急剧增长，人类的社会活动的规模、程度不断扩大，人类向自然索取的能力和对自然生态干预的能力也日益增强，致使生态危机越来越严重，生态破坏正在逐步以公开或隐蔽的方式威胁着人类自身的生存。随着人类对环境危机的认识不断深入，人类越来越清醒地意识到，只有热爱大自然，才能自觉爱护环境，维护生态平衡，才能促进人与自然的和谐，实现经济发展与人口、资源、环境相协调，坚持走生产发展、生活富裕、生态良好的文明发展道路，保证一代接一代地永续发展。

三、生态管理

（一）生态管理的提出

已有的管理学理论几乎都是从管理的各种因素、技术、手段等层面上去思考生存、竞争以及生态发展的问题，要从根本上解决上述问题，必须根据外部环境条件的变迁对组织的影响，运用生态学的思维范例来刷新、指导组织管理理念的变革。生态管理的建立是基于对人的两个基本价值的假设。

第一，人性的基本假设。人既是管理的主体，也是管理的客体。以人性的善恶为价值观形成管理思想的基本理论出发点，诸多管理学家提出了经济人、社会人、文化人、全面人等多种人性假设。管理思想家之所以关心人性问题，是因为管理活动的主要对象是人，而对人做怎样的人性判断便决定了管理怎样设计。在人类进入生态时代的今天，“生态人”概念的提出基于以下假设：

（1）人类与生物圈中的其他物种一样，其生存依赖于同生物圈其他物种血肉相关的联系，也必须服从生物界共同的不可抗拒的自然法则。

（2）人不是生物圈的主宰，科学技术不是用来征服自然而是用来使人类与自然协调的手段。

（3）人类善恶行为的标准就是视其是否有利于自然的完整、稳定、和谐和美丽，而不是像以前对人的善恶行为只限于针对人类本身。随着自然环境的有序进化，作为活动主体的人的生态意识应不断增强。

第二，人的基本价值观。各种管理思想都是建立在对人性假设基础上的价值取向。生态管理建立在“生态人”的基本假设上，是人在自然界有序进化和发展过程中理性思考和个性感悟的基础上将生态意识应用到管理工作中并按生态规律来进行管理。因此，生态管理的终极目标（价值观）是提升人的生活品质，促进人类与自然界的共同进步和可持续的发展。

（二）生态管理的概念

不同的机构和学者从不同的视角给出了生态管理的定义。

美国土地管理局把生态管理定义为，通过生态学、经济学和社会学原理的相互作用来以一种能保护长期的生态持续性、自然多样性和景观生产率的方式对生态和物理系统进行的管理。

美国森林服务局从森林管理的角度定义生态管理为自然资源管理的一种整体性方法，它超越了森林的各单个部分的分割性方法，融合了自然资源管理的人类学、生态学和物理学维度，目的是获得所有资源的可持续性。

Robert C. Szaro 等人认为：生态系统管理是这样一种方法，它试图让所有的利益相关者都为人们与其生活环境的互动来参与制定可持续的方案，目的是修复和维持健康、生产率、生物多样性和全面的生活。

Peter F. Brussard 等把生态管理定义为：以这样一种方式来管理不同规模的地区，

目标是在生态系统的服务和生态资源得到保护的同时，维持适度的人类使用和谋生选择。

环境保护机构对其的定义：生态管理就是在修复和维护生态系统的健康、可持续性和生态多样性的同时支持可持续的经济和社会发展。

Overbay 把生态管理定义为：仔细和熟练地将生态学、经济学、社会学和管理学原理应用到生态系统的管理中去，目的是在长期内生产、修复或维持生态系统完整性。

Robert T. Lackey 认为生态管理就是运用生态学和社会的信息，选择和限制在一个得到定义的地理区域及一个特定时期里获取想要的社会利益。

综上所述，生态管理是指运用生态学、经济学和社会学等跨学科的原理和现代科学技术来管理人类行动对生态环境的影响，力图平衡发展和生态环境保护之间的冲突，最终实现经济、社会和生态环境的协调可持续发展。

（三）生态管理的内容

生态管理以人为本，“生态人”所具有的就是生态世界观，而作为企业管理来说，其生态管理的内容应有：管理主体的生态化、管理效益的生态化、产品设计的生态化、产品生产的生态化、营销的生态化。

1. 管理主体的生态化

生态管理要求应对企业全体员工进行环保知识的普及和培训，各级管理者具备的知识结构中应当具备基本的生态意识和生态观念；同时，企业在发展过程中不应以个体利润最大化为目标，应把环境保护纳入长远的发展战略和决策中，注意企业和自然环境的和谐发展，实施可持续发展战略，维护经济增长所依赖的生态环境的有序性，保障经济增长有一个稳定的生态环境基础，而不是仅从利己角度出发对资源无限索取。

2. 管理效益的生态化

传统管理理论认为，企业管理者的主要责任是按股东利益经营业务，企业的管理效益是使股东利润最大化，为此企业可以置自然、生态环境于不顾去追求效率、利益以博取股东的欢心和信心。但随着生态时代的到来，我们认为企业除对股东负责外，还必须建立和维护他们的社会责任，不仅让员工，更重要的是要使顾客、社会感到满意。因此，有学者提出，利润最大化是企业的第二位目标，而不是第一位目标，企业的第一位目标是保证自身的生存。企业自身所赖以生存的自然生态环境是保证企业生存的第一要义。因而我们认为效益不仅是指生产的直接成果，同时也指这些成果对整个社会利益、对社会发展的长远影响。脱离基本价值观，其成果越显著，对社会、自然界的破坏就越大，效益就越差。忽视生态化，对个别企业而言虽然会产生极丰硕的成果，甚至获得超额利润，但对整个社会、自然界就会产生更大的“负效益”。

3. 产品设计的生态化

与传统产品设计思路不同，生态设计不仅只考虑如何进入消费领域——如果仅是这样，这将是对顾客、社会、自然极不负责的一种做法——而还应延伸到产品寿命终期。生态化设计首先应考虑如何以低耗、低污染的材料为亮点去满足客户的“绿色需要”，其次还应考虑残余产品的分解、拆卸和重新使用，使产品废弃后对生态的影响和破坏降至最低。例如，针对传统碱性电池中的有害物铝和汞，人们设计新型、高性能、无污染的绿色电池取而代之，并使废弃物能及时回收以减少对生态的影响。自 2006 年始，凡在欧盟城区内销售出卖的家电产品、电子产品等报废后，由这些产品的生产企业负责回收，否则不予在欧盟销售。

4. 产品生产的生态化

产品生产生态化的基本内容至少应有：生产环境的绿色化；最有效地利用资源；生产中尽量使用无毒无害、低毒低害的原材料；采用无污染、少污染的高新技术设备，采取一系列措施对废弃物合理处置。

5. 营销的生态化

在市场营销中，我们衡量一个企业产品的竞争力除价格竞争力和非价格竞争力（产品的品牌、包装、服务等）外，还应考虑生态竞争力。随着环保意识的加强，人们对生活质量要求的提高，人们对绿色产品的需求不断增长。英国威尔斯大学的毕泰教授在其所著《绿色市场营销——化危机为商机的经营趋势》一书中指出，绿色营销是一种能辨识、预期及符合消费者与社会需求，并且可能带来利润及永续经营的管理过程。营销的生态化就是要求企业在产品包装、装潢时应局部降低产品包装物或产品使用剩余物的污染；积极引导消费者在产品消费、使用、废弃物处置等方面尽量减少环境污染。如在 20 世纪 90 年代，时代华纳杂志印刷的用纸、邦迪创可贴包装盒都采用利于环保的纸张。

今天，无论是管理者还是被管理者，都普遍疑惑一个问题：人类的生活质量究竟在多大程度上得到提高和改善？我们今天的管理到底是符合人类自身发展的管理，还是产生了管理的异化？如何解释科技进步、生产效率提高、物质财富的丰富与现代人类社会的生存危机？生态管理这一概念的提出，是因为生态管理已经成为一种趋势，尽管生态管理理论还未系统、成熟，但这不能妨碍各层管理者在组织和实施决策时应以生态世界观为指导，将生态意识贯彻于管理工作中，按照生态规律进行管理，使管理工作走向生态文明的崭新境界。

四、生态服务业的发展趋势

服务业占国民经济的比重越来越大、就业人数也越来越多，呈现高科技化、信息化、生态化的特点。现代服务业在生态化过程中具有以下两大发展趋势。

（一）生态服务业的就业结构呈现出高端人力资本化

服务业内部结构升级趋势体现为服务业从劳动密集型转向知识密集型，知识、技术含量高的现代服务业逐渐占据服务业的主导地位。从产业的投入要素来看，农业主要受自然资源要素的约束，制造业主要受物质资本要素的约束，传统服务业主要受劳动力要素的约束，而现代服务业从业人员整体上所具有的高学历、高职称、高薪水特征，说明现代服务业主要受人力资本要素的约束。而生态服务业不仅要求从业者懂得经济规律，而且要求其了解生态规律，因而对人才提出了比现代服务业更高的要求，使生态服务业的就业结构呈现高端人力资本的特征。

（二）生态服务业与制造业逐步走向融合

现代服务业中，生产性服务业发展迅速，并且服务投入增长速度快于实物投入增长速度。制造业的增长无论采取何种方式，都会遇到能源、原材料及环境供给的限制，而制造业发展所遇到的能源和原材料“瓶颈”可能被包含金融、物流在内的服务业所打破。因此，现代经济已经出现了现代服务业与制造业走向融合的趋势，制造业服务化趋势与服务业生产性趋势都非常明显。遵循经济规律和生态规律，按照系统的观点，是生态服务业和生态工业的共同要求，两者在共同生态化的过程中逐步走向融合。

案例链接

走进养老服务业发展新时代——养老服务业发展典型案例

一、基本情况

康宁津园是天津旅游集团开发建设、秉承为长者创造全新的生活方式理念的国家级养老服务综合改革试点的养老项目，位于天津市静海区天津健康产业园区，由老年公寓、医院、养老院、中央厨房、温泉理疗中心组成，建筑面积25万平方米，可为4 500名老人提供全方位养老综合体。康宁津园结合了中国传统孝道文化、韩日标准化管理模式、欧美年轻态阳光态养老生活理念，为老人创造全新的养老生活方式：健康养老、人文养老、智慧养老、愉悦养老。

二、主要做法

1. 创建五大养老新模式

(1)“五位一体”开发模式。探索建立企业投资、政府支持政策量化、土地资源平衡、资本资金运作、外脑支撑的“五位一体”开发模式，构建投入产出平衡机制，推动企业投资养老产业的积极性。

(2)“三全园区”规划模式。突破性提出全龄化、全模式、全程持续照护的“三全”养老新概念，将机构养老、社区集中养老、园区居家养老三种模式融于一体。

(3)“医养结合”服务模式。园区泊泰医院与社会医疗机构合作，搭建双向就医通道，配合日常健康管理的干预措施，建立独具特色的小病不出户、常见病不离园、大病直通车的三级医疗管理体系。以“未病先防、既病防变、慢病管理”为原则，实施老年人健康持续改善计划以及心灵关怀、精神慰藉服务。

(4)“信息化”运营管理模式。构建园区网络、综合信息、综合服务、监护与救助、生命体征监测五大系统，实现居住智能化、园区智能化、配套设施操作和管理智能化、为老年人提供的终端设备智能化四大功能。搭建信息采集、分析数据平台，建立老年人生活状况跟踪检测系统，研发智能化养老服务体系。

(5)“品牌化”发展模式。以项目模块标准化、建筑形式/户型分类/功能布局标准化、服务项目和服务内容标准化、作业流程和品质标准化、智能化管理标准化为主导，实现规划设计、运营模式、服务体系、管理方式、管理标准、形象推广、软件建设等品牌化，实现管理输出、品牌输出、标准输出。

2. 构建九大支撑体系

(1) 服务体系。“三层呵护”服务，即管家+秘书+服务员，日常照护有管家，委托代办有秘书，家政服务有服务员；“4×24”服务，即24小时管家值班、24小时呼叫中心、24小时安全保卫、24小时紧急救助；建有中央厨房，能满足近5 000名老人不同用餐需求；由厨师、医师、营养师组成的营养膳食团队进行营养配餐，健康指导。

(2) 医疗健康护养体系。独创“三级医疗服务体系”：小病不出户、常见病不离园、大病直通车；园区建有医院，与天津市三甲医院建立绿色通道，为老人提供疾病诊疗、心理疏导、精神慰藉、临终关怀；与院校合作老年病课题研究，为老人定制康复理疗计划，一对一健康指导。

(3) 紧急救助体系。实现“一键求助，三级联动”紧急救助，建立紧急救助流程、预案，进行紧急救助培训。

(4) 文化娱乐体系。创建自有品牌康宁老年大学，成立兴趣小组，组织各种创意和出游活动，与社会文艺团体合作，举办演出专场，特聘专家组织讲座，形成“天天有活动、周周有聚会、月月有精彩”的康宁文化特色。

(5) 评估及风险防范体系。自主研发评估体系、风险防范法务体系和退出机制，规范评估流程和机制，引入第三方介入机制，强化风险管理监督与改进。

(6) 品牌推广体系。主要包括市场调研、项目定位、价格制定、产品包装、宣传推广、渠道拓展等内容。

(7) 智能化体系。自主研发的智能化信息管理系统，由18个模块集成的智能化管理平台，覆盖服务、管理、经营全过程，可为构建大数据平台及产业开发提供数据支持。

(8) 管理体系。立足可复制、可推广，开发了以《康宁津园运营手册》为代表的管理体系，持续提升管理水平。目前达到150万字左右，包括94项岗位职责、221项管理制度、85项服务标准、159项服务流程、56项应急预案。同时，立足建设养老服务管理团队，建立养老专业人才培训基地。

(9) 研发体系。设立老年项目研究中心，通过信息获取、课题制定、内外结合，进行养老产品创新。

3. 形成12个特色

(1) 健康管理八大干预措施。通过定制式体检，针对性综合评估，实施定期巡诊、健康教育、指标监测、心理疏导、饮食指导、运动指导、中医调理、康复理疗八大健康管理干预措施，使老人延缓衰老。

(2) 三级医疗服务。即小病不出户：健康秘书、保健医生入户巡诊，设立家庭病床，使老人足不出户就可接受医疗和护理服务；常见病不离园：园区内设医院，全天候开诊，以老年病诊治为主，以专业医护人员服务和社会医疗机构专家技术为支撑，不出园区就可诊治老人常见病；大病直通车：园区医院与社会医疗机构建立就医住院绿色通道，并提供陪同就医专项服务。

(3) 医疗专家支撑的双向通道。园区医院与社会医疗机构建立合作关系，定期邀请名医来园坐诊、会诊；另外，园区可为老人提供园外医院的预约、陪诊服务。

(4) 三层呵护服务。园区由楼栋管家、专业秘书与生活服务员提供24小时服务，让老人尊享三层呵护。

(5) “一卡通”。园区为每位入住老人配送一张智能一卡通，包括身份识别及个人信息查询、楼栋和园区出入管理、园区内消费、移动定位监测、紧急呼叫等功能，卡上有报警按钮，老人在园区内任意地点按动报警按钮，服务管家、安保人员、医护人员会实现三级联动，第一时间到达老人身边提供帮助。

(6) 中央厨房。园区配备3 500平方米中央厨房，为园区内公寓、医院、护养院的供餐平台，通过营养膳食研发，从饮食调节上满足老龄人群的身体营养需求和老人不同的用餐需求。

(7) 志愿者积分银行。面向社会志愿者，建立志愿者积分银行，建立康宁津园社会志愿者服务示范体系。

(8) 工分换服务。面向园区老人，本着量力而行、自愿加入的原则建立工分换服务机制，设置适合老人的义工岗位，为义工老人计算工分，用以换取园区内的相应服务，旨在搭建老人体现自我价值的平台，实现“老有所为”。

(9) 康宁大学。园区开办自有品牌的康宁大学，设置七大类、32门课程，为娱乐式、兴趣式、居家式的学习方式。

(10) 专业团队。园区提供旅游集团的专业服务团队、餐饮团队、医疗保健团队和护理社工团队。

（11）设立老年项目研究中心。对老年生活形态、老年医疗与健康、老年饮食与营养、老年心理与行为、老年用品、老年消费、老年法律风险防范等领域开展研究。研究创新成果将直接应用于园区为老服务的改善和提升，更好地满足老年人衣、食、住、娱、行、医等不同需求。

（12）具有康宁津园特色的适老化硬件系统。康宁津园在建筑形式、户型分类、功能布局等方面针对老年人体能特征反复研究、精心设计论证，形成了具有自主知识产权的模块式组合。固化建筑布局、功能配备、标识等设计理念及元素，构建了具有康宁津园特色的适老化硬件系统，包括围合式建筑、5 园 6 岛、风雨连廊、5 度交往空间、3 度景观、3+1 交通体系、3 氧步道、3 履设计理念以及 140 余项适老化设计应用，并已申请获得知识产权 44 项。

三、经验效果

康宁津园养老新模式符合养老产业供给侧结构性改革的要求，在全国养老行业具有示范作用，受到社会各界广泛关注。

（1）开创养老新模式，满足养老多元化需求。园区设施完善、环境宜人，是集生活照料、文化娱乐、精神慰藉、医疗护理、紧急救助等功能于一体的新型养老综合体。自 2015 年 8 月开园运营以来，已有 800 多名老人入住，市场认可度高，满足了当今养老市场的多元化需求，填补了社会力量兴办大型养老园区的空白，是供给侧结构性改革在养老行业的成功实践。

（2）以服务特色为核心竞争力，不断丰富康宁品牌内涵。康宁津园开园运营以来，服务特色逐步显现，形成了以提升老人幸福指数为目标的管家服务、满意指数为目标的餐饮服务、快乐感指数为目标的娱乐服务、放心指数为目标的医疗服务，通过打造服务核心竞争力，入住老人满意度接近 100%，极大丰富了康宁品牌内涵。

（3）社会效益凸显，对全国养老行业起到示范作用。康宁津园探索通过企业开发建设、投资运营新型养老综合体，以此为孵化器，制定标准、构建流程、培育品牌、培训员工，形成可复制、可推广的发展模式，走出一条既能解决养老问题，又能持续发展的养老产业新途径。其典型特征和示范意义日益凸显，得到了社会的广泛认可和赞誉，起到了示范带动作用，并推动了区域经济发展。

资料来源：http://info.bjxwx.com/a/OlderWorld/OlderIndustry/IndustryNews/2018/0809/79406.html.

■复习思考题

1. 何谓生态农业？生态农业的主要模式有哪些？
2. 如何防范生态农业发展中的自然灾害风险和市场风险？
3. 清洁生产的主要内容是什么？怎样实行清洁生产？举例说明。
4. 生态服务业主要包括哪些？为什么要提倡生态服务业？
5. 生态物流系统的主要内容是什么？
6. 生态教育的主要内容包括哪些？

第五章

生态旅游

生态旅游是生态经济引入旅游业的具体应用，把生态资源与环境保护纳入旅游业。生态旅游具有生态性、保护性、高品位性、专业性、限制性等特点，既强调环境保护，又满足了消费者的旅游观光需求，是现阶段旅游业发展的一个新业态。本章从生态旅游的基本概念开始，对生态旅游的基本特点、要求及发展进行详细阐述。

第一节 生态旅游的概念及内涵

一、生态旅游的概念

（一）生态旅游概念的提出

生态旅游思想起源于20世纪60年代，当时正值传统大众旅游发展的高峰期，传统大众观光旅游对旅游目的地的负面影响逐渐显现，对目的地的资源与环境损害严重，为此一些学者提出自然旅游、绿色旅游、替代性旅游、自然取向旅游、友善的环境旅游、可持续旅游、低影响旅游、负责任的旅游等新型旅游形式，这些旅游形式在调整传统观光旅游的同时，增加了自然取向的内容，并把生态资源与环境的保护纳入旅游业中。其中，最具代表性的是美国学者贺特兹（Hetzer）于1965年提出的“负责任的旅游”，包括对环境最小的影响，对当地文化最大的尊重，让当地居民得到最大的实惠，让旅游活动参与者得到最大限度的满意。他提倡在对当地文化与环境冲击最小的前提下，追求最大经济效益与游客最大满足，这即生态旅游的雏形。

“生态旅游”这一概念是1983年由墨西哥建筑学家、环境学家、生态旅游学者和国际自然保护联盟（IUCN）特别顾问谢贝洛斯·拉斯喀瑞（Hector Ceballos-Lascurain）以西班牙语“ecoturismo”提出的，当时致力于环保型建筑设计研究和环境保护活动的拉斯喀瑞担任墨西哥环保组织Pronature的首任主席。因墨西哥尤卡坦半岛一个项目的建设，他认识到保护作为美国红鹳栖息地湿地——尤卡塔半岛北部的必要性。由于众多游客到访当地，拉斯喀瑞注意到外来旅游者对生态环境和当地社会经济发展所起的重要作用，并开始用“生态旅游”形容这一现象。英文“ecotourism”一词最先出现在罗玛丽（Romeril）的一篇文章中，在该文中，生态旅游一词以连字符的形式出现，即“eco-tourism”。1990年伊丽莎白·布（Elizabeth Boo）出版了《生态旅游：潜力与陷阱》，使这一术语被广泛传播。

（二）生态旅游概念的主要类别

“生态旅游”定义的提出至今30多年，但其内涵界定依然模糊。据不完全统计，国际上与生态旅游相关的概念有160多种，国内学者提出的概念也有近110种。正如奥朗姆斯认为，生态旅游的概念就像是画在沙滩上的一条线，其边界是模糊的，而且被不断地冲刷、修改。生态旅游概念的不断发展和变化，说明人们对生态旅游的理解也在不断演进和深化。目前，关于生态旅游的概念，大致有保护中心说、居民利益中心说、回归自然说、负责任说和原始荒野说。

1. 保护中心说

这类概念认为“生态旅游=观光旅游+保护”，核心内容是强调对旅游资源的保护。保护中心说认为生态旅游应强调保护，要求旅游者在旅游过程中保护自然、保护资源、保护文化。其代表性定义有美国生态旅游协会1992年提出的“生态旅游是保护环境和维护当地居民良好生活的负责任的旅游”。

2. 居民利益中心说

这类概念认为“生态旅游=观光旅游+保护+居民收益”，核心内容是增加当地居民收入。居民利益中心说认为生态旅游应在保护的基础上开展，而且旅游组织者和旅游者有义务为增加当地居民的收入而做出应有的贡献。其代表定义有生态旅游协会1992年提出的“生态旅游是为了解当地环境、文化与自然历史知识，有目的地到自然区域所做的旅游，这种旅游活动的开展在尽量不改变生态系统完整的同时，创造经济发展机会，让自然资源的保护在财政上使当地居民受益”。

3. 回归自然说

这类概念认为“生态旅游=大自然旅游”，核心内容是回归大自然。回归自然说认为生态旅游就是回归大自然，只要旅游者走进大自然的怀抱就属于生态旅游的范畴。其代表性定义有世界旅游组织1993年提出的“生态旅游是以生态为基础的旅游，是专项自然旅游的一种形式。强调组织小规模旅游团（者）参观自然保护区，或者具有传统文化吸引力的地方”。

4. 负责任说

这类概念认为“生态旅游=负责任旅游”，核心内容是旅游者应对环境承担维护责任。其代表性定义为学者布鲁斯（Brouse）1992年提出的“生态旅游是一种负责任的旅游，旅游者认识并考虑自身行为对当地文化和环境的影响”。国际生态旅游学会在其后对生态旅游定义简化时也强调了负责任，认为“生态旅游就是在自然区域里进行的，保护环境的同时维护当地人福利的负责的旅游”。

5. 原始荒野说

这类概念认为“生态旅游=原始荒野旅游”，核心内容是生态旅游开展的区域是在人迹罕至的原始荒野区域。其代表定义是世界自然基金会的研究人员伊丽莎白于1990年提出的，即“生态旅游必须以‘自然为基础’，它必须涉及学习、研究、欣赏、享受风景和那里的野生动植物等特定目的而在受到干扰比较少或没有受到污染的自然区域所进行的旅游活动”。

二、生态旅游的内涵

（一）生态旅游的三大要点

1. 生态旅游强调保护当地资源

生态保护一直是生态旅游的一大特点，也是生态旅游发展的前提，还是生态旅游区别传统旅游最本质的特点。生态保护的内涵可分为三个方面：一是确定保护的对象，一般包括保护自然即保护自然景观、自然的生态系统和保护传统的文化；二是确定由谁来保护，理论上一切受益于生态旅游的人都有责任来保护，包括游客、旅游开发者、开发决策者、当地受益的社区居民及政府人员等；三是需要明确保护的动力，动力源于利益，各类人的受益方式和程度不同，决定了保护动力大小程度的差异，如旅游者主要受旅游利益驱使，他们的保护动力更多是源于环境意识；外地投资开发者主要追求短期经济利益，保护动力形成较难；当地社区，尤其是旅游作为重要产业的社区，其生路在旅游，追求的是一种持续的综合效益，对能使旅游业可持续发展的资源与环境的保护有着强劲的动力。

2. 生态旅游强调回归“生态系统”

这里的“生态系统”包括自然生态和文化生态。原始自然以及人与自然和谐共生的生态系统是生态旅游的对象，人们带着特定的目的到大自然从事旅游活动，并通过活动加强对当地自然和文化的认识。

3. 生态旅游强调社区利益

生态旅游有繁荣地方经济、提高当地居民生活质量、尊重与维系当地传统文化完整性的重要目的。通过旅游收入为社区谋福利，如一些地区将一定比例的旅游经济收入投入到改善当地人生活质量的医院、学校等公益事业上；一些地区鼓励当地社区居民参与旅游业的发展，使其直接受益于旅游业等。

（二）生态旅游的四大功能

1. 旅游功能

生态旅游作为一种旅游活动，其实质还是旅游。它是用原始的自然和人与自然和谐的相处来吸引游客，以满足游客，尤其是城市及工业区游客的身体和精神上回归大自然的需求，只不过生态旅游不主张一味满足游客的需求，而是要以保护当地生态环境为前提。

2. 保护功能

生态旅游的保护功能是生态旅游的特征功能，是其区别传统旅游的最大特点。生态旅游的保护功能体现在生态旅游的开发过程中，也体现在利用过程中以及人的意识和行为等方方面面。

3. 扶贫功能

社区参与的生态旅游能为社区带来经济利益。从生态上来讲，自然及社会文化相对原始的地区是生态旅游资源富集但社会经济多贫困的地区，这些地区生态系统多较脆弱，生态旅游业往往是这些区域经济发展的首选产业，世界不少地区的实践也证明生态旅游的扶贫功能是显著的。

4. 环境教育功能

生态旅游环境教育功能表现在两个方面：一是教育对象的扩大，从仅是教育游客，发展为教育所有旅游受益者，包括开发者、决策者、管理者；二是教育手段的提高，从单纯地用心去感应的教育方式，发展为充分利用现代科学、技术、艺术等知识的教育。

（三）生态旅游的五种角色

生态旅游功能的发挥需要五大主体的共同参与，五大主体分别扮演各自的角色。

1. 有准备的旅游者

旅游者在参与旅游活动前，应充分考虑到在环境文化敏感地区旅游时，如何把对环境的负面影响降到最低，旅游者自身与当地的文化应如何相互影响，是否进行物品交换等问题。

2. 接受训练的当地居民

当地居民是生态旅游业的核心成员，与当地自然历史和文化资源的关系最为密切，生态旅游业不仅应从各层面为当地居民提供就业机会，还应对其提供训练，这将有助于提高其互动沟通和对处于敏感的自然和文化环境下游客的管理能力。

3. 生态旅游经营者

生态旅游业经营者的作用在于管理旅游，应通过发布旅游信息，开展当地有关自然和文化教育；通过范例引导游客，并采取正确的行动来防止环境遭受破坏或当地文物降级；通过采取小规模的旅游人数，解决好敏感地带的游客膳宿问题等，使累积的影响降到最低。

4. 研究者

研究者的作用在于调查、管理和保护旅游资源，并对开发旅游项目提出建议，提供科学信息以评估旅游资源的价值。

5. 政府

政府在生态旅游业中应支持对当地资源开展调查，资助保护计划，从法律角度保障资源与环境不受破坏。

第二节　生态旅游的产生和发展

一、生态旅游产生的背景

生态旅游是旅游市场需求结构变化和旅游业发展到一定阶段的产物，是一种特殊的旅游形式，其产生具有深刻的时代背景。

（一）日益恶化的生态环境激发各国提高环境保护意识

20 世纪，发达国家快速发展的工业，使生态环境遭到破坏，尤其是生物多样性和原始森林状况令人担忧。在此背景下，世界各国都开始寻求能合理利用自然界的方法，掀起了一场世界范围的环境运动。1986 年发表的《我们共同的未来》唤起了人们对环境和发展之间关系的关注，该报告强调了可持续发展的观念；1990 年，世界银行出版的《环境与发展》深入分析了世界经济发展中的生态矛盾问题；1992 年，联合国环境与发展大会签署的《里约环境与发展宣言》中，各国政府做出了保护环境的承诺，包括中国在内的世界上许多政府又制定了本国的“21 世纪议程”；1995 年，世界观光理事会、世界旅游组织和地球委员会制定了《关于世界旅游业的 21 世纪议程》，这里代表世界旅游业对保护人类赖以生存的环境所做出的庄严承诺。生态旅游由于具有保护环境的作用，一经提出便在全球引起巨大反响。生态旅游实践最早出现在发展中国家，因为这些国家和地区的环境受到十分严重的破坏，到了非治理不可的地步，最具代表性的就是有着“生态旅游鼻祖”之称的肯尼亚和哥斯达黎加，它们通过发展生态旅游来保护当地脆弱的生态环境。

（二）伴随城市化进程而出现的负面影响日益显现

随着全球城市化进程的加快，世界城市化率已达到54.9%，世界上发达国家70%以上的人口居住在城市，发展中国家的城市人口比重也不断上升。以我国为例，1978—2021年，我国城市化率从不足18%发展到64.72%，达到世界城市化的平均水平；2021年我国城镇人口已达91 425万人。随着生态科学和环境科学的发展，环境生态学家提出“城市水泥沙漠”的概念，指出城市会危害人们的身心健康，主要表现在热辐射、光辐射、天然放射性辐射、有害的装饰和建筑材料、城市的环境污染等众多方面。

（三）传统大众旅游形式的弊端促使新的旅游形式形成

20世纪60年代，大众旅游作为旅游产业的主要形式，因其巨大的市场潜力被誉为朝阳产业，成为世界各地积极发展的方向。当时人们只看到旅游业发展产生的巨大经济效益，认为旅游业是“无烟工业”“低投入高产出的产业”“非耗竭性资源消费产业”，是一种对环境影响极低的理想产业而受到各国政府的鼓励，纷纷将其列为重要产业或支柱产业来发展，到20世纪90年代，旅游业已经一跃成为超过钢铁、汽车和石油产业的世界第一大产业。但传统的旅游业过分注重旅游的经济效益，追求利润的最大化，开发者采用了产业革命的管理思想和方法，对旅游资源采用的是“掠夺式”的开发利用模式、粗放式的经营管理模式，再加上生态意识的淡薄，一定程度上重蹈了“以牺牲环境为代价”的工业化发展的错误模式，导致旅游的自然景观和人文景观被迅速地破坏，旅游资源价值降低，旅游环境危机日益显现，严重阻碍了旅游业的可持续发展。事实证明，旅游业并非无污染产业，其对生态环境和旅游地文化同样具有巨大的破坏力。为此，人们开始寻求一条使旅游业发展和环境改善相协调的旅游发展道路，旨在为人类提供满足新需要的同时，保护旅游区自然资源和文化，实现其可持续发展。

二、生态旅游的产生形式

从生态旅游产生的具体情况来看，主要可概括为两种不同的形式：被动式和主动式。

（一）被动式生态旅游产生形式

这是在经济欠发达国家中常见的形式。一般认为，生态旅游最初的实践是从欠发达国家开始的，这些国家拥有丰富而独特的资源，发展生态旅游市场主要是由于经济的压力。被动式生态旅游主要集中在作为世界生态旅游主要发源地的非洲和美洲的加勒比海地区和亚马孙河流域，其代表是非洲的肯尼亚和拉丁美洲的哥斯达黎加。

肯尼亚被称作“自然旅游的老前辈”，是目前生态旅游开展最具代表性的国家之一。肯尼亚最初走上生态旅游之路就属于典型的被迫式。肯尼亚地处非洲，野生动物资源丰富、数量大、品种多。20 世纪初，在殖民主义的统治下，掀起了野蛮的大型动物狩猎活动，而狩猎者和受益者主要都是白人。1977 年，在人们的强烈要求下，政府宣布完全禁猎；1978 年，肯尼亚宣布野生动物的猎获物和产品交易为非法。于是那些因此为生的人为了维持生计，开辟新的谋生途径，提出了“请用照相机来猎取肯尼亚”的口号，以其丰富的自然资源——生物的多样性、野生动物、独特的生态系统、迷人的风光及阳光充足的海滩等来招徕游客，生态旅游由此而生。从 1988 年开始，旅游业成为肯尼亚外汇的第一大来源，首次超过了茶叶和咖啡的出口。1991 年，该国生态旅游收入高达 3.5 亿美元，其中国家公园的一头大象每年可挣 14 375 美元，它一生可以挣 90 万美元。到 2010 年，肯尼亚入境的生态旅游者近 200 万人次，旅游收入超过 10 亿美元。

哥斯达黎加是拉丁美洲开展生态旅游颇有成效的国家之一，它开展生态旅游是为了保护森林资源。哥斯达黎加的热带雨林拥有地球上 1/5 的动植物物种，亚马孙热带雨林被誉为世界上最佳的生态旅游目的地。但 20 世纪四五十年代以来，该国为更迅速地发展农业，砍伐了大量森林，造成了严重的水土流失、土壤贫瘠。1940—1987 年，该国的森林覆盖率从 75%下降到了 21%，按照当时的发展趋势，预计到 2000 年，全国的森林会消失殆尽。为了改变这一状况，保护有限的森林资源，1970 年哥斯达黎加成立了国家公园体系，先后建立了 34 个国家公园和保护区，开始发展以保护森林为特点的生态旅游活动。为确保这一旅游活动的正常进行，该国制定了严格的法规，成立了专门的机构监督这些法规的执行。到 20 世纪 80 年代中期，旅游业的外汇收入取代了传统的咖啡和香蕉的地位，成为这个国家外汇的主要来源。据当时的调查，约有 36%的人到该国旅游是因为看中了生态旅游这一形式。

（二）主动式生态旅游产生形式

这是在一些经济发达国家比较常见的模式，因市场需求促使生态旅游主动产生，典型国家是美国。早在 19 世纪，为了解决城市化进程中人们对自然环境的强烈需求，为了让人们了解自然、欣赏自然并受到环境教育，美国在 1872 年就建立了世界上第一个国家公园——黄石国家公园，并开始以游览国家公园为主题的自然旅游，且陆续形成了包括国家公园、国家保护区、国家纪念地、国家游憩区等 22 种类型、600 多个自然保护区、300 多个公园在内的国家公园旅游对象体系，占整个国土面积的 10%，从而产生了最初意义上的生态旅游。

到 20 世纪中后期，自然旅游与环境保护的矛盾加剧，为改变这一情况，美国提出了要发展生态旅游，营造“除了脚印什么也不留下，除了照片什么也别带走”的生态旅游氛围，同时制定了相应的法规、条例和规范，并注意培育从事生态旅游产品开发和经营的企业。其他欧美国家及日本、澳大利亚、新西兰等国也办起了生态旅游，取得较好的效果。

三、生态旅游的发展阶段

生态旅游作为一种特殊的旅游形式，是旅游市场需求结构发生变化和以大众旅游为特色的旅游业发展到一定阶段的产物，具有深刻的环境背景和旅游者心理基础。从生态旅游的产生至今，生态旅游大致经历了萌芽起步阶段、蓬勃发展阶段和稳定成熟阶段。

（一）生态旅游的萌芽起步阶段（20世纪60—80年代初）

从20世纪60年代开始，伴随着欧美各国经济快速的恢复，现代旅游业也大规模发展起来，传统大众旅游形式所带来的生态环境危机也被日益关注。一些学者开始思考和调整传统旅游方法，提出了一系列与生态旅游近似的以自然取向为特点的调整性旅游活动，体现“负责任的旅游”。这种新型旅游形式的参与者通常具有良好的教育背景或较高的收入，需要寻找新的刺激和满足。20世纪70年代后，一些经济发达国家如美国的黄石公园，发展中国家如肯尼亚和哥斯达黎加的早期生态旅游实践陆续出现。我国生态旅游业也在此时兴起。1982年，国务院批准建立了第一批风景名胜区，建立了第一个国家森林公园。总的来看，这一时期生态旅游的发展特征主要为：

（1）正式出现了“生态旅游及其产品”的说法。

（2）生态旅游基本处于传统大众旅游向生态旅游转变的调整性旅游时期，旅游活动的特点是传统大众旅游与调整性观光旅游并存，其间既有生态旅游发展较好的国家，也有在发展过程中走了弯路的国家。这是生态旅游发展过程中相当重要的一个阶段。

（3）生态旅游只是在部分地区和国家展开，还没形成规模。

（4）各国对生态旅游这样一个新兴的旅游形式还不够了解，人们对生态旅游也存在误解，把生态旅游等同于自然旅游。

（二）生态旅游的蓬勃发展阶段（20世纪80年代初—90年代末）

20世纪80年代初，“生态旅游”的概念被正式提出，并得到旅游界和自然保护界的认同。20世纪80年代中期到90年代是生态旅游的真正发展阶段。这一时期，旅游学者们在对生态旅游的实践活动进行了大量考察的基础上逐渐认识到生态旅游对资源和环境的重要意义，提出生态旅游不仅仅局限于满足旅游者身心享受，而是把它与旅游目的地的发展和保护联系到一起。作为一种新兴的、负责任的旅游方式，生态旅游活动有了全面发展，生态旅游实践在中国、哥斯达黎加、厄瓜多尔等一些发展中国家，以及美国、日本、澳大利亚、新西兰和欧洲等经济发达国家和地区取得成功，获得了明显的社会、经济、环境效益。与此同时，越来越多的组织、政府部门、研究人员、企业、当地居民、非政府组织等介入生态旅游的实践与探索，使生态旅游的概念不断清晰、完善，建立起了各种原则和框架，各种生态旅游产品不断出现。这一时期，还成立了生态旅游协会（TES），后改名为国际生态旅游协会（TIES），到2000年已有110多个国家、35个专业领域和1 600多名会员。这一时期生态旅游的总体特征是：

（1）政府开始注重生态旅游发展，各国成立了生态旅游相关组织，旨在保护环境和生物多样性。

（2）这一时期已经开始注重生态旅游发展所带来的社会、经济和环境的综合效应。

（3）生态旅游范围越来越广，生态旅游活动规模越来越大，生态旅游产品类型越来越丰富。

（4）已有学者关注到生态旅游对规模的限制和世界范围内的“生态旅游热”之间的矛盾，关于生态旅游的研究开展较快。

（5）在生态旅游较发达的国家，已经出现官方的或非官方的组织，目的就是促进生态旅游发展，建立生态旅游基金，保护脆弱的生态系统。

（6）某些生态旅游发展较快的国家已经注意到生态旅游与当地社区千丝万缕的联系，并努力改善生态旅游发展和社区发展的关系，为社区谋福利。

（三）生态旅游的稳定成熟阶段（20 世纪 90 年代末至今）

进入 21 世纪，随着生态旅游在世界范围内的进一步发展，生态旅游进入稳定成熟发展阶段。生态旅游得到了更广泛的关注，具有代表性的一个事件是，2000 年由联合国环境署、世界自然基金会、国际标准化组织、“绿色环球 21”组织、国际生态旅游学会共同讨论制定了国际生态旅游认证的原则性指导文件——《莫霍克协定》，提出了鉴别生态旅游产品的标准，标志着生态旅游进入一个全面发展的新阶段；另一个事件是，2002 年被定为“国际生态旅游年”，联合国环境规划署和世界旅游组织发起了世界生态旅游峰会并发表《魁北克生态旅游宣言》，就此后生态旅游的发展提出了针对政府、私有部门、非政府组织、学术机构、国际组织、社区和地方组织的一系列建议，为各国生态旅游的进一步发展实践提供了可供依据的标准和纲领，标志着生态旅游进入一个全新而稳定成熟的发展阶段。这一阶段特点主要表现为：

（1）生态旅游发展遍及整个世界，生态旅游规划更加规范，生态旅游市场针对性越来越强。

（2）政府的重视程度提高，扶持政策多样化，为生态旅游进一步发展起了推波助澜的作用。

（3）生态旅游发展促进新兴学科的产生和发展，如生态伦理学、社会生态学、文化生态学、自然生态学、农业生态学、生态美学等。生态旅游的理论研究在世界范围内展开。

（4）生态旅游市场和生态旅游产品的细分也日趋合理。

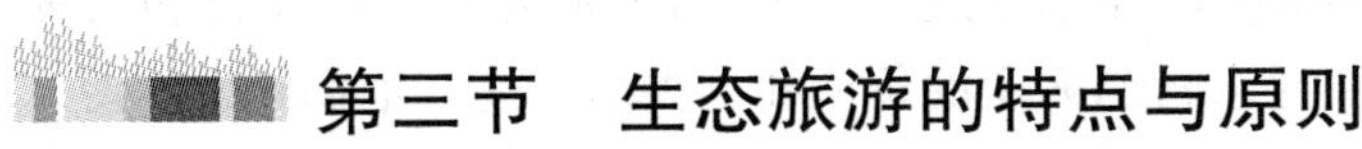

第三节　生态旅游的特点与原则

一、生态旅游的特点

（一）生态性

生态旅游的产生是伴随着生态学的产生而发展起来的。生态旅游是利用生态学原理，协调和平衡旅游开发与资源、环境之间的矛盾，生态学原理指导生态旅游的规划原则、开发方式、活动内容、项目建设和产品设计等各个环节，生态旅游的整个过程都贯穿着生态学原理的指导，以实现生态旅游的可持续发展。例如，根据资源生态敏感度和阈值的大小对旅游目的地进行合理的功能分区；根据生态学原则、环境影响评价及感官评价等确定各功能区合理的生态容量，把旅游接待量限制在生态容量允许的范围之内，保持生态资源的生态潜力；利用生态、环保的材料设计建设生态旅游项目，保证设施与环境的协调，提供良好的审美环境；为旅游者提供生态住宿、绿色交通、绿色食品、健康益智的娱乐项目以及诚信友善的服务等。

（二）保护性

与传统的旅游相比，生态旅游的最大特点就是其保护性。生态旅游的低环境影响并不意味着没有影响。与传统旅游业一样，生态旅游也会对旅游资源与旅游环境产生负面影响。但传统旅游以追求经济效益最大化为目标，而生态旅游是在保护环境的前提下进行开发，生态旅游就是针对传统大众旅游形式对生态系统产生严重冲击而提出的。

生态旅游的保护性体现在旅游业的方方面面。对于旅游开发规划者而言，保护性体现在遵循自然生态规律，以及人与自然的和谐统一的生态旅游产品开发设计上。对于旅游开发商而言，保护性体现在充分认识旅游资源的经济价值，将资源价值纳入成本核算，在科学开发规划的基础上谋求持续的投资效益。对于管理者而言，保护性体现在资源环境容量内的旅游利用，杜绝短期行为，谋求可持续的经济、社会、环境三大效益的协调发展。对于游客而言，保护性则体现在环境意识和自身素质的提高，约束自己的行为，珍视自然赋予人类的物质及精神价值，把保护旅游资源及环境作为一种自觉行为。

（三）高品位性

生态旅游的高品位性体现在以下四个方面：

一是生态旅游者旅游动机和旅游追求的高品位。在面对自然景观时，传统大众旅游者追求的是娱悦感官的自然美，而生态旅游者追求的则是理解自然及生命价值基础上的生态美；在面对文化景观时，传统大众旅游者赞美的是人类的“创造力”，而生态旅游者赞美的是人与自然的和谐共生。

二是生态旅游者的高素质。生态旅游者多具有高素质和高消费的特点。高素质即指生态旅游者具有较高的文化、环保及精神需求素质。和传统大众旅游者相比，生态旅游的参与者多为特定族群，具有较高的文化素养和知识层次，受绿色环境保护思想的影响较深，已有一定的环保意识和回归大自然的愿望。他们多是为大自然美景和奥秘所吸引，力图通过旅游从大自然中寻求自己人生的价值和人类的前途。他们知识广博，文化和生活品位较高，具有独立人格，喜欢寻找新的刺激和满足，是一批相当成熟的旅游者。同时，生态旅游体现在旅游者的消费较传统大众旅游而言要高，即生态旅游者在享受旅游目的地的生态旅游的同时，还应支付保护这些生态旅游资源应承担的费用。

三是生态旅游产品的高品位。生态旅游者追求的高品位决定了生态旅游产品的高品位。与传统大众旅游产品相比，生态旅游产品应定位为“真”和“精”两个方面。生态旅游产品不应是粗放式开发的旅游产品，而是通过精心设计的高质量、高品位的“真品”和“精品”。“真品”体现在它的“原真性”，即游客追求的是原汁原味的旅游真品和旅游环境。这种产品除了具有极高的美学特征外，还传递着大自然奥秘及人与自然和谐的信息，从而增强游客对环境保护的意识，而移置的、仿制的旅游景观将被视为旅游市场上的“伪品”。“精品”主要体现在旅游产品的质量上，生态旅游者追求的是货真价实的高品位旅游产品，粗放式开发的旅游产品将被视为旅游市场上的“劣品”。

四是生态旅游管理的高质量。传统大众旅游重开发轻管理，由于管理投资不足，管理质量不高，不注重保护旅游资源及环境，旅游目的地的特色及质量存在退化、降低，从而逐渐丧失对旅游者的吸引力，旅游者得不到应有的旅游享受而逐渐失去兴趣，造成不少旅游地的衰败。生态旅游则相反，由于强调环境的原生态，在发展过程中重管理轻开发，把资金重点放在管理上，放在保护管理和服务管理水平的提高上，使旅游地能够可持续发展。

（四）专业性

生态旅游是一种高层次的精神享受，生态旅游者对旅游的环境质量具有更高的要求，旅游产品具有更高的科学和文化信息储量，这就要求旅游项目、旅游线路、旅游设施、旅游服务的设计和管理均要体现出很强的专业性，对规划设计者、开发经营者、管理者和服务者的专业水平提出更高的要求。专业性也是生态旅游资源和环境得以保护和持续利用，以及三大效益协调发展的前提条件之一。例如，一个生态旅游区包含了大量地质、地貌、气象、水文、植物、动物、医学、建筑、环境和健身等科学信息和知识体系，这些丰富的知识能够激发旅游者的求知欲望，使旅游者广泛地参与到活动中来，使审美活动变为旅游者的主动品味、体验和求索。旅游者通过观察、体验和研究，可获得丰富的科学知识。而要实现这些目标，培养一批具有较高科学文化水平的、高素质的导游或具有较高环境素养的环境解说员就是十分必要的。

生态旅游的高层次性也体现在旅游项目的专业性上。生态旅游以生物生态系统为中心，旅游的专业层次比较高，旅游者的旅游取向多集中在具有不同生态学特性的自然景观资源上，如陆地生态系统、淡水生态系统、海洋生态系统、城市生态系统等，旅游者可根据自己的专业兴趣爱好，选择不同的专业旅游项目。对一些有特殊价值的自然景观，如火山、地震遗址、溶洞、冰川、古生物化石等，还可组织特殊的科学考察活动，如珠穆朗玛峰生态考察、云南腾冲火山地热生态考察、秘鲁 Manu 生物圈保护区观鸟旅游、巴西亚马孙热带雨林考察、中美热带雨林考察、东非森林动物考察活动等。

此外，生态旅游对科学技术的要求也体现了专业性的特点。生态旅游是科学技术含量很高的旅游，生态旅游资源的调查、资源信息系统的建立、生态环境的动态监测和影响评估、旅游环境容量的确定以及生态旅游产品的开发设计等，都是在科学技术的密切参与下运作的。某种程度上可以说，生态旅游是知识密集型或技术密集型的产业，科学技术是生态旅游发展的基础。离开了科学技术，生态旅游就会偏离方向而无法肩负起使生态资源的保护和利用充分协调发展的重任。

对生态旅游活动的管理也需要有专业性，包括对旅游者的生态管理，对生态环境和生态因子的生态管理，对旅游设施、设备、场所的生态管理等都必须依靠专业的理论和方法。

（五）限制性

生态旅游是一种特殊设计的旅游活动，为了保证生态旅游各种目标的实现，包括旅游者的高质量旅游体验、对环境影响的最小化等，限制性就成为生态旅游的一个基本特点。一是对游客数量的限制，即要科学计算旅游区的生态环境承载力和环境容量，这就决定了生态旅游在特定的时空范围内是少数人的活动，生态旅游主要吸引那些具有高度环保意识的人参加。《旅游业可持续发展——地方旅游规划指南》中明确指出，生态旅游代表了迅速扩展之中的旅游者细分市场，并特别吸引那些具有高度环保意识的旅游者，吸引那些关心环境，并希望了解地方生态状况和风俗文化的游客。生态旅游市场最重要的吸引目标是具有环保意识、关心生态环境的旅游者，这说明生态旅游是一种高素质、高层次的旅游，只有这种市场层次的游客才能关注生态旅游，并能为保护生态环境尽一份责任和义务。二是对旅游设施或建筑的限制，建筑设施应讲究规模小、体量小以及与环境相和谐。生态旅游应尽量保持自然属性，不要过度搞人工建筑，更不能使生态旅游区商业化。只有控制好旅游区的游客数量和建筑设施规模，才能保证生态旅游者可以获得一般大众旅游者无法比拟的康体空间和特殊旅游体验，获得更多、更高的精神享受。

二、生态旅游的原则

（一）国际生态旅游协会的原则

虽然目前对生态旅游的解释多种多样，但是其原则还是基本一致的。1991 年以来，国际生态旅游协会通过对生态旅游的结果进行追踪考察，逐步发展起来一套原则，这些原则被正在崛起的非政府组织、私有企业部门、政府、学术界和一些旅游目的地社区所接受，具体有以下原则：

（1）把对旅游目的地自然和文化的消极影响降到最低。

（2）对旅游者进行环境教育。

（3）强调旅游企业责任的重要性，旅游企业应与当地的政府部门和居民合作以符合当地居民的需求，并分享开发带来的利益。

（4）把部分旅游收益用于自然环境的保护和管理。

（5）需综合考虑整个地区的旅游需求，以便于整个地区的游客管理计划的设计，并使此地区成为生态目的地；注重对环境和社会基础资料的研究利用，以便于进行环境评估，同时应具备对环境进行长期监测的计划，从而把对环境的消极影响降到最低。

（6）力争使该乡村、当地企业和社区的利益最大化，特别是居住在该区域及其邻近地区的居民。

（7）力求保证旅游的发展不超过社会和环境可接受的限度，并在研究者与当地居民的合作中予以限定。

（8）充分利用已经存在的与环境相协调的基础设施，尽量减少石化燃料的使用，保护当地植物和野生动物，使基础设施与当地的自然和文化环境相协调。

（二）《国际生态旅游标准》的原则

全球最具权威性的可持续旅游认证组织“绿色环球21”联合澳大利亚生态旅游协会共同制定了《国际生态旅游标准》，根据该组织的建议，生态旅游需要满足以下八大原则：

（1）生态旅游的核心是让游客亲身体验大自然。

（2）生态旅游应该通过多种形式体验大自然，增进人们对大自然的了解、赞美和享受。

（3）生态旅游应该代表环境可持续旅游的最佳实践。

（4）生态旅游应该对自然区域的保护做出直接的贡献。

（5）生态旅游应该对当地社区的发展做出持续的贡献。

（6）生态旅游应该尊重当地现存文化并予以恰当的解释和参与。

（7）生态旅游应该始终如一地满足旅游者的愿望。

（8）生态旅游应该坚持诚信为本、实事求是的市场营销策略，以使旅游者形成符合实际的期望。

第四节　生态旅游系统

生态旅游系统是生态旅游的研究对象，根据系统论的观点，生态旅游系统是指生态旅游要素按一定的旅游规律组合而成的有机整体，也就是在满足生态旅游基本要求的地域内，由与生态旅游密切关联的各要素按一定的旅游市场运行机制构成的动态有机整体。目前，我国最具代表性的生态旅游系统理论模型是杨桂华等在2000年提出的“四体”生态旅游系统模式，即生态旅游系统由主体（生态旅游者）、客体（生态旅游资源）、媒体（生态旅游业）和载体（生态旅游环境）四要素构成（见图5-1）。“四体”生态旅游系统与传统的旅游系统相比，最大的特点就是突出了生态旅游系统的核心——保护，保护的对象是生态旅游资源、生态旅游环境和旅游目的地当地社区的利益。而为了实现保护的目的，对生态旅游的一切受益者而言，都应具有保护的意识，无论开发者、决策者、旅游者、管理者还是社区居民，均应将保护放到重要的位置，这也是区别于其他旅游系统的显著特征。

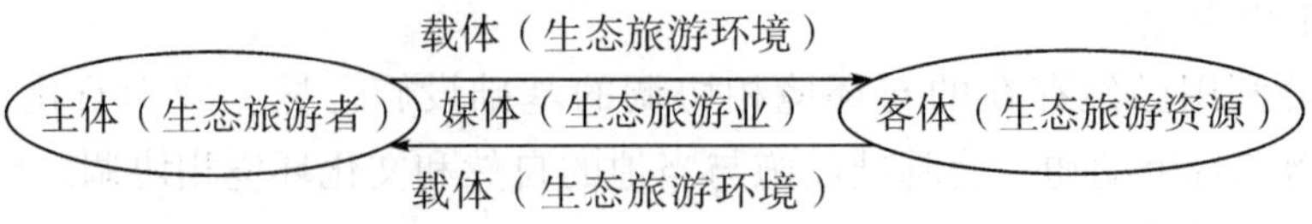

图 5-1 生态旅游系统四体模式

资料来源：陈玲玲，等. 生态旅游：理论与实践［M］. 上海：复旦大学出版社，2012.

一、生态旅游主体——生态旅游者

生态旅游者是生态旅游活动的主体，是生态旅游形成和发展的关键性因素。关于生态旅游者的研究文献较多，有从社会人口统计学入手研究的、有从心理学方向研究的、有从不同环境中旅游者的行为特征角度去研究的。从生态旅游的范畴来看，生态旅游者还有广义和狭义之分。广义的生态旅游者是指到生态旅游区的所有游客。这类界定具有很好的统计学意义，具有统计上的可操作性，是一种“地域界定说”。但生态旅游区的旅游者并不都具有生态旅游定义所要求的品质和内涵，该定义只是对旅游者行为现象的部分概括，并没有真正体现生态旅游的内涵，而是将生态旅游与自然旅游相等同起来，忽视了生态旅游的兴起与发展是人们环境意识增强的结果，没有体现“生态”的含义，不能确保旅游者具有生态意识和环保知识，其进入生态景区后的活动是生态活动，是有保护环境的行为。狭义的生态旅游者是指到生态旅游区的那些对环境保护和当地社会经济发展负有一定责任的游客。狭义的生态旅游者不便于统计，但反映了生态旅游的真实内涵，同时也涉及生态旅游者的本质特征，把生态旅游者与传统旅游者区别开来，有利于旅游者自觉地要求自己，成为一名真正的生态旅游者。

国际著名生态旅游研究学者大卫·韦弗（David Weaver）对生态旅游者的定义是：完全符合两个标准（这两个标准是：旅游者基于自然环境的学识、经验，并且他们的行为举止促进环境、社会和文化的可持续发展）的游客可称之为生态旅游者。因此，生态旅游者可定义为：以相对没有受到干扰的自然或人文生态旅游区为目的地，以学习和体验自然为动机，具有一定的生态意识，其旅游行为能促进目的地经济、环境、文化、社会等多方面可持续发展的旅游者。

与传统大众旅游者相比，生态旅游者表现出以下特征。

（1）目的地指向：生态旅游区。生态旅游的目的地是在一定的自然地域中进行的，该区域自然或人文社会生态系统保持完好。

（2）动机指向：生态意识。生态旅游者的动机往往带有专门的目的，如学习、教育、研究、保护等。

（3）行为指向：生态行为。生态旅游者行为受到一定程度的约束，而且很多生态旅游者都具备较强的自我行为约束意识。

（4）责任指向：生态责任。生态旅游者对当地自然和人文环境、目的地居民生活的维护具有一定的责任。

传统大众旅游者与生态旅游者的特征比较如表 5-1 所示。

表 5-1　传统大众旅游者与生态旅游者的特征比较

内容	传统大众旅游者	生态旅游者
旅游对象	无限制	有限制，一般为生态旅游区，如自然景观和人与自然相和谐的生态文化景观，如地质地貌、水体、生物、民俗风情等
旅游动机	纯粹出于个人享受、游玩等目的，重在对旅游资源的享用和消费	主要是带有专门目的，如学习、教育、研究、保护等，享受自然风光往往是附带或次要的
旅游规模	规模大，旺季时往往拥挤不堪	规模小、低密度
旅游形式	形式较为单一，大多只是观光游玩	以大自然为舞台，形式多样、内容丰富、寓教于乐
旅游参与	被动式，一般不参加旅游环境管理活动	主动式，主体与客体密不可分，自身是整个综合生态系统的一部分，自觉参与有组织的环保活动
旅游体验	走马观光，传统美学意义上的享受	积极亲近大自然，心灵与自然共鸣，人的情感得到升华，生态美的体验
旅游者素质	基本无要求，只要旅游者自身具备旅游条件，一般都可成行	要求有较高的文化素质
环保意识	较弱，往往对环境造成一定的冲击	较强，旅游者往往主动保护环境
行为责任	体现旅游消费合法	体现自然与文化关怀

资料来源：张建萍. 生态旅游［M］. 修订版. 北京：中国旅游出版社，2017：85.

二、生态旅游客体——生态旅游资源

在生态旅游发展不够成熟的今天，由于生态旅游概念本身存在争议，致使作为生态旅游对象的生态旅游资源还没有一个被普遍认同的概念。生态旅游学界通过对生态旅游资源的争议，使学者对于生态旅游资源概念的内涵和外延的认识不断深入。人们对生态旅游资源概念的界定也呈阶段性，出现了自然型、自然+人文型和综合型三种生态旅游资源概念。

自然型概念认为只有自然的生态系统才是生态旅游资源，包括自然保护区、森林公园、风景名胜区、自然动植物园、复合生态区及人工模拟生态区等。自然+人文型概念认为生态旅游资源不仅包括具有“自然美”的大自然，还应该包括与自然和谐、充满生态美的文化景观，从而出现了自然+人文型生态旅游资源的概念。综合型概念认为生态旅游资源不能仅重视自然和人文景观而忽视生态旅游作为一项产业与旅游业和生态旅游效益的关系，因此提出生态旅游资源是以生态美吸引游客前来进行生态旅游的活动，为旅游业所利用，在保护的前提下，能够产生可持续的生态旅游综合效益的客体。

就我国国情而言，生态旅游资源应该具有以下内涵：

第一，生态旅游资源包括多个方面，既包括自然形成的，又包括人与自然共同作用的和人工恢复的生态旅游资源；既包括生态现象，又包括生态环境。

第二，具有地方特色、能烘托吸引游客的生态旅游气氛的旅游接待设施和旅游服务均可视为旅游资源。

第三，生态旅游资源包括物质——“有形的生态旅游资源”，也包括精神——“无形的生态旅游资源”。只要对游客有吸引力、开发和利用旅游资源后能产生效益的生态系统均可视为生态旅游资源。

第四，生态旅游资源的开发除了满足生态旅游者回归自然、认知自然、体验自然的需求，促进旅游地的生态环境保护外，还应促进旅游地的社会和经济的发展，使生态效益、经济效益和社会效益能够得到有机的统一和协调。

第五，被生态旅游资源吸引的旅游者是具有环保意识、生态文明和较强的社会责任感的特指群体，因此生态旅游资源的概念也不宜过分泛化，应该突出生态旅游资源与其他旅游资源相区别的环境教育功能。

根据上述对生态旅游资源内涵的归纳，生态旅游资源可定义为：具有生态美的吸引功能与生态功能，能够吸引游客前来进行生态旅游活动，能够对游客起到环境教育作用，能够被生态旅游业利用，并促进旅游地生态、经济、社会三大效益良性循环。

生态旅游资源与传统大众旅游资源在吸引对象、效益功能、环境需要、美学需要等方面均有显著的差异（见表5-2）。

表5-2 传统大众旅游资源与生态旅游资源的比较

类型内容	传统大众旅游资源	生态旅游资源
吸引对象	吸引对象为大众旅游者，目的单一，很少注意自然界中生物之间的关系及所产生的自然现象，只是放松而已	希望获得有深度的“真正”经历；追求身体和精神的挑战；希望与当地居民交流，学习文化；适应环境；探索未知现象，避免常规路线旅游；从个人和社会两个方面认为此经历是有益的；要求参与，而非被动；追求经历，而非舒适，此为真正的生态游者
效益功能	大多注重经济、社会效益，环境效益相对考虑较少	同时考虑经济、社会、文化和生态旅游4个效益，尤其更注重生态环境的保护和对游客的教育
环境需要	不提或提得少	环保思想贯穿于生态旅游地的规划、开发、利用、管理等各个方面
美学需要	大众资源，没有深层次的体会，仅仅是悦耳悦目的粗浅感受	生态旅游资源能触动人的内心深处，达到悦心悦意和悦志悦神的最高审美境界

资料来源：杨佳华. 论生态旅游资源［J］. 思想战线，1999（6）：33-38.

三、生态旅游媒体——生态旅游业

澳大利亚著名生态旅游学者大卫·韦弗（David Weaver，2004）提出生态旅游业是指那些直接与生态旅游者相互作用的机构，即从计划阶段到结束帮助生态旅游者进行生态旅游体验的产业。

生态旅游业是在传统大众旅游业发展过程中出现环境问题的基础上兴起的，它与人类正在经历的生态时代相适应，代表了旅游发展的新潮流，是旅游发展的一个新阶段。其与传统大众旅游业相比，在追求目标、管理方式、受益者和影响方式等方面具有不同的特征。

对于传统旅游业，利润最大化是开发商追求的目标，而追求享乐是旅游者的主要目标，其最大受益者是开发商和旅游者，由旅游活动所带来的环境代价则主要由社区居民承担。它以牺牲环境资源的持续价值来获取短期经济效益，这种旅游是不可能持续发展的。生态旅游业在实现经济、社会和美学价值的同时，寻求适宜的利润和环境资源价值的维持，开发商、旅游者、社区及其居民都是直接受益者，环境得到有效措施的保护，是可持续发展的旅游业。

生态旅游业的产业结构在基本组成上与常规旅游业大致相同，但生态旅游业在利益目标和运作模式等方面与常规旅游业有较大差异，这些差异也在生态旅游业各组成部门之中体现出来。因此，生态旅游业主要有生态旅游景区、生态旅行社、生态旅游饭店、生态旅游交通、生态旅游商品等不同的门类和企业。

四、生态旅游载体——生态旅游环境

生态旅游环境是生态旅游活动、生态旅游资源所依附的基础，生态旅游能得以蓬勃发展都根植于生态旅游环境。生态旅游环境可谓是生态旅游发展的生命之源。生态旅游环境是以生态旅游活动为中心的环境，是指生态旅游活动得以生存、进行和发展的外部条件的总和。生态旅游环境既是旅游环境的一部分，同时又与旅游环境有所区别，其内涵有以下六个方面：

（1）生态旅游环境是在符合生态学和环境学基本原理、方法和手段下运行的旅游环境，以维护和建立良好的景观生态、旅游生态为目的，从而促进景观生态学和旅游生态学的发展。

（2）生态旅游环境是以系统良性运行为目的统筹规划和运行，使旅游环境与旅游发展相适应、相协调，使自然资源和自然环境能继续繁衍生息，使人文环境能延续和得到保护，创造一种文明的、对后代负责的旅游环境。

（3）生态旅游环境是以某一旅游地域的旅游容量为限度而建立的旅游环境。在该旅游容量的阈值范围内，就可使生态旅游活动不破坏当地的生态系统，从而达到旅游发展、经济发展、资源保护利用、环境改良协调发展的目的。

（4）生态旅游环境不仅包括自然生态环境和人文生态环境，还特别重视“天人合一”的旅游环境；既注重生态环境本身，又注重一些环境要素和环境所包含的生态文化。

（5）生态旅游环境还是运用生态美学原理与方法建立起来的旅游环境。旅游是集自然生态学、人文生态学的一项综合性审美活动，生态旅游更是人类追求美的高级文化生活以及广度和深度都较高的审美活动。生态旅游环境既是培养生态美的场所，又是让人们欣赏、享受生态美的场所。

（6）生态旅游环境还是一种考虑旅游者心理感知的旅游环境。生态旅游者的旅游动机主要是向往大自然，尤其是向往那些野生的、受人类干扰较小的原生自然区域，兼有学习、研究自然和文化的动机。因而，生态旅游环境的建立要考虑到生态旅游者回归大自然、享受大自然、了解大自然的旅游动机，着意建设起能让旅游者感知自然的旅游环境。

生态旅游环境与旅游环境既有共同之处，又有不同之处。旅游环境的内涵和外延较之生态旅游环境要深、要广。一般而言，生态旅游环境是由自然生态旅游环境、社会文化生态旅游环境、生态经济旅游环境、生态旅游气氛环境四个子系统构成的（如表 5-3 所示）。

表 5-3　生态旅游环境构成表

生态旅游环境	自然生态旅游环境	天然生态旅游环境
		生态旅游空间环境
		自然资源环境
	社会文化生态旅游环境	生态旅游政治环境
		文化生态旅游环境
	生态经济旅游环境	外部生态经济旅游环境
		内部生态经济旅游环境
	生态旅游气氛环境	区域生态旅游气氛环境
		社区生态旅游气氛环境
		旅游者生态旅游气氛环境

（一）自然生态旅游环境

自然生态旅游环境是指自然界的一切自然元素，诸如生态旅游区的地质、地貌、气候、土壤、动植物等所组成的自然环境综合体。

1. 天然生态旅游环境

这种旅游环境是指由自然界的力量所形成的，受人类活动干扰少的生态旅游环境，主要包括自然保护区、森林公园、风景名胜区、植物园、动物园、林场及古树名木等，其中又以自然保护区为主体。天然生态旅游环境根据主体的不同，可分为森林生态旅游环境、草原生态旅游环境、荒漠生态旅游环境、内陆湿地水域生态旅游环境、海洋生态旅游环境、农业生态旅游环境、自然遗迹生态旅游环境等。

2. 生态旅游空间环境

这种旅游环境主要指能开展生态旅游的旅游地景区、景点的自然空间，还指生态旅游资源储存地，生态旅游者的活动范围，包括生态旅游者对旅游资源欣赏、享受以及对空间和时间的占有。

3. 自然资源环境

这种旅游环境主要指水资源、土地资源、自然资源、生物资源等自然资源对生态旅游业生存和发展的影响与作用，也包括自然资源对生态旅游活动的敏感程度，其作用主要体现在这些自然资源对生态旅游业生存和发展的有利或限制作用，也包括影响旅游地环境容量的问题。

（二）社会文化生态旅游环境

1. 生态旅游政治环境

生态旅游政治环境指政府在区域旅游政策、旅游管理等方面影响生态旅游发展的软环境，这对生态旅游发展起到一种促进或阻碍作用。区域旅游政治环境不仅影响到生态旅游业产业结构的资源配置，而且对生态旅游业快速健康稳定发展起着宏观调控作用。政策支持与否对生态旅游业发展起到至关重要的作用，若国家和地区积极支持生态旅游业的发展，使得生态旅游业快速发展，旅游收入就会明显增长。生态旅游管理技能水平直接关系到旅游地域接纳生态旅游者的数量和生态旅游活动的强度。

2. 文化生态旅游环境

文化生态旅游环境指在人类与自然界互利、共生关系的思想指导下，在进行旅游开发，特别是生态旅游开发过程中，树立人与自然和谐发展的观念。我国自古以来就有“天人合一”的生态思想，这样的思想使我国的自然风景无处不体现着人与自然的和谐共处。生态旅游之所以蓬勃发展，就是因其旅游活动对生态和文化有着特别强的责任感，能促进人类与自然界协调与共同发展。

（三）生态经济旅游环境

1. 外部生态经济旅游环境

外部生态经济旅游环境指满足生态旅游者开展生态旅游活动的一切生态经济条件。经济环境是旅游活动的物质基础条件，包括基础设施条件、旅游服务设施条件以及旅游投资能力的大小和接纳旅游投资能力的大小等。在基础设施、旅游服务设施等建设过程中，甚至在整个旅游区经济发展中，是否遵循生态学和生态经济学基本原则，是否考虑经济、资源、环境等协调发展，会直接影响生态旅游业的可持续发展。

2. 内部生态经济旅游环境

内部生态经济旅游环境指旅游行业内部的政策倾向、管理制度，从业人员等对生态旅游的认识和责任程度。生态旅游同其他旅游形式一样，若有公平的市场环境、良好的市场秩序、规范的市场运行机制、有效的旅游市场主体等，就会有利于旅游企业在市场经济中竞争，有利于克服市场混乱、管理混乱等弊端，有利于建立良好的行业竞争环境，促进旅游产业各部门良性运行。同时，生态旅游发展也需要其他部门、其他旅游经济成分按生态经济原则运行，以利于协调统一发展。生态旅游还需要旅游行业内部对生态旅游有较高的认识、较好的理解、较高的责任感，以使生态旅游正常运作。

（四）生态旅游气氛环境

1. 区域生态旅游气氛环境

这主要指在洁净、优美的生态环境基础上，由历史和现代开发所形成的反映该区域历史生态、地方生态或民族生态气息的环境。区域生态旅游气氛环境具有独特性，它是在各种生态系统漫长的演替、社会发展以及社会与自然共生条件下所形成的，对旅游者有很强的吸引力，它们往往也是一个生态旅游区域的历史、文化、民族特色在某些方面的体现，是旅游者所能感知的一种气氛环境。它具有典型性、独特性和民族性，往往也是一个地区的旅游生命力和灵魂之一。

2. 社区生态旅游气氛环境

这指生态旅游社区居民对生态旅游的观点、看法与行为等所形成的一种软环境。生态旅游社区居民积极支持发展生态旅游，往往也是该地生态旅游发展至关重要的条件之一。

3. 旅游者生态旅游气氛环境

这是指旅游者生态旅游素质和旅游者在进行旅游活动时反映出来的旅游气氛。生态旅游者应该是具有较高素质的文明旅游者。广泛宣传生态旅游，提高旅游者的生态意识和环境保护意识，规范和引导生态旅游者的行为，是营造良好的旅游者生态旅游气氛环境的关键。

案例链接

黄果树旅游区——天蓝水清 景美业丰

五年，一棵棵黄葛榕树苗茁壮成长。五年，黄果树旅游区核心景区森林覆盖率从60%增至80%以上。站在黄果树大瀑布半边街观景台，远眺大瀑布雄奇壮观，近看黄葛榕树郁郁葱葱。

贵州省第十二次党代会以来，黄果树旅游区经济社会各项工作发生翻天覆地的巨变，实现了建黄果树景区以来旅游秩序、基础设施、管理服务、环境卫生、生态绿化、社会治安、网络评价等“七大显著提升”。五年春华秋实，黄果树旅游区坚守发展和生态两条底线，守住了绿水青山，换来了金山银山，旅游产业实现持续“井喷式”增长；城镇、农村常住居民人均可支配收入年均分别达到30 832元和11 503元，年平均增长率达到10%，一幅天蓝水清、景美业丰的画卷徐徐铺展。

一、全域旅游 拥抱“诗与远方”

每逢旅游旺季，黄果树旅游区匠庐·阅山、尧珈·凡舍、匠庐·村晓等10余家高端民宿和各类酒店，一房难求。从黄果树大瀑布和龙宫景区两张5A景区“王牌”到周边旅游项目如直升机空中游览、坝陵河高空蹦极、高空秋千等极限运动项目，再到石头寨村、桃子村、下苑村玫瑰爱情湾等乡村休闲避暑旅游示范点，慕名而来的游客络绎不绝。

作为安顺市旅游产业当之无愧的龙头，黄果树旅游区一直走在全市旅游产业迭代升级的前列，坚持“全域景区化、景区精品化、文旅一体化、业态多样化、营销数字化”思路推进全域旅游发展，实现景区管理智慧化，实行实名制网上分时预约购票，住宿紧张、景区爆棚等旺季接待困境得到有效缓解，游客体验感大幅度提升。

为了让游客“吃、住、行、游、购、娱”更舒心，黄果树旅游区不断强化顶层设计，推进旅游产业化。如提出“美食招商333计划”，即用3年时间引进落地30家以上国际品牌餐厅，30家以上“鲁、川、粤、苏、浙、闽、湘、徽”八大菜系品牌餐厅，带动提升本地特色黔菜300家以上；计划投资28亿元在黄果树建设美食小镇，引进全国八大菜系和贵州全省地道小吃，让游客在黄果树吃遍中国；制定“民宿发展135工程”，即力争用3年时间引进客房均价1 500元以上的高端民宿100家，客房均价600元至1 200元的中档民宿300家，带动提升当地村民客栈（农家乐）500家；提出“高端酒店发展234工程”，力争通过3~5年努力，引进五星级酒店20家、四星级酒店30家和三星级或高端精品商务酒店40家。

与此同时，黄果树旅游区国内、国际“朋友圈”越来越大。不论是成功举办生态文明贵阳国际论坛黄果树主题论坛、国际啤酒节、坝陵河国际低空跳伞、半程马拉松赛、黄果节、油菜花旅游节、汽车拉力赛等重大活动赛事，还是与维多利亚、尼亚加拉等8个最具全球影响力的瀑布缔结“国际瀑布可持续发展联盟”，景区国内、国际影响力持续扩大。

五年间，黄果树旅游区连续多年全区游客数量增长率均保持在30%以上，实现“井喷式”增长，旅游产业化驶入快车道。

二、改革创新 惠泽民生幸福

2022年4月，农业农村部、财政部发布2022年农业产业融合发展项目创建公示名单，黄果树旅游区白水镇入选，至此，黄果树旅游区再添一块“国字号招牌”。

黄果树旅游区成功入选全国森林康养基地试点、黄果树镇被评为国家级示范小城镇、龙宫镇被评为省级示范小城镇、白水镇被评为市级自行培育示范小城镇……一项项殊荣，一份份荣誉，见证着党员干部群众以旅游产业为引领，苦干实干的汗水和创新求变的探索。

创新推出“三级坝长制”，以打造500亩以上坝区建设为契机，按照“一村一品”“一村一特”规划，积极推进传统产业提质升级。按照“多彩康养龙宫镇、绿色生态黄果树镇、精品果蔬白水镇”的产业定位，培育发展了生姜、红米、椪柑、枇杷、辣椒等一批特色农业产业，蔬菜种植面积从2016年4万亩次扩大到2020年7万亩次，优质水稻种植面积稳定在1.99万亩。建成坝陵河谷枇杷等一批特色精品水果基地，水果种植面积从1.5万亩扩大到2.52万亩。

成功申报了“黄果树黄果”“龙宫桃子”地理标志农产品，正在积极申报黄果树红米、黄果树小黄姜地理标志农产品。“黄果开启致富门的打翁样板”村党支部书记潘永美入选贵州省优秀党组织书记，“草莓大棚带动全村奔小康的翁寨模式”入选贵州省脱贫攻坚群英谱。

黄果树新城基础设施和公共服务设施进一步完善，全区常住半年以上城镇人口达到2.4万人、城镇化水平达到48%。积极推广“黄果树+石头寨”等特色小镇和美丽乡村“1+N”镇村联动模式，带动白水河村等一批美丽乡村旅游建设，镇村联动覆盖率达到80%以上，城镇基础设施和公共服务不断向下延伸，初步形成城乡一体化格局。

三、生态优先 绘就“只此青绿”

绿水逶迤，花鸟为邻，这是漫步黄果树国家湿地公园最直观的感受。沿着碧水岸边漫步、慢跑，在“移步换景”感知人与自然的和谐共生。

黄果树湿地是珠江水系重要生态屏障，在珠江流域保持生物多样性保护、水质净化和生态系统稳定性中发挥着重要作用。2017年以来，黄果树旅游区进一步高位推动，把国家湿地公园试点建设作为“一把手工程”来抓，最大限度保护区域生态体系，保护生物群落，坚持以保护为主，合理利用湿地资源，黄果树国家湿地公园已真正成为“鱼鸟天堂”。

黄果树国家湿地公园生态保护屏障绿色红利不断释放，正是黄果树旅游区坚持生态优先、绿色发展建设理念的生动体现和典型案例。

生态是黄果树旅游区最宝贵的财富，绿色是黄果树旅游区最耀眼的底色。以前“盼温饱”，现在“盼环保”，过去“求生存”，如今“求生态”，更加优美的生态环境和更多优质的生态产品，成为群众的热切盼望。

不断擦亮联合国环境规划署授予的“全球低碳生态景区”称号“金字招牌”；大

力实施绿化造林、退耕还林、天然林保护、石漠化综合治理、生态搬迁移民等重点生态工程，推进黄果树国家公园、龙宫生态公园建设，全面提升景区森林覆盖率；以项目化造林为抓手继续扎实推进“绿色黄果树”行动计划，2021 年森林覆盖率达到 65%，核心景区森林覆盖率超过 80%，空气质量优良率保持 100%，打邦河（黄果树）、省控断面桂家河（石头寨）等考核断面优良比例 100%。

五年来，黄果树旅游区生态环境治理效果显著，环境优势持续增强，森林铺满景区、绿色遍布乡村、河湖扮靓山川，更加悦目的“青绿”色，绘就绿色美好生活的图景。

当前，黄果树旅游区正持续深入贯彻落实新国发 2 号文件精神，围绕“四新”主攻“四化”，在安顺市“1558”发展思路指引下，奋力建成以黄果树为中心的旅游目的地，通过引导、奖励更多的旅行社和导游，包装好的旅游产品和线路，确保更多游客落地安顺，同时用游客落地倒逼基础设施、业态、服务、秩序的再提升，加速推进旅游产业化步伐，推动经济社会高质量发展。

资料来源：向淳. 黄果树旅游区：天蓝水清 景美业丰［N］. 贵州日报，2022-04-27（T14）.

■复习思考题

1. 生态旅游快速发展的原因有哪些？
2. 发展生态旅游一定不会对环境产生负面影响吗？
3. 简述生态旅游系统的四体模式。
4. 比较分析生态旅游者与传统大众旅游者的区别。
5. 生态旅游发展经历了哪几个阶段？

第六章

生态消费

消费是人类生存与发展的基本条件，体现着人与自然的基本关系。当今人类面临的生态环境问题与人类的消费观念是直接相关的。《21世纪议程》指出，地球所面临的最严重的问题之一，就是不适当的消费和生产模式，导致环境恶化、贫困加剧和各国的发展失衡。这就要求人们更加重视消费问题、消费观念问题。消费观是指人们对消费水平、消费方式等问题的总的态度和看法。作为一种观念，它一旦形成又会反作用于社会经济以及生态环境，并产生深刻而重大的影响。因此，正确处理好资源、环境和人类需求之间的矛盾，实现人类消费模式转变、建设生态文明已成为当前全人类实现可持续发展的必然选择。

第一节　生态消费的内涵及特征

一、生态消费的内涵

当今人类社会面临着人、环境、资源、经济和社会发展失衡的严峻挑战。面对这种挑战，如何以满足当代人消费需要为中心，而又不对后代人满足其消费需要构成威胁和危害，就应该推崇新的消费方式——生态消费。

生态消费是一种生态化的消费模式，是指既符合物质社会生产力发展水平，又符合生态保护的发展水平，既能满足人的消费需求而又不对生态环境造成危害的绿色化、生态化的消费模式。在一定意义上，生态消费也可以说是绿色消费。生态消费和绿色消费这两个概念有许多相同之处但也有所不同。绿色消费是一种以“绿色、自然、和谐、健康”为宗旨的消费，但这种消费更多地考虑如何满足当代人的消费需求，使之更加和谐和健康。而生态消费在强调绿色、自然、环保、健康、生态与和谐消费的同时，更多考虑不危及满足后代人的消费需要。绿色消费是生态消费的内涵所在，与绿色消费相比，生态消费更具前瞻性、全局性和战略性，是站在更高层面、更加遥远的未来来考虑人类当前的消费行为与未来生存状态和生存方式。

二、生态消费的特征

（一）适度消费

生态消费必须是适度消费。我们把经过理性选择的、与一定的物质生产和生态生产相适应的消费规模与消费水平所决定的，并能充分保证一定生活质量的消费叫适度消费。适度消费是当代人类应该选择也必须选择的消费模式，唯有这种消费模式才能有利于人类的持续健康发展。

生态消费的“适度”原则可以从人与社会两个层次来考察。在个体层次中，消费者应根据自己的收入水平量入而出。从社会层次上，基于一种宏观的视角，可以通过相关方面来度量，如消费与积累的比例、消费与物价指数对比、消费水平的提高与国民收入增长速度的对比等。倪瑞华在《可持续发展的伦理精神》中对适度消费进行了描述：从资源和环境承载能力上，适度消费要求把资源和生态的边界作为消费上限，个人消费水平应限制在这个边界之内。如果一定社会正常消费标准下限既满足消费者的基本生活需要其上限又没有超过这个边界，那么这个标准就是适度的；相反，尽管一定社会在较高水平上满足了消费者需要，但如果这个较高水平的消费标准超越了这个边界损害了资源和环境承载能力，那么即使个人的消费水平属于这个社会的正常标准，这种消费也不属于适度消费。因此，适度消费中的“适度”不是一个静态的概念，而是历史的、具体的、相对的，其具体水平和内容，是随社会经济的发展而逐步调整的。

（二）可持续性

可持续发展问题是人与自然的关系问题，即经济增长方式问题，而经济增长的出发点和基本动力则是消费。实现经济社会的可持续发展必须转换消费模式。生态消费既具有满足人类不同代际间的消费需求与动能，也能够实现人类今天的需求和明天的需求、现代人的需求和未来人的需求有机地结合在一起。可以说生态消费模式具有跨越时空的品质，本质上是一种可持续的消费模式。联合国《世界自然资源保护大纲》指出，地球并不是祖先遗留给我们的，而是属于我们的后代。联合国的这一精神给人类一个清晰的认识，即给子孙后代留下一个良好的生存环境是我们必须承担的道德责任。我们每一个人作为消费者不仅在思想上，更要在实践上转变过去那种过度的消费方式，摒弃高消费的愿望和行为，减少对消费品的狂热追求，减少对新奇物品的无比迷恋，并节制地使用能量，就可以减轻环境的压力和环境的污染。现实生活需要一种能够创造舒适的、非消费的、对人类可行的、对生物圈又没有危害的，把技术变化和价值观变革相结合的生活方式的导引。《21 世纪议程》也强调，人类环境不断恶化的主要原因是不可持续发展的生产方式和消费方式，要达到环境质量的改善和可持续发展目标，就要提高生产效率和改变消费模式。这些原则就要求人类在可持续性的范围内确定自己的消耗标准，把资源视为财富，而不是把资源视为获得财富的手段。生态消费所追求的可持续发展目标就是时间、空间的公平，就是为了实现人与自然协同共进。唯有如此，才能实现人类经济和社会的可持续性发展。

（三）全面性

生态消费的全面性是指一种包含人的多方面消费行为的消费模式，或者说这种消费模式能满足人的多方面的需求，如物质功能性需求、精神需求、政治需求、生态需求等。具体来讲，生态消费的全面性表现为人们的需求具有多样性、多角度的特征。从横向来看，包括物质消费、精神消费、政治消费、自我消费等；从纵向来看，包括低级消费、中级消费、高级消费等。这说明生态消费的全面性是一种综合多种因素，考虑各方面需求，着眼于人类永续性发展的大消费观。

（四）精神性

生态消费也是一种精神消费，在消费中突出人的精神心理方面的需要，这与传统的高消费所一味追求人的物质方面的满足有明显的区别。人是生态环境和生态系统的组成部分，不能独立于生态系统之外，其繁衍和生存均要受到生态系统的制约，这决定了生态性是人类的基本属性之一，这种基本属性体现在人类对绿色环保产品的消费需求中。生态需求和其他需求一样，都是通过对产品的消费来满足，生态需要通过对生态产品的消费实现满足，其消费的生态性本质上就是维系人类自身、人与人之间及人与生存环境之间的平衡。生态需要是人类内在的、自发的一种需要，这种需要的持续满足需要人类积极地参与生态消费的活动、维护人与自然的和谐才能实现。

（五）生态理智性

生态消费是一种理智型消费模式，在消费过程中强调满足人的精神需求，节制人类的无限欲望，在消费过程中充分认识到资源耗费的有限性与人类欲望的无限性，主动寻求两者的结合点来支配人类的消费行为。人类的需要不仅包括物质需求、精神需求，还包括生态需求。生态需求不能满足，人类的其他需求也将难以为继。因此，人类消费的生态理智性选择模式成为当代及今后人类社会持续发展的必然。人类的生态理智性消费模式存在一个重要的前提假设，即假定人是“生态人”，而非“经济人”。经济人假设认为，人容易受短期利益的驱使而忽视长远利益，以追求自身利益最大化为行为的出发点和归宿，在此种人性假设前提下，往往造成消费中的非理智行为，如及时享乐、选购高能耗的交通工具等，因而往往难以考虑子孙后代的生存利益问题。而生态人假设的提出者徐篙龄先生则认为，当代严峻的环境问题，其实质都是生态问题。生态可解读为生命的存在状态。因此，生态人假设认为人们能正确认识人类在生态谱系中的位置和作用，以及在维护自然与人文生态中应该承担的责任和义务，并在社会实践、生活实践、工作实践以及消费实践中能够遵循生态学规律，自觉协调人与自然之间的关系。这就把人的社会责任扩展为对人类社会和整个自然界的全部责任，人类的社会责任内涵又增添了新的内容——生态责任。这不仅因为人是自然生态系统中的成员，更为重要的是作为生物界具有较高能力的物种，人应该担负起保护自然生态系统中各种因素和谐发展的责任，这种责任的履行对于自然和人类自身的发展都是十分有益的。这种观点已经成为世界许多国家政府施政的基本理论之一，同时也开始成为生态消费者行为理论的重要构成部分。

第二节　生态消费的意义

一、有利于提高人们的生活质量，促进人的身心健康和全面发展

生态环境是人类生存和发展的根基。优美的生态环境使人们充分享受大自然丰厚赐予，过着幸福生活，提高消费水平和质量，促进人的健康和全面发展；恶劣的工作和生活环境是对人的安全和身体健康的摧残。如果一个国家和地区自然再生能力遭到破坏，必然导致自然再生过程所提供的资源数量减少，质量下降，严重影响着人们的生存和发展。在人类历史上，无论是美索不达米亚平原上的巴比伦文明，还是地中海地区的米诺文明，巴勒斯坦“希望”之乡的相继衰弱和消亡，也不论是1998年我国长江流域的特大洪水，还是2004年岁末的印度洋海啸灾难，都是生态环境恶化导致的可悲后果。生态恶化不仅使人类付出了巨大的经济代价，而且冲击了人们正常的生活秩序。马克思主义认为，人本身是自然界的产物，是自然的一部分，人靠自然生活，同自然共生共长。正如恩格斯所说：“我们连同我们的肉、血和头脑都是属于自然界，存在于自然界。人类要认识到自身和自然界的一体性，人的生存发展离不开自然界，人的精神生活的充实和物质生活的满足皆以自然为基础。”因此，人的消费需求，不仅包括物质消费需求和精

神文化消费需求，还包括生态消费需求。满足人的生态需求，对于人的生存和发展、对于全面满足人的消费需求，具有极为重要的意义。而要实现人的发展的基本要求，就必须保护并培育优美的生态环境，不断提升人的生态消费力，因为只有生态消费力提高了，人的生态观念牢固树立了，才能促进生态环境的改善，满足人们更高的生态需要。而只有更高的生态需要得到满足，才能使人们享受生态之美，促进人的身心健康和全面发展。我国古代先哲论述了优美的生态环境对人的作用。例如，《礼记·礼运》中提出："故圣人作则，必以天地为本，以阴阳为端，以四时为柄，以日星为纪，月以为量。"用现代的话说，就是强调保护生态环境、弘扬生态文化，只有顺天应时方能实现文明昌盛。孔子提出："知者乐水，仁者乐山……知者乐，仁者寿。"在他眼中，善于享受生态文化之乐的人是"智者""仁者"，能够快乐长寿。

二、有利于社会经济协调发展，促进社会全面进步

当代社会，生产决定消费，消费引导生产。生产理念、生产方式、生产结构的变化受消费理念、消费行为、消费结构的变化的影响。生态消费可以促进可持续生产方式，二者互为因果，相辅相成。没有生产就没有消费，没有消费也就没有生产。生态消费方式是指健康、科学、文明、享受有度、资源节约型的消费方式。生态消费品的特征是绿色、安全、健康、耐用、可回收、可循环利用，不污染环境。在这种消费体系中，人们不再以奢侈浪费、追求时髦为荣，而将更多地追求更高层次的非物质的满足。这种高层次的非物质满足的内涵实际上就是人消费方式中对生态的需求。高层次的生态需求实际上是对生态平衡和生态美的渴望，这种渴望越是强烈，就越是能够提升人的生态消费力。生态消费力具有很大的渗透作用，生态消费力的发展，能促进物质消费力、精神消费力的发展。三大消费力的提升，就能促进物质文化、精神文化、生态文化的发展。而节约环保的生态文化渗透于物质文化、精神文化之中，能够极大地促进物质文明、精神文明的发展。因此，提高生态消费力，发展生态文化消费及其产业，有利于提高社会文明水平，构建和谐发展社会，从而促进社会全面进步。

三、有利于促进生态文明的形成

生态文明是对于物质文明、精神文明和政治文明而言的，是以生态产业为主要特征的文明形态。生态文明要求人们有较高的环保意识，强调可持续发展模式，需要建立更加公正合理的社会制度。以高投入、高能耗、高消费为特征的传统工业文明本身就是生态危机产生的根源。要解决这些危机，人类社会必须寻找一条新的发展道路，改变目前高消耗、高污染的生产方式，形成新型的生态产业，改变不平等分配消费关系，形成理性的公平消费关系；改变物质性的无限膨胀、人的物质欲望过度的消费生活方式。这就是由工业文明向生态文明转型。马克思主义认为，生产消费观念影响人的消费行为，在美国、德国、意大利和荷兰分别有77%、82%、94%、67%消费者购买商品时考虑环境问题。我国生态消费虽然起步晚，但随着环境保护宣传深入人心，购买环保消费品的人

越来越多，预示着生态消费从利己型商品向公益型绿色商品推广的趋势，生态消费层次正处在以食品等基本生活资料为主的起步阶段，消费者选择生态消费的动机有的是从整体利益考虑，为了保护自身安全和健康；有的从承担社会责任角度考虑，皆在保护生态环境。因此，生态消费理念必然会影响到生产领域，为了满足消费者的生态需求，企业必须改变传统的“高投入—低产出—高污染”的生产模式，生产可回收的不污染、省能源的产品，使得有害人体健康和破坏生态环境的产品逐渐退出市场，减少资源消耗和环境污染，推动资源优化配置，以利于建立和谐统一发展的生态文明观念。

第三节　生态消费模式及其构建

一、生态消费模式

（一）消费模式

经济学将以消费主权和消费者利益的实现为中心的消费决策体系、消费调节体系、消费方式、消费结构和消费者组织的总和归结为消费模式。可见，消费模式是一个十分宽泛的概念。

对于消费模式的理解，国内的学者有不同的认识，主要有六种观点。

第一种观点认为：消费格局就是消费模式。《中国人口的可持续发展》对消费模式是这样概括的，消费观念是指政府、家庭、个人在利用资源、产品和服务进行消费时所持的态度和观念，由这种态度和观念所形成的消费格局，就是消费模式。合理的消费模式推进可持续发展，反之，则构成不可持续的发展。

第二种观点认为：消费模式是指一定时期消费的主要特征，包括消费内容、消费结构、消费方式、消费趋势以及消费其他方面的主要特征。

第三种观点认为：消费模式就是消费收入、消费水平、消费结构和消费方式的总和。

第四种观点认为：消费模式就是消费体制，消费模式是消费体制中最重要、最根本的部分，是消费体制的骨架、基本规定性和主要原则。

第五种观点认为：消费模式是指在一定的生产力发展水平和特定生产关系，以及与其相适应的上层建筑的作用和制约下形成的人们消费活动的基本规范。

第六种观点认为：消费模式是指在一定生产力和生产关系下人们的消费行为的程式、规范和质的规定性。

我们认为第六种观点较好地表达了消费模式的内涵，具体体现在：第一，此观点综合地反映了消费领域的主要经济关系和消费活动的基本内容；第二，此观点反映了消费领域的内在规律性及消费行为的发展趋势和引导方向；第三，此观点体现出国家在消费活动过程中的重要性，我们认为消费模式的内涵应该把国家对消费的基本政策和方针包含在内。

（二）生态消费模式的内涵

结合前面对生态消费的分析，我们认为生态消费模式可以概括为：以可持续发展为目的，遵循生态系统演化规律而形成的特定的消费内容、水平、结构、方式和规范的消费系统。在理解生态消费模式内涵时必须把握以下四点：

第一，倡导合理的、可持续性的消费行为。生态消费模式应该反映人们消费行为的正确方向，以有利于逐步引导消费，促成人们围绕可持续发展的目标而进行消费行为选择。

第二，揭示消费领域的内在规律，促进生态、经济、社会的良性循环。因为生态消费模式通过反映消费的发展方向和趋势，使人们的消费活动尽可能遵循消费领域、生态系统的客观规律，正确处理消费与资源、环境、经济、社会各方面的关系，从而促进经济、社会、生态系统的良性循环和协调发展。

第三，体现出消费领域的主要规范，反映国家的消费政策。生态消费模式建立的消费规范，有利于建立科学、文明、健康的生活方式。

第四，体现发展原则。生态消费模式倡导的消费行为是一种既符合可持续发展目标又符合人类全面发展的消费行为。

（三）生态消费模式的基本内容

综合上述观点，根据本书对生态消费模式的界定，生态消费模式的基本内容有以下六点。

1. 适度的消费规模

消费规模指人均消费产品和服务的数量，它在决定社会总消费量上有与人口数量同等重要的地位。人类消费与动物消费的一个根本差别在于：动物基本只有食物需求，而人类不仅有食物需求，还有非食物需求。人类的非食物需求固然可以促使人类自身的体力和智力得到发展，但由于非食物需求不受人类生理条件限制，可以无限制地提高和增加，这就必然对资源的消耗形成巨大的压力。因而，从生态消费的角度就必须对消费的规模进行控制，以一种自觉调控、规模适度的消费模式取代目前盲目发展、无限膨胀的消费模式。适度的消费规模是生态消费模式的内容之一。

生态消费模式所要求的“适度”，主要包括以下三个方面：

（1）消费数量要适应生产力发展水平。生产决定消费，在生产量既定的前提下，消费必然受当时生产水平的制约，从而消费规模必须同消费品的生产相适应。消费量不能明显超出消费品的生产水平以及当时的经济技术发展水平。因为在资源的硬约束下，现行的生产规模是既定的，它不可能随着当时消费规模的任意膨胀而扩大；否则，必然导致超前消费，同时消费量也不能明显低于消费品的生产量。这是因为生产不仅受资源或供给的约束，而且还受需求的约束。假如消费规模过小，或者出现生产过剩，都会造成资源的浪费。

（2）以满足人类生存、发展的需要为基准，“度”的界限应划定在满足生活需要范围之内而不是过度的欲求，避免浪费性的消费。

（3）以自然生态正常演化为限度，与现有的自然资源条件相适应，把消费规模控制在地球承载能力所允许的范围内，不突破生态平衡所要求质的极限。这种限度首先要求不破坏地球上的基本生态过程和生命维持系统，保护生物及其遗传因素的多样性，从而保证自然资源和生态系统的持续利用，维护基本生态过程，保持生物圈稳定机制，保持生态系统的整体平衡。同时，这种限度还要求消费的增长速度以不超出生态潜力的增长为限。英国著名经济学家舒马赫指出："人的需要无穷尽，而无穷尽只能在精神王国里实现，在物质王国里永远不能实现。"在使用资源的同时，不断对资源的消耗予以补偿，维持资源使用和保护之间的平衡，防止生态潜力的丧失。

2. 合理的消费结构

消费结构是指消费者对不同的消费资料的消费所构成的比例和组合关系。消费结构不合理主要表现在：享受型、攀比型、形式化的消费在消费结构中所占比重过大，而有利于自然生态演化规律和社会成员身心健康和全面发展的生态消费品消费和精神文化消费，在整个消费结构中所占比例仍然过小。

生态消费所强调的合理结构是指：

（1）在整个消费结构中增大低资源消耗型消费的比例。以服务业、旅游业、精神文化和保健体育等为主要消费内容和层次的消费所占比重逐渐提高，而以资源为原材料的物质消费所占比重逐步下降。不同的消费内容，对资源和环境的影响力也不同。以精神消费为主的消费方式不仅能表现消费结构层次的提升，反映消费者的精神状态、科学文化素质以及整个社会风貌的变化，而且体现出以生态效率为准则，减少利用各种生态资源的实质内涵，逐步形成以资源使用和废物产出达到最少化的消费品和服务为主体的低资源消耗的消费结构。

（2）在物质消费中逐步降低非必需品的消费，增大高技术含量消费比例，即提高电信、网络、信息、咨询和管理等服务消费的比重。引导人类消费结构由生存型向发展型、质量型的转变，促进以高技术含量的消费品消费为主导的消费平台快速形成。这既标志着消费结构由低层次向高层次演进，也体现着消费水平的进一步提高。从而可以真正建立起一个低消耗、少污染、高质量、高技术含量的生活消费体系，把对环境和社会有害的消费控制在最低限度，使整体消费水平与经济、社会的发展相适应，消费结构趋于平衡及合理。

3. 公平的消费原则

生态消费模式是遵循经济系统和生态系统规律而形成的一种规范的消费模式，所以生态消费模式所强调的公平原则不仅是人与人之间的公平，还包括人与自然之间的公平。从生态系统角度来看，各种自然资源是归属于生态系统的，生态系统中的每一个组成体都有均等的资源享受权利。生态环境、自然资源是生态系统中所有生物共存的物质基础。公平消费不仅要求同代人之间消费要公平，每个人有权享有对环境资源生存与发展的消费权，无权浪费超越本人需要的生态环境资源。消费差距过大从社会学角度上说是不可持续的，因为它往往导致社会不稳定；从经济学角度上说也是不可持续的，因为它会导致整个社会效率降低；从生态经济角度上说也是不可持续的，因为实践早已证明，“贫困是最大的污染者”。同时，生态消费也要求当代人在享有资源环境时，应该自觉地担当起在不同代人之间进行合理分配与消费资源环境的责任，当代人无权剥夺后代人平等享有环境资源的消费权利。公平消费还应该体现在人与自然之间的公平，由于自然界的其他生物具有不以人的意志为转移的权利和价值，地球上的所有生物，包括人和动植物，都享有能够持续生存发展的权利。所以，人类在消费时不能以剥夺其他生物的生存为代价。

4. 科学、文明的消费行为

消费行为是消费者实际消费商品的过程，包括商品的购买行为和使用过程。随着人们富裕程度的增加和生活水准的提高，不合理的消费模式引起的负效应，将给社会的持续发展造成隐患。生态学家奈斯曾指出：“我们对当今社会能否满足诸如爱、安全和接近自然的权力这样一些人类的基本需求提出疑问，在提出这种疑问的时候，也就是对我们社会的基本职能提出了质疑。”物质生活标准应该急剧下降，而生活质量，在满足人深层的精神方面，应该保持或提高。生态消费模式就是要逐步消除传统消费中的纵欲无度以及由此带来的人类精神世界的空虚、生态平衡的破坏以及环境的污染，大力开展、推行情趣高雅、文明的消费活动；同时还要用科学知识来指导、规范消费，使人的吃、穿、住、行既满足科学、健康和幸福的要求，又满足节约能源和保护环境的需求，使人们在消费中增强体质、智力，实现心理性格的全面发展，实现物质资料再生产和劳动力再生产与自然资源和生态环境相协调的可持续发展。这种消费行为完全符合生态学提出的格言：“手段简单，目的丰富。”科学、文明的消费行为不仅符合自然的本性，符合保护生态的要求，同时也符合人的本性，符合人的需要，有助于可持续目标的实现。

5. 共同富裕的消费目标

生态消费模式追求的是贫富差距的最小化。当然这并不等于完全平均消费，而是每个人根据其收入水平、消费偏好等所产生的适度消费都能得到基本满足，既可避免因富裕而引起的豪华、奢侈性的过度消费行为，又可防止因贫困所导致的消费不足现象，从而实现在创造更多的社会总福利时减少资源消耗，同时促进人类的全面进步，从根本上保证消费的可持续性。生态消费模式应该建立在效率优先和兼顾公平的分配制度基础上，鼓励一部分人和地区通过诚实劳动先富起来，通过一定的经济手段缩小贫富之间的差距，面向公众提供相对公平的商品和服务，有利于合理地开发利用资源和保护环境，有利于广大社会成员的全面发展。所以，生态消费模式应该把消除贫困和建立社会保障制度作为实现可持续发展的重要方案。

6. 梯形的消费需求

与梯形消费相对应的是雷同消费。雷同化的生活方式造成人们的消费需求无弹性。当新产品刚刚问世时，由于性能新颖但价格偏高而无人问津，形成市场无需求的表面现象，新产品发展缓慢。而一旦大家认识到该产品的性能并具有购买能力时，趋众心理又驱使众人不顾个人经济条件和实际需要争相购买该产品，市场上的这种抢购风使厂家误认为市场存在巨大的购买潜力，于是纷纷投产上马，大批量生产，而此时，居民消费已呈饱和状态，只能导致产品积压，造成极大的浪费。同时，由于消费对象集中于某些产品，使得本来稀缺性资源面临更加严重的压力，是不利于资源持续利用的。生态消费模式体现出来的梯形消费需求就是引导不同消费者根据自己的收入高低，消费需求的不同，分层次地形成不同的消费行为，即使是同一收入档次的消费者也要根据自己的爱好，采取符合个性的消费行为，充分体现出生态消费模式强调的满足人类的基本需求，而不是无止境的消费欲望，从而缓解人类的消费对自然资源的压力。

（四）生态消费模式与传统消费模式的比较

从以上对生态消费模式内涵和特征的基本分析，可以看出生态消费模式与传统消费模式的不同，主要表现在以下五个方面。

1. 中心不同

传统消费模式是以满足人的需求为中心的，不论这种需求是否合理、适度，是否超越生态系统的承载力。在传统消费观念下，人类为了满足自己不断膨胀的私欲，疯狂地掠夺自然、破坏生态环境。同时还把人类消费后的废弃物质抛弃到大自然中，使生态环境遭到严重的破坏。生态消费模式则是以满足人类的基本需求为中心，以保护生态平衡为宗旨。在生态消费的观念下，人类在开发和利用自然资源时，对自己的行为自觉地加以约束和限制，与生态系统中的其他生物和平共处，互补共养，维持生态平衡。

2. 着眼点不同

传统消费模式着眼点是眼前的代内公平，这种公平是以国家甚至群体为单位的。在这种公平观念下，由于经济发展水平的差异，人们生活水平的不同，人与人之间、国与国之间常常是不公平的。不仅如此，当代人为了满足自己的眼前需要，大量地消耗有限的自然资源，造成了代际间的不公平，也剥夺了生态系统中其他生物生存的权利。生态消费模式的公平消费既包括人际消费公平，也包括国际消费公平，既有代内消费公平，也有代际消费公平，同时还强调人与其他生物之间的公平。虽然这些公平不是在短时间内能实现的，但却是眼前利益与长远利益、局部利益与整体利益的统一，是生态消费的基本准则。

3. 目标不同

传统消费模式追求奢华，倡导多消费、高消费和超前消费，从而造成大量的浪费。在传统消费观念和消费模式下，消费水平的高低成为人们身份与地位的象征。生态消费模式则崇尚自然、纯朴、适度，主张满足人的基本需求，倡导在现有的社会生产力水平下，在合理充分地利用现有资源的基础上，使人们的需要得到最大限度的满足。

4. 前提条件不同

传统消费模式是在资源过度消耗，利用率较低的前提下进行的。而生态消费模式是在大量开发生态技术，充分利用资源、合理利用资源的条件下进行的，是一种综合考虑环境影响、资源效率、消费者权利的消费模式。

5. 结果不同

传统消费模式已经带来了资源短缺、生态破坏、环境污染、生物多样性锐减的恶果。生态消费模式则把生态平衡和环境保护放在首位，遵循生态经济规律，在消费过程中实现“生态—经济—社会”的协调发展。

二、生态消费模式影响因子分析

从社会经济的角度来看，不同国家，或者同一国家的不同时期，不同民族，不同地区，其消费模式都有不同之处。那是什么因素决定了它们的不同？也就是说其影响因素有哪些？这是思考怎样变革消费模式、实现可持续发展的必要前提。

影响消费模式的因子有很多，有生产方式的决定作用，还有上层建筑、地理条件、风俗习惯、民族传统对消费模式的影响。从可持续性的角度分析，联合国环境署曾经组织专家进行研究，认为科学技术、价值观念和制度因素对消费模式有十分重要的影响。我们基于生态消费模式的角度认为影响生态消费模式的因子主要包括以下六种。

（一）人口因子

为了研究的方便且不至于引起读者理解的困难，在概念上我们主要研究生态消费的狭义概念，即以研究人类的生态消费为主，所以人口问题应该是研究生态消费影响因子的一个重要内容。从理论上分析，人类对地球的影响既取决于人口的多少，也取决人均使用或消费能源的多少。一方面，即使人口总量得到控制，但如果消费模式没有可持续性，则总的消费结果是不可持续的；另一方面，即使消费模式是可持续的，但由于人口总量的过度增长，其最后的消费结构仍是不可持续的。在人口因子的分析中我们主要分析人口数量与素质对生态消费模式形成的影响。

1. 人口数量

人类消费是否具有可持续性，从整体上说取决于社会总消费。社会总消费取决于两个因素，人口数量和消费水平。社会消费总量增长取决于人口数量增长或者是消费水平提高，或者是两者都提高。人口数量的增长和消费水平的提高是以生态系统的承载力为限度的，当人口增长超过生态系统的承载力时，就会因生活资料、资源缺乏，对生态环境造成压力。可持续发展源于环境保护，同时可持续发展的最终目的是人类的发展。人类通过消费直接或间接地与自然界有着这样或那样的联系。因此，许多学者提出了人类活动对环境影响的公式。

保罗·埃里希和约翰·霍尔郡在 1972 年提出了环境影响方程：

环境影响（impact）= 人口（population）×人均富裕程度（affluence）×由谋求富裕水平的技术所造成的环境影响（technology）

人口数量、经济发展水平、技术是影响环境的三个重要因素。根据这个公式，可以得出这样的结论：在其他条件不变的情况下，环境负效应或遭受到破坏的程度与人口数量成正比。

损害方程：

损害=人口×人均经济活动×每次经济活动所使用的资源×每种资源的利用对环境的压力及每种压力的危害

这里的损害是指降低了当代人和后代人的寿命和生活质量，它可能来源于环境状况短期变化和环境资本的长期衰减。上述公式显然表明人口与环境损害呈正变化关系。

通过对上述两个环境影响公式的简单分析，可以看出，人口总量的过度增长，对环境的损害和污染会不断增大。设想，在人口不断增长的情况下，当代人为了满足自身消费的需求，就不得不剥夺其他生物的生存权利以及后代人消费的权利，这样会对生态和社会造成灾难性的影响，是完全与生态消费模式背道而驰的。因此，实施生态消费模式的过程中，人类还必须自觉地控制人口数量的过度增长，从消费的源头解决人类的消费行为给自然界带来的压力。

2. 人口素质

人口素质是指某一区域所有人的身体素质、科学文化素质和心理精神素质的总和。身体素质主要指健康的体魄、较高的智商以及抵抗疾病和自然灾害的能力；科学文化素质指科学技术与劳动力的技能水平；心理精神素质主要指人们的公德心、进取性和奉献精神。国外研究早就揭示，年轻、受过良好教育的人群比其他人群更关心环境。人口素质越高，往往就意味着他们受教育水平越高，人们的消费层次越高，从而他们的资源节约意识与环保意识就越强。文化程度越高，对环境问题的严重程度认识越深，危机感就越强；反之文化程度越低，则对环境问题越不敏感，越是感觉不到环境恶化的状况。人口的素质，不仅直接影响到社会经济的可持续发展，也直接影响到人们的生产与消费行为，直接影响资源保护与环境保护。提高人口素质的最主要途径就是加强教育，所以，在实施生态消费模式的过程中要充分发挥教育的作用，特别是要全方位地推行生态环保知识和生态消费知识的宣传，促使人们形成自觉的生态消费意识，进而促使人们的消费行为发生转变。

（二）自然资源因子

自然资源是经济活动赖以存在和发展所必需的物质源泉，也是维持人类生存的基本要素。自然资源数量和质量的增加和减少，主要从两个方面影响消费模式：一方面，自然资源通过供给关系与消费模式产生联系。人类的生存与发展依赖于消费资料的供应，消费资料（包括劳务）的供给深刻地影响着消费结构，进而影响消费模式的演进，而消费资料的生产又受自然资源供应的直接约束，即自然资源供给—消费资料—消费结构—消费模式。另一方面，自然资源通过稀缺性来影响消费模式。市场经济条件下，在消费过程中，当消费者货币收入固定不变时，消费公式可以表示为$P_1Q_1+P_2Q_2+P_3Q_3+\cdots+P_nQ_n=Y$。其中，$P$代表价格，$Q$代表商品，1，2，3，…，$n$代表不同类商品，$Y$代表消费者的收入。从上式可以看出，当某种资源稀缺性由于消耗或破坏而得以增强时，其价格上涨，以该资源为生产资料的物品或劳务的价格也必然会上涨，就会产生收入效应和替代效应，无论收入效应还是替代效应的出现都会改变消费结构，从而影响消费模式。面对资源稀缺性的限制，生态消费模式的结构应该是降低以自然资源为原材料的消费品所占的比重，加大以精神消费为主的消费内容的比重，这种消费结构的变化既需要政府提供条件，也需要政府的全面引导。

（三）生产力与生产关系因子

生产力是人类社会发展和进步最直接、最活跃的推动力，因此，具体的消费模式是建立在生产力发展水平和生产关系的成熟状态基础之上的。从历史发展的角度来看，生产力的发展水平是决定消费模式的根本因素。生产、分配、交换、消费四者之中，生产是处于支配地位的要素，它决定着其他环节。因此，生产的总量和结构决定着消费的总量和结构。现代社会的消费模式不同于原始社会、奴隶社会和封建社会时期的消费模式，从根本上说是由于生产力水平不同引起的。生产关系直接决定分配关系，从而决定消费。在不同的生产关系下，人们获得的收入性质、方式、多寡不同，因而消费方式、消费内容都有所不同，也就形成了不同的消费模式。生产力与生产关系的落后导致了大量贫困地区、贫困人口的存在，这是全球消费模式由不可持续向可持续方向发展的主要障碍。贫困导致了人们对生态环境和资源毁灭性、掠夺性的使用和开发，生态环境的恶化和资源的枯竭往往又导致进一步贫穷化，形成一种恶性循环。许多贫困地区陷入这种恶性循环之中，是很难实现消费模式向生态化的方向转变的。由此可以看出，实施生态消费模式需要生产力的发展和生产关系的进步，这是实施生态消费模式的客观条件，经济的可持续发展是生态消费模式的基础。

（四）科学技术因子

在社会实践中我们看到，科技进步是一把“双刃剑”，在推动经济发展的同时带来了环境污染，但科技也提供了保护与治理环境的技术手段。在充分认识到科学技术的双重性后，人类可以利用科学技术，实现科学技术生态化，这样就能更好地维护生态平衡和生态环境，使科技进步成为生态消费需求的推动力。

科学技术对生态消费模式的影响表现在以下三方面：

一是促进生态消费技术的现代化，以信息技术为核心的高新技术使人们的消费手段全面现代化，人们利用科学技术可以不断扩大人类劳动的对象和内容，从而解决人类面临的资源和能源日益短缺的问题，通过寻找和开发新的资源和能源，不断改变现有资源和能源的结构；利用科学技术，将能源和物质投入减少到最低限度，同时使生产过程中产生的副产品可以重新加以利用。

二是先进的科学技术可以减少对自然资源的消耗，有利于维护生态消费模式的正常运行。随着技术和知识对自然资源及物质资本的替代，人类生存环境即自然生态系统受到的压力将大大减轻。不仅如此，由于在生产过程中使用的自然资源的减少，生产过程中排放的废弃物也将大大减少，自然生态系统净化或消除这些废弃物的压力大大减轻。清洁生产技术的推行，也将进一步减少生产过程对环境的破坏。

三是促进生态消费的社会组织方式的现代化，即消费的社会化程度大幅提高，消费社会化程度和生产社会化程度达到同步发展。科学技术的发展，给人们生活方式、消费方式带来了很大变化。特别是在知识经济条件下，高科技迅猛发展并不断渗透于消费领域，人们有了更广阔、更丰富的生活空间，这极大地改变了人们的消费方式、相互交往的方式，促成了新的“消费方式革命”，即由消费的非生态化发展向生态化发展转变，从而促使生态消费模式更加成熟。

（五）制度因子

在现代市场经济社会，制度是约束各种经济活动使之规范有序经营的基础，均衡的制度使公众得到最多的利益和自由选择的空间，有效的制度能给予公众更好的激励。因此可以说，制度提供了人类相互影响的框架，构建了人、社会、经济、生态之间的行为、秩序的合作和竞争关系。制度具有减少人类社会活动成本的作用，凡能使制度供给主体获得超过预期成本的收益，一项制度就会被创新。制度创新的一个重要内容是改变了对传统的人与自然的关系和人与人之间关系的认识，为可持续发展创造基本前提条件。政府和企业通过制度创新，有意识、有计划地对消费者进行引导，使消费模式有利于可持续生产、可持续发展的实现。

其中，价格机制是引导生态化的消费模式以及消费者和生产者行为的重要因素。从环境和生态的角度来说，我们知道消费所付出的环境代价和资源代价有多大。以前的生产和消费，基本上忽略了自然资源的价值，只考虑劳动力的成本、生产工具的成本、能源的成本，因此对自然资源的攫取和利用就没有节制。特别是由于某些自然资源的价格偏低，不能真实地反映出自然资源的价值和使用价值，更是忽略了生态系统提供的服务，导致了人们对自然资源过度开采以及生产和消费的不可持续性。这就要求价格制度必须进行改革，理顺价格体系，使价格更真实更有效地反映出自然资源和生态环境的使用价值和生态价值。自然资源和生态环境的价格制定得合理，既有利于保护生态环境，又有利于促使消费者和生产者积极主动地推动生态消费模式的实施。

法律制度的作用首先在于保护和鼓励守法公民，并引导他们采取正确的行为；其次在于规定违法行为的范围。法律制度是保护资源、环境，促进可持续生产和消费模式的最有力手段，同时也是具有长期稳定生命力的国家制度，可以通过立法，规定大气、水质、噪声、固体废物、有毒化学品和土地、渔业、生物多样性等一系列环境保护和安全生产、文明生产和健康消费的法律政策，强制消费模式向生态化方向转变。

（六）消费观念与消费行为因子

消费作为一种人的活动和社会经济现象，同时具备自然属性和社会属性，既要受生产水平的制约，又要受消费观念和消费文化的影响。消费观念是消费者的消费价值观，它是消费群体对消费对象整体化的价值取向或评价，消费观念反映着消费者对消费的基本态度和看法。在人们的消费过程中，消费观念可以起决定性的作用，消费观念可以引导消费者进行消费选择，从而决定消费行为。

消费行为是消费者实际消费产品的过程，包括商品的购买和使用过程。消费行为作为社会再生产的重要环节，对社会再生产的作用，决定了我们不能不从经济增长的角度来分析人们的消费行为。不同的消费主体因需求、生活方式、收入水平等方面的差异，其消费行为也有所不同，但无论怎样的消费行为都会产生社会效应，它关系到因个人消费行为而消耗的资源是不是使社会资源供应更紧张，从而造成资源的不合理利用，或个人的消费行为所形成的废弃物是不是对环境容量形成了更大的压力，这就要求人们的观念发生变化，不能仅从自身的目标来考虑消费，而是要从社会的可持续发展、经济的可持续发展、生态的可持续发展的角度来衡量自己的消费行为。消费者是否关注消费结果对生态系统的影响从根本上决定了生态消费的实现程度。

此外，消费行为对消费还会产生很大的间接作用——引导生产者如何进行生产。市场经济是以需求为导向的经济，一切需要的最终调节者是消费者的需要。这样，企业要实现自身盈利的目标，必须以自身生产的产品满足消费者需要为前提，所以消费者的消费行为必然会引导、迫使企业进行社会可持续的新型的生态消费生产。

长期以来，人们一直把消费看作是个人的事，采取什么样的消费方式，很少从社会的角度、对生态环境造成影响的角度来考虑自己的消费行为。其实，对人们的消费活动不仅要将其置于社会再生产过程中考察，也要将其置于整个社会生活过程中分析。人们的文化价值观、生活方式、消费心理、民族习惯、收入状况及一个社会的文化传统对生态消费需求的形成有着广泛、巨大的影响。

在消费实践活动中，上述六个影响因子是相互交织、共同发挥作用的。如果上述六个因子是同向发挥合力作用，则会促进生态消费模式的形成和发展；反之，则会阻碍生态消费的实现。

三、生态消费模式的构建

（一）构建生态消费模式的准则

通过前面对生态消费模式影响因子的分析，我们看到，生态消费模式的建立及运行会受到一系列因素的影响，因此，生态消费模式的设计必须在坚持共同性的前提下考虑特殊性。

（1）生态消费模式应该满足人的健康成长和全面发展的客观要求，体现正确的世界观、消费观，使人们的各种消费需要不断得到满足。

（2）生态消费模式是经济和社会生活合理发展的重要表现，它应该适应经济社会的发展，并促进经济社会的发展。如果生态消费模式超越和过度落后于经济的发展，这种所谓的生态消费模式就是不合理的。

（3）生态消费模式应该体现社会进步的客观要求。生态消费模式必须反映合理的社会生活规范，反映合理的社会公共生活准则，反映文明、健康的消费风气。生态消费模式，不仅使人们生存需要得到较好的满足，而且使人们的享受需要、发展需要不断得到满足，体现消费文明和社会进步。

（4）在生态消费模式中必须体现自然资源的合理利用和节约、消费资料的合理利用和节约，以及生态环境的保护和改善。

（二）我国生态消费基本模式的构建

我国有14亿人口，有很大的潜在消费市场。如何引导如此庞大的消费大军进行消费，是摆在我们面前的一道难题。由于我国人口基数大，人均经济水平和人均资源拥有量并不高，同时，我国居民的消费取向不够合理，消费结构比较单一，消费方式在某些方面也出现了过度消费的趋势，如铺张浪费、生活奢侈、修建占地较多的豪华别墅等。因此，必须改变我国目前的消费现状，应从以下六个方面来构建我国的生态消费模式。

1. 反对过度消费主义，树立生态消费观

消费主义

反对过度消费主义，树立生态消费观是构建生态消费模式的思想基础。过度消费主义是现代社会经济发展的产物，是指人们毫无节制、毫无顾忌地消耗物质财富和自然资源，并把追求名牌产品和高档消费作为自己的最高目的。这是一种不顾社会发展现实条件和生态平衡而盲目追求高消费的一种消费观，持有这种消费观的人越多，对地球资源索取就越多，就越容易加剧环境污染和生态破坏，就越容易形成拜金主义。在全球环境问题日益严重的情况下，必须坚决反对过度消费主义，实行生态消费。

受到过度消费主义的影响，再加上部分企业、营销者对发达国家过度消费模式有意识地渲染和鼓励，近年我国部分高收入群体铺张浪费、购买高档奢侈却无多少使用价值的商品的消费行为较常见。生态消费模式的建立首先有赖于消费者生态消费意识的提高，因此必须对消费者加强生态消费观的教育，让消费者认识到消费水平、消费质量的提高不仅依赖于消费的产品和服务的数量和质量，还依赖于消费环境的好坏；同时政府和各大媒体要加强环保宣传力度，引导人们树立环境保护、生态平衡、节约资源的观念，帮助我们认识过度消费主义对人类生存环境的危害性，懂得生态消费的含义以及生态消费对人类生存的重要意义。只有这样，才会使人们尽早树立起生态消费意识，自觉地建立生态消费模式。

2. 牢固树立人口意识

牢固树立人口意识，以适度的人口规模为构建生态消费模式的前提。生态消费是人的消费，人类对环境的影响取决于人口的多少，也取决于人均使用或消费资源的方式。一方面，在人口总量得到有效控制的条件下，如果没有生态消费模式，其结果也是非生态消费；另一方面，即使消费模式改变了，但人口总量得不到控制，仍然不可能实现生态消费。因此，生态消费受到人口数量的制约。世界各国特别是发展中国家更应该将控制人口增长作为基本政策，因为控制人口增长是实现生态消费的核心。

1949年我国有5.4亿人，1981年增加到10亿人，2001年增加到12.86亿人，2012年增加到13.7亿人，2020年则增加到14.1亿人。人口不断增加给我国的环境和资源带来了巨大的压力。从资源总量来看，我国资源较为丰富，但从人均拥有的资源进行分析，我国人均占有水平都低于世界平均水平，资源稀缺程度日益严重。因此，我们必须树立牢固的人口意识，形成适度的人口规模。适度的人口规模包括人口数量和人口质量，人口数量的控制并不是指人口增长率为零最好，而是根据我国的资源承载力来实施计划生育政策，适当控制人口数量的增长。

3. 经济的可持续发展是构建生态消费模式的后盾

经济的可持续发展是人和人所依存的社会实现可持续发展的基础。适度的消费规模，合理的消费结构，科学、文明的消费方式都取决于经济发展所带来的有效供给。生态消费品大多数采用了较为高新的技术和材料制成，并且还包括生态生产成本，而且成本和生产工艺及市场开拓费用相对高昂，具有较高的附加值，所以价格要比同类的普通消费品高，消费者在购买时必须支付高于普通商品的“生态溢价”。因此，必须发展经济，提高消费者对生态消费的承受能力，才能推动生态消费发展。同时，只有经济发展到一定的水平之后，社会才有剩余的资本进行环境治理和保护。而且，较高的收入又使人们愿意增加对清除污染和节约能源的投入。因此，发展生态消费，首先要发展经济。保持经济可持续发展对于我们这样一个发展中国家是极其重要的。

4. 提高科学技术的开发和利用是构建生态消费模式的技术支撑

当代科技的全面进步，不仅在调整产业结构和生产方式、营销方式的转变上发挥着越来越重要的作用，也影响着人们的价值观和思维方式的转变、道德观念的更新，以及教育和文化事业的发展。这些都深刻地影响着消费模式的变革，成为生态消费模式形成的推动力量。在今天全球已经进入生态经济时代，企业面对的竞争不仅局限于产品质量、价格、服务、促销等方面，而更多的是绿色形象、生态环境保护等方面的竞争。

要在竞争中取胜，企业就必须改“高投入、高污染、高产出”的不可持续经济发展模式为“低投入、低污染、高产出”的生态生产模式。我国的企业更需要加强生态技术的研究开发，开展生态技术的创新，提高生态技术的应用能力，为清洁生产提供技术上的保证，用高科技培育生态产业，并开发质高价廉的生态产品，要培育主导生态产品，并促进生态产品的系列化，提高生态产品的科技含量。

5. 加强政府的宏观管理是构建生态消费模式的保障条件

虽然我国所建立的社会主义市场经济是法治经济，但是建立生态消费模式仍然需要政府通过法律、制度和体系进行调节和引导。我国政府业已制定《中国 21 世纪议程》，这是实施生态消费的指导性文件。同时，还必须加强环境法、生产法、消费法、消费制度建设，加强产业政策、资源使用政策尤其是与环境资源保护有关的政策的制定与执行，并注意将各项法律法规、消费政策广泛协调配合起来，只有这样才能保证生态消费的顺利实现。针对我国在生产领域尚不完善的生态立法现状，应尽快适时加以完善，如在项目审批、市场准入、税收、信贷等政策上对生态消费品的生产进行必要的倾斜，增强对生产生态消费品的激励。此外，国际标准化组织为了加强全球环境管理，制定了 ISO14000 环境管理系列标准。它是一整套新的、国际性的环境管理标准，包括环境管理体系、环境审计、环境标志、环境行为评价、产品寿命周期等方面。这套标准是以消费行为为根本动力的，而不是以政策行为为动力的，因而从本质上体现了生态消费思想。对这些国际公认的标准、制度应积极遵守和认证，并结合这些国际标准制定我国的环境标准和管理法规，在规范和引导企业从事生态生产的过程中推动生态消费模式的形成。

6. 加强消费环境建设是构建生态消费模式的重要外在条件

消费环境是影响消费的一大因素。良好的消费环境有利于降低生态消费的寻求、购物等成本，有利于减少生态消费风险，因而有利于构建生态消费模式。

首先，必须加强市场管理，整顿市场秩序，严厉打击各种不法行为，净化市场，对那些非法使用生态产品标志以及冒用绿色包装的假冒“生态产品”，除没收其非法物品外，还应依法予以惩处，加大执法力度，从根本上保障消费者能够选购到生态消费品和顺利地实现生态消费，以保护消费者权益，保护市场经济秩序。

其次，建立生态消费品的质量检测和评估机制，实施产品生命周期评估，通过详细评价产品生命周期内的能源需求、原材料利用和企业生产的污染排放，促使企业将环境管理融入整个产品生命周期。要完善生态产品的质量检测制度，加强质量管理和保证体系建设，通过严格的质量检测来保证生态消费品的质量。

最后，要培育良好的生态环境。良好的生态环境是生态消费的基础，没有良好的生态环境，生态消费就不能生根。党的二十大把“广泛形成绿色生产生活方式，碳排放达峰后稳中有降，生态环境根本好转，美丽中国建设目标基本实现”明确为到2035年我国发展的总体目标之一。

案例链接

绿色消费加快迈向主流

河北正定县近年来着力打造智慧生态设施农业。本地农户按订单生产，标准化种植，收获后在车间制成净菜，通过便民直营店和社区配送的方式，将“安全、绿色、无公害”的食品送到市民餐桌上。

绿色消费，是各类消费主体在消费活动全过程贯彻绿色低碳理念的消费行为。近日，国家发展改革委、工业和信息化部、商务部等部门共同发布《促进绿色消费实施方案》（简称《方案》），在促进消费各领域全周期全链条全体系深度融入绿色理念方面做出详细部署，旨在推动中国绿色消费再上一个新台阶。

国家发展改革委相关负责人表示，《方案》系统设计了促进绿色消费的制度政策体系，包括“全面促进重点领域消费绿色转型”“强化绿色消费科技和服务支撑”“建立健全绿色消费制度保障体系”“完善绿色消费激励约束政策”四大方面22项重点任务和政策措施，构成了当前和今后一个时期促进绿色消费的完整制度政策体系。

一、低碳环保意识增强

绿色、低碳、环保的消费理念正悄然升温。

最近，来自河南郑州的张凯刚刚装修了新家。他说，自己在购买家电时，重点研究了节能的款式。表面上看，虽然节能产品比不节能的要贵一点，但是长期来看，不仅省钱，还能为环境保护做贡献。“比如，有些空调品牌只有一款或几款节能产品，如果不仔细甄别能耗标识，部分不负责任的销售人员会说全系列产品都通过了节能认证。实际上，只要消费时坚持无氟、低能耗的产品购买诉求，就不会受这些信息的干扰。”张凯说。

对于在北京读大学的焦朵朵来说，绿色消费也体现在交通出行方面。“公共交通+共享单车”是她最常采取的出行组合。前不久，焦朵朵和朋友去北京环球影城游玩，最初考虑路程较远，想共同租车去，但发现地铁可以直达后，便选择这种公共交通方式出行。“乘坐地铁，尽管人多时可能没座位，但好处是1个多小时就可以到通州，时间可控而且出行成本低，低碳环保。”她说。

绿色消费是消费领域的一场深刻变革，关系到整个生产生活方式的绿色低碳转型。

此次《方案》提出，到2025年，绿色消费理念深入人心，绿色低碳产品市场占有率大幅提升；到2030年，绿色消费方式成为公众自觉选择，绿色低碳产品成为市场主流。

国家发展改革委就业收入分配和消费司副司长常铁威说，近年来绿色消费理念正在全社会逐步普及。不过，一些领域仍存在浪费和不合理消费的现象，绿色消费需求仍待激发和释放。《方案》提出要面向碳达峰、碳中和目标，增强全民节约意识，反对奢侈浪费和过度消费，扩大绿色低碳产品供给和消费，完善制度政策体系，推进消费结构绿色转型升级，加快形成简约适度、绿色低碳、文明健康的生活方式和消费模式。

商务部市场运行和消费促进司副司长王斌表示，绿色消费是促进消费高质量发展的重要方向和新的增长点。大力发展绿色消费，有利于以高质量供给引领和创造新需求，促进形成强大国内市场；有利于弘扬简约适度的传统美德，倡导绿色低碳文明健康的生活方式；有助于扩大相关产品进口，服务构建以国内大循环为主体、国内国际双循环相互促进的新发展格局。《方案》的发布，标志着相关工作进入加快推进实施的新阶段。

二、新技术提供强大支撑

除了观念之外，绿色消费还是个“技术活儿”。《方案》明确，要引导企业提升绿色创新水平，积极研发和引进先进适用的绿色低碳技术，大力推行绿色设计和绿色制造，生产更多符合绿色低碳要求、生态环境友好、应用前景广阔的新产品新设备，扩大绿色低碳产品供给。

近段时间，甘肃小伙任吴炯在逛街购物时发现，商家打包时提供的“塑料袋”明显减少，纸质包装袋或可降解布袋越来越多，奶茶店的吸管也开始告别“塑料”。事实上，国内不少企业已在绿色消费领域发力。

有的聚焦材料转化，凭借材料循环再利用实现“变废为宝”。北京抱朴再生环保科技有限公司固废微循环业务负责人张晓晓介绍，该企业将废旧塑料、棉等纤维再生成T恤、卫衣、防晒服、雨衣等低碳服装类产品，产品兼备透气、速干、防紫外线、防水等实用功能与新潮时尚风格于一体。相关技术还可以使废塑料饮料瓶、废家电塑料外壳、废轮胎、废纸等材料“摇身一变”，成为环保手提袋、双肩包、电脑内胆包、数据线包、笔记本、中性笔、洗漱套装、肥皂盒等各类实用产品。

“《方案》提出全面推动吃、穿、住、行、用、游等各领域消费绿色转型，给抱朴再生这样的环保品牌注入了信心。未来，我们将在现有基础上探索城市更新，创造会议、办公、赛事、出行、生活等更多绿色消费场景，为绿色消费多做贡献。”张晓晓说。

有的借助数字技术，通过电商平台帮助消费者实现资源充分利用。作为C2C闲置交易平台和趣味生活社区，闲鱼平台近年来持续走热。消费者可以通过闲鱼平台获得回收、以旧换新、闲置寄拍等多种服务，从而实现各类闲置产品的有效流转。

据闲鱼平台相关负责人介绍，截至目前，闲鱼用户超3亿，每年挂闲鱼的物品超过10亿件，“把浪费变消费”已成为闲鱼用户的共识。“我们正根据《方案》的指导和要求，进一步发展家电、手机、数码、服装、二手车等二手闲置交易，加强信用和监管体系建设，完善交易纠纷解决规则。今年闲鱼不仅将探索建立绿色消费统计制度，为用户提供碳积分权益兑换等服务，还将上线多个品类的AI智能检测服务，降低闲置检测门槛，提高闲置流通效率。”该负责人说。

三、汇聚绿色发展动能

绿色有机食品、新能源汽车、智能家电、绿色环保型展台、无纸化办公和双面打印……《方案》对于绿色发展的部署，涉及生活方方面面，给产业提出了新要求，也带来了新机遇。

上个周末，家住山西晋城的杨金凤带孙女到附近的超市选购食品，一批标着“有机”

的新鲜蔬菜吸引了她的目光。"有机蔬菜不打农药，虽然贵一些，但是更健康。"杨金凤说，自己选购农产品时比过去"讲究"了很多，生产日期、保质期、配料表、农药及施肥情况都要看看。

需求引领供给。绿色消费正在相关产业积聚全新的发展动能。中国中化抢抓推进"双碳"目标和产业消费升级带来的历史机遇，在低碳现代农业、新能源汽车、绿色化工新技术等领域加快布局。为满足消费者对绿色农产品日益增长的需求，中国中化下属的先正达集团近年来推出了全程品控溯源品牌，在种植端打造全程品控溯源农场，在消费端通过品质戳、时间戳、地理戳和绿色发展指数的"三戳一指数"核心数据信息来提供产品的溯源信息。目前，先正达集团这项全程品控溯源业务已与益海嘉里、中粮、盒马等推出多种合作产品，平均为产品带来25%溢价。"如今，越来越多的消费者愿意选择生产过程更绿色、更健康、更可持续的农产品。作为全球领先的农业科技企业，我们正与各方紧密合作，加快推动绿色消费转型。"先正达集团中国MAP与数字农业订单部总监刘壮说。

绿色产品标准正不断完善，为消费提供便利。国家市场监管总局认证监管司副司长薄昱民介绍，近几年市场监管总局优先选取与消费者吃、穿、住、行、用密切相关且对人体健康和生态环境影响大、具有一定市场规模、国际贸易需求旺盛的产品，制定绿色产品标准并开展认证。目前已印发了3批绿色产品评价标准清单及认证产品目录，将19类近90种产品纳入认证范围，覆盖有机绿色食品、纺织品、汽车摩托车轮胎、塑料制品、洗涤用品、建材、快递包装、电器电子等产品。下一步，市场监管总局将不断完善绿色产品标准供给，促进和带动绿色消费。

绿色消费赢得消费者认同，正全面融入生产生活。王斌表示，下一步，商务部将指导各地商务部门和商贸流通企业结合方案贯彻落实，大力倡导简约适度、绿色低碳文明健康的生活方式，高质量发展二手商品流通，引导电商企业绿色发展，加强商务领域塑料污染治理，构建新型再生资源回收体系，全面促进消费绿色低碳转型升级，为推动高质量发展、服务构建新发展格局做出新的贡献。

资料来源：王俊岭，焦思. 到2025年，绿色低碳产品市场占有率大幅提升[EB/OL].(2022-02-22)[2022-08-09].http://env.people.com.cn/BIG5/n1/2022/0222/c1010-32357058. html.

复习思考题

1. 什么是生态消费？生态消费的特征是什么？
2. 简述影响生态消费模式构建的因素。
3. 简述生态消费模式与传统消费模式的区别与联系。
4. 试论生态消费在生态经济城市建设中的意义。

第七章

生态城市建设

随着经济社会的发展，中国经济已经驶入了城市化的快车道。2021 年，国家统计局公布了第七次全国人口普查主要数据结果，其中在城镇化方面，数据显示，全国人口中，居住在城镇的人口为 901 991 162 人，占 63. 89%。人们在享受城市便利的同时，也带来了资源浪费、生活拥挤、交通堵塞、环境污染等城市问题。为了解决这些城市问题，人类一直在努力探索，生态城市理论应运而生。生态城市理论在城市建设目标、效果和方法手段上均不同于传统的城市建设理念。在目标上，从传统规划的单一社会经济发展目标过渡到生态经济的综合发展目标；在效果上，从追求单一的经济效益过渡到生态、经济和社会三大效益的综合最优；在方法手段上，从传统规划的少数几个学科过渡到以系统工程思想为指导的多学科交叉的综合。

第一节 生态城市概述

一、生态城市简述

1971 年，联合国教科文组织在第 16 届会议上，提出了“关于人类聚居地的生态综合研究”(MAB 第 11 项计划)，首次提出了“生态城市”的概念，明确提出要从生态学的角度用综合生态方法来研究城市，在世界范围内推动了生态学理论的广泛应用和生态城市、生态社区、生态村落的规划建设与研究。从而人类城市建设进入“生态城市”建设的新阶段。“生态城市”的概念应运而生，其英文为 Eco-polis，或 Eco-city，Ecological city。它的提出是基于人类生态文明的觉醒和对传统工业化与工业城市的反思，标志着人类社会进入了一个崭新的发展阶段。生态城市已超越传统意义上的“城市”概念，超越了单纯环境保护与建设的范畴，它融合了经济、社会和文化生态等方面的内容，强调实现社会—经济—自然复合共生系统的全面持续发展，其真正目标是创造人与自然系统的整体和谐。

生态城市是一个经济发达、社会繁荣、生态保护三者保持高度和谐，技术与自然达到充分融合，城乡环境清洁、优美、舒适，能最大限度地发挥人的创造力与生产力，并有利于提高城市文明程度的稳定、协调、持续发展的人工复合生态系统。它是人类社会发展到一定阶段的产物，也是现代文明在发达城市中的象征。建设生态城市是人类共同的愿望，其目的就是让人的创造力和各种有利于推动社会发展的潜能充分释放出来，在一个高度文明的环境里造就一代超过一代的生产力。在达到这个目的的过程中，保持经济发展、社会进度和生态保护的高度和谐是基础。只有在这个基础上，城市的经济目标、社会目标和生态环境目标才能达到统一，技术与自然才有可能充分整合。各种资源的配置和利用才会最有效，进而促进经济、社会与生态三者效益的同步增长，使城市环境更加清洁、舒适，景观更加适宜优美。

二、生态城市的定义和内涵

（一）生态城市的定义

关于生态城市概念的认识，在不同时期，不同学者与机构有不同的见解。尽管生态城市已经成为社会的热点，世界各国的许多城市都提出了建设生态城市的目标。但到目前为止，世界上还没有一个真正意义上的生态城市。这是因为，各国学者对生态城市有不同的理解，关于生态城市至今仍然没有一个公认的定义和清晰的概念。

苏联生态学家亚尼茨基（1984 年）认为，生态城市是一种理想城市模式，其中技术与自然充分整合，人的创造力和生产力得到最大限度的发挥，而居民的身心健康和环境质量得到最大限度的保护，物质、能量、信息高效利用，生态良性循环。

美国生态学家理查德·雷吉斯特（1987 年）提出，生态城市追求人类和自然的健康与活力。他认为生态城市，即生态健康的城市，是紧凑、充满活力、节能并与自然和谐共居的聚居地。

澳大利亚学者唐顿提出，生态城市就是人类内部、人类与自然之间实现生态上平衡的城市，它包括道德和人们对城市进行生态修复的一系列计划。

在我国，马世骏院士提出了城市社会—经济—自然复合生态系统理论以指导城市建设，并倡导进行了大量生态城镇—生态村的建设和研究。王如松等也提出建设生态城市需满足三个标准：人类生态学的满意原则、经济生态学的高效原则、自然生态学的和谐原则。中国城市规划专家黄光宇（1997 年）提出，生态城市是根据生态学相关原理，综合社会、经济、自然复合生态系统，并应用生态工程、社会工程、系统工程等现代科学与技术手段建设而成的，社会、经济、自然可持续发展，居民满意，经济高效，生态良性循环的人类居住区。这些研究成果极大地推动了国内生态城市理论的发展。

随着生态文明的发展与演进，生态城市的内涵也不断得到充实与完善。

许多人认为生态城市就是绿化做得非常好的城市，这实际上是一种狭义的误解。现代的生态城市概念与以前的“田园城市”“山水城市”“园林城市”“绿色城市”等概念有根本的区别，不再是单纯注重城市绿化环境优美，而是更趋向于城市全面、内在的生态化，包括自然生态、社会生态、经济生态和历史文化生态的协调共发展。

关于生态城市，目前国内相对权威的，并载入教科书的定义是：按生态学原理建立起来的社会、经济、自然协调发展，物质、能量、信息高效利用，生态良性循环的人类聚居地。而实际上，生态城市的定义并不是孤立的、一成不变的，它是随着社会和科技的发展而不断完善更新的。就目前来说，可以大致将生态城市定义为一个社会和谐进步、经济高效运行、生态良性循环的城市。具体来说，生态城市应该是一个社会经济和生态环境协调发展、各个领域基本符合可持续发展要求的行政区域，是在一个市域范围内，以可持续发展战略和环境保护基本国策统筹经济建设和社会发展全局，转变经济增长方式，提高环境质量，同时遵循经济增长、社会发展和自然生态等三大规律的文明城市。

（二）生态城市的内涵

生态城市的内涵随着社会和科学技术的不断发展而更新，且不断充实和完善，生态城市的形成是一种渐进、有序的系统发育和功能完善过程。由于生态平衡是一个动态的平衡，因此生态城市的进展也是一个动态的过程，生态城市并无固定模式可言。它是一定程度上人类克服“城市病”、从灰色工业文明转向绿色生态文明的创新。生态城市为高消耗、低产出、重污染的传统城市建设模式造成的经济社会和人口、资源、环境等一系列严重问题提供了科学的解决出路。当前阶段，生态融入了历史、自然、社会、经济、政治、文化、人居等因素，并且还在不断融会贯通。生态城市的本质是要实现城市社会、经济、环境系统的共赢。它是一个囊括了自然价值和人文价值的复合概念，在空间上是一个开放的区域，体现了一种不断包容的生态观。

从内涵上讲，生态城市是一个包括自然环境和人文价值的总和性概念。它不只涉及城市的自然生态系统，即不是狭义的环境保护，而是一个以人为主导、以自然环境系统为依托、以资源流动为命脉的经济、社会、环境协调统一的复合系统。其内涵不仅仅是清洁的环境和体面的外表，其更重要的意义在于其社会的和谐，在于其对人性的尊重，在于具有维护社会机制，在于人民的安居乐业。以人为本是生态城市的基本要求，宜人居住是生态城市的基本性质和目标，社会和谐是生态城市的主要特征，甚至可以说社会和谐是生态城市自然生态良性运转乃至整个城市生态系统良性运转的基础。和谐是生态城市的目的和根本所在，即生态城市不仅要保护自然，而且要满足人类自身的进化、发展的需求。生态城市中的市民既具有充分享有城市环境和资源的权力，也具有积极主动参与城市建设与管理的义务。

生态城市建设的本质，应该是城市经济、社会、环境系统的生态化。它包括两项基本内容：一是推进真正具有生态化特征的城市生态环境建设；二是对现有的城市经济社会模式实行生态化改造。从生态学的观点来看，生态城市是根据当地的自然条件、社会经济发展水平，按照生态学的原则，运用系统工程方法去改变生产和消费方式、决策和管理方法，从而建立起来的一种社会、经济、自然协调发展，物质、能源、信息高效利用，生态良性循环的人类聚居地。从经济学的观点来看，生态城市的建设要使传统的资源高消耗、产出低效率、污染高排放的城市经济生态化，包括产业活动生态化和消费方式生态化等，最终使城市发展转向遵循生态学原理、城市物流良性循环、城市系统中没有浪费和污染的循环型城市。

生态城市建设的深层含义是尊重和维护大自然的多样性，为生物的多样性创造良好的繁衍生息的环境。每个城市所处的地理环境都有其不同于其他地区的生态要素和生态条件，要充分利用各地的差异性来创造有特色的生态环境。合理的城市生态建设应与自然融合，保障城市可持续发展。

我们认为，生态城市作为现代城市发展过程中得出的理念，表达了人类创造美好人居环境的愿望。生态城市是目标、状态，同时也是过程。作为一种目标，就像共产主义一样，是要在人类不断的努力下达到的最终目标和状态。作为过程，生态城市不是遥不可及的空中楼阁，而是一个渐进的过程。随着人类社会和科技的发展，生态城市设定的目标也会越来越高。但在某一个社会发展阶段，生态城市是可实现的，是具有可操作性的。

生态城市建设的目的不仅是为城市人提供一个良好的生活工作环境，还要通过这一过程使城市的经济、社会系统在环境承载力允许的范围之内，在一定的可接受的市民生活质量前提下得到持久发展，最终促进城市整体的持续发展。

三、生态城市的特征

为了确切理解生态城市的内涵，可将生态城市的基本特征归纳为以下五点。

（一）整体和谐共生

生态城市理论将城市看作一个经济—社会—自然复合系统，因此强调系统的整体和谐与统一。具体指三个方面的和谐：经济、社会与环境的和谐发展；人与自然的和谐共处；人与人的和谐相处。在经济、社会发展的过程中，要同时注意自然环境的承载能力，体现为产业选择对环境的亲和性和人口聚集对自然的非压迫性。在人与自然和谐共生方面，人回归自然、贴近自然，自然融入城市，体现为巧妙地利用当地的山、河、湖等自然景观，努力实现城市规划、建设与自然地理条件的有机结合。在人际交往方面，要体现社区邻居关系，回归纯朴而轻松的生活态度。因为在伴随着工业化的城市化过程中，人们更多地强调了经济发展的重要性，这种发展过程，不仅给城市环境带来了极大的破坏，也带来了诸如贫富两极分化、高犯罪率等社会问题，因此，人际关系变得淡薄，高楼大厦和钢筋水泥阻隔了人们交流的通道，封闭了人们的社会性情感。生态城市的宗旨正是要改变这种状况，营造满足人类自身进化所需求的这种空气清新、环境优美、人居悠闲的自然、文化氛围。

（二）经济高效运转

生态城市建设的首要问题是改变那种高能耗、高消费、末端治理式的生产与消费理念及“资源—生产—消费—废弃”的生产与消费模式。要利用产业生态学理论，从生产和消费模式做起，以系统创新的方法，努力实现产业转型，通过物质和能量的多层次分级利用，废弃物再循环、再利用等手段，向循环经济模式过渡，以提高资源的利用率并减少环境污染，实现外部“生态成本”的内部化，从而达到经济的高效率运行并减少人类生产与生活对自然环境的胁迫程度。

（三）生存区域依赖

生态城市的形成和发展要依赖于城市生命支持系统的承载能力和活力，而城市生命支持系统必然是一个区域范围。因此，这个特性有以下三个方面的含义：一是指生态城市本身不同于传统意义上的城市，而是一种城乡结合的城市，是一种“区域城市”；二是指生态城市必须带入区域之中，才能得到更宽裕的生命支持系统，以实现其生态化；三是指更广泛的区域概念——“地球村”概念。这是因为人类的生产与生活活动不仅影响了小范围的区域，而且影响到全球气候改变、资源枯竭等更大范围的生态环境改变问题。因此，生态城市建设也要全人类的合作，珍惜地球、爱护资源、保护环境。

（四）发展持续稳定

生态城市要以可持续发展思想为指导，合理配置资源。在人口发展方面，既不能为了部分人的生存条件改善而太严格地控制城市人口的增长，也不能为了实现城市化而盲目地扩大人口数量；在经济发展和资源利用方面，要不因眼前的利益而用“掠夺”的方式促进城市暂时的“繁荣”，要保证其长期健康、协调、稳定地发展。

（五）环境优美宜人

生态城市的人居环境应该体现在三个方面：一是从感官上讲，大气污染、水污染、固体排放物污染、噪声污染等污染物对人的影响很小，让人感觉神清气爽；二是从视觉上讲，绿地、树木、山、水、建筑物等自然与人工景观布局合理，让人感觉天人合一，回归自然；三是城市交通以公共交通为主。交通条件方便快捷而不失多样性，火车、汽车、自行车、人行道、绿色生命走廊（专供人们休闲散步的步行街）规划有致，适应不同节奏人们的需求。

四、生态城市建设的意义

生态城市已超越传统意义上的“城市”概念，它不仅是出于保护环境、防止污染的目的，不仅单纯追求自然环境的优美，即狭隘的环境观念，它还融合了社会、经济、技术和文化生态等方面的内容，强调在人—自然系统整体协调的基础上考虑人类空间和经济活动的模式，发挥社会、经济、自然复合生态系统的自我平衡功能，以满足人们的物质和精神需求，实现自身的发展，即社会—经济—自然复合共生系统的全面持续发展，体现的是一种广义的整体的生态观。因此，对生态城市来说，创造美好的生态环境固不可少，但不是根本目的，其真正目标是创造人—自然系统的整体和谐。当前，在我国快速推进城市化之际，加强生态城市建设具有重要的意义。

（一）社会主义新时代呼唤生态城市的建立

20 世纪 70 年代末中国实行改革开放以来，城市化已经进入了快速发展时期。但是我国城市化起步晚、发展快的特点不可避免造成城市体系发展与城市数量扩增相矛盾，城市人口质量和数量的矛盾，城市的经济发展与城市的生态环境的矛盾，城市的发展模式与城市资源承载力的矛盾等。为了解决这一系列矛盾，建立以人为本的生态城市，是一个必然的选择。

（二）生态城市建设可以推动社会的可持续发展

生态城市建设是以建设全面的小康社会为目标的。通过生态城市的建立，一方面，可以优化我们现行的行政管理体制，真正做到以政府为主导，总体规划、统一驱动，形成一种理想的组织形式；另一方面，以可持续发展为主线，大力发展循环经济，不断地优化、发展和提升现有城市的功能和结构，推动社会的可持续发展。

（三）生态城市建设促进经济结构的优化

目前，随着城市化不断推进，城市的产业结构、产品结构、经济结构和空间分布的不合理已成为我国亟须解决的问题。通过生态城市的建立可以采取合适的生态措施对经济结构等进行生态调整，建立一种生态环保型经济效益良好的全新发展模式。

（四）生态城市建设促进资源的可持续开发利用

资源包括土地资源、水资源、森林资源、气候资源、生物资源和空间资源，等等。生态城市的建立，可以避免资源的过度开发以及生态环境和资源受到严重的破坏。遵循生态优先，可持续发展的理念，公众参与和市场运作相结合，使得资源之间保持一种动态平衡，形成一种良好的生态发展格局。

（五）生态城市的建设是实现生态文明的保障

党的十六大提出，在加强物质文明、政治文明和精神文明的同时，要推动整个社会走上生产发展、生活富裕、生态良好的文明发展道路。党的十七大首次将“生态文明”写进党的报告，将生态文明建设上升为国家意志。党的十八大以来，以习近平同志为核心的党中央以前所未有的力度抓生态文明建设，我国生态环境保护发生历史性、转折性、全局性变化。党的十九届六中全会审议通过的《中共中央关于党的百年奋斗重大成就和历史经验的决议》，明确中国特色社会主义事业总体布局是经济建设、政治建设、文化建设、社会建设、生态文明建设五位一体。生态文明的实现对人民来讲具有重要的意义，建立生态文明能最大限度地实现人与自然的和谐相处。而生态城市的建立是实现生态文明的重要措施，也是实现生态文明的重要保障。

第二节　生态城市建设的评价方法

一、生态城市建设评价方法概述

生态城市作为城市发展的一种理想目标，是一个持续改进不断发展和完善的过程。生态城市目标实现的标准是要实现社会文明、经济高效和自然和谐，最终实现社会、经济和自然三个子系统的和谐。如何评价其和谐程度，是生态城市建设过程中的核心问题之一。

生态城市从概念到实际的操作，经历的时间很短，但究竟如何评价一个城市是否达到了生态城市的标准，各国学者进行了积极的探索。目前，对生态城市的评价有多种不同的方法，如生态足迹法（foot print method）、生命周期评价法（life cycle assessment）、模糊数学法（fuzzy method）、径向基函数神经网络模型（RBFNN-radial basis function neutral network）、单指标评价体系（individual indicator assessment）和综合指标评价模型（integrated assessment models）等，这些方法各有优缺点，在实践过程中需要结合不同城市的情况进行具体应用，这里对其中比较常用的方法进行简要介绍。

二、常用的评价方法简介

1. 生态足迹法

在评价城市可持续发展的过程中，对可持续发展因子指标选取和权重的确定存在不同的侧重点，因而评价结果也很难进行定量的比较。即使是用同一种方法对同一对象进行分析，不同的人也会得出不同的结果，这一现象严重限制了人类对城市可持续发展现状的了解。近年来，发展迅速的生态足迹（或称生态空间占用）模型不仅能够满足上述要求，并且其计算结果直观明了，具有区域可比性，因此很快得到了有关国际机构、政府部门和研究机构的认可，成为国际可持续发展度量中的一个重要方法。

国际上关于生态足迹的研究可以追溯到 20 世纪 70 年代，奥德姆（Odum E. P.）讨论了在能量意义上被一个城市所要求的额外的“影子面积”，詹桑（Jasson A. M.）

等分析了波罗的海哥特兰岛海岸渔业所要求的海湾生态系统面积。在此基础之上，加拿大生态经济学家威廉·瑞思（Rees W. E.）于1992年提出生态足迹概念，之后在沃克雷吉（Wackernagel M.）的协助下将其完善和发展为生态足迹模型。

生态足迹指能够持续地向一定人口提供他们所消耗的所有资源和消纳他们所产生的所有废物的土地和水体的总面积。关于生态足迹的概念，威廉·瑞思将其形象地比喻为“一只负载着人类与人类所创造的城市、工厂……的巨脚踏在地球上留下的脚印”。这一形象化的概念既反映了人类对地球环境的影响，也包含了可持续发展机制。这就是，当地球所能提供的土地面积容不下这只巨脚时，其上的城市、工厂、人类文明就会失衡；如果这只巨脚始终得不到一块允许其发展的立足之地，那么它所承载的人类文明将最终坠落、崩毁。

生态足迹理论建立在能值分析、生命周期评估、全球资源动态模型、世界生态系统的净初级生产力计算等理论的研究基础上，它用一种生态学的方法将人类活动影响表达为各种生态空间的面积，进而判断人类的发展是否处于生态承载力的范围内。

2. 生命周期评价法

生命周期评价（life cycle assessment，LCA）起源于20世纪60年代化学工程中应用的“物质—能量流平衡方法”，原本是用来计算工艺过程中材料用量的方法，后被应用到产品整个生命周期——从原料提取、制造、运输与分发、使用、循环回收直至废弃的整个过程，即“从摇篮到坟墓”的环境影响评价。LCA作为正式术语由国际环境毒理学会（SETAC）在1990年提出，并给出了LCA的定义和规范。其后，国际标准化组织（ISO）组织了大量的研究工作，对LCA方法进行了标准化。

1993年以后，SETAC给出的LCA的定义：通过确定和量化相关的能源、物质消耗、废弃物排放，来评价某一产品、过程或事件的环境负荷，并定量给出由于使用这些能源和材料对环境造成的影响；通过分析这些影响，寻找改善环境的机会；评价过程应包括该产品、过程或事件的寿命全程分析，包括从原材料的提取与加工制造、运输分发、使用维持、循环回收，直至最终废弃在内的整个寿命循环过程。

1997年，ISO在ISO14040中对LCA及其相关概念进一步解释为：LCA是对产品系统在整个生命周期中的（能量和物质的）输入输出和潜在的环境影响的汇编和评价。这里的产品系统是指具有特定功能的、与物质和能量相关的操作过程单元的集合，在LCA标准中，“产品”既可以是指（一般制造业的）产品系统，也可以指（服务业提供的）服务系统；生命周期是指产品系统中连续的和相互联系的阶段，它从原材料的获得或者自然资源的生产一直到最终产品的废弃为止。

从SETAC和ISO的阐述中可以看，在LCA的发展过程中，其定义不断地得到完善。目前，LCA评价已从单个产品的评价发展成为系统评价，然而单个产品的评价是系统评价的基础。

生命周期评价是评估一个产品或是整体活动的、贯穿其整个生命的环境后果的一种工具。在许多国家这是一种更加环保的良性的产品和生产工艺的发展趋势。一个完整的生命周期评价包括 4 个有机组成部分：目的与范围的确定、清单分析、影响评价和生命周期解释。三个独立但是相互关联的生命周期评价包括能量和资源的利用和向空气、水和土地的环境排放的识别和量化，技术质量和数量的特征和环境影响分析的后果的评价，减少环境负担的机会的评估和实施。一些生命周期评价发起者已经定义了范围和目标定义或是启动步骤，可以为有目的地使用分析结果服务。生命周期清单既可用在组织的内部，又可外部应用，需要适用性更高的标准。生命周期清单分析可以应用在工艺分析、材料选择、产品评估、产品比较和政策制定方面。

3. 模糊综合评判法

生态城市是社会—经济—自然复合生态系统，生态城市的发展水平不仅与自然环境的发展有关，而且与整个城市的经济和社会活动相联系。由于影响生态城市发展的要素错综复杂，系统内各要素作用的性质、方式和程度互不相同，且各要素既相互联系又相互制约，以不同的组合特点对生态城市的发展产生影响，所以只靠定性分析不足以准确、完整地反映客观实际。因此，应采用多层次模糊综合判定方法对生态城市进行评价，即在模糊评判的基础上再进行模糊综合评判。

模糊综合评判法（fuzzy comprehensive evaluation，FCE）是一种应用非常广泛而又十分有效的模糊数学方法，是对受多种因素影响的事物或现象进行综合评价的方法。自 FCE 被提出以来，其数学模型已从初始模型扩展为多层次模型和多算子模型。模糊综合评判法已经在一些城市的生态建设中得到应用，并取得了很好的效果。

4. 分指数评价和综合评价

目前，在我国应用研究得比较多的是单项和综合指标评价的方法。当前我国正研究评价指标的规范化问题。

城市生态系统作为自然和人类生态系统发展到一定阶段创建的物质和精神系统，是城市空间范围内的居民与水、空气、土地等自然资源环境要素和人工建造的经济、社会和环境各级组织相互作用而形成的统一体，属人工生态系统。因此，自然生态系统只有在其承载能力范围内才能持续地正常运作；而人工生态系统使持续的经济增长、社会进步能与自然生态系统保持和谐。生态城市指标体系的设置应能反映这两大系统的变化及其相互协调性。

人类为满足自身发展的需求而开展的一系列经济活动和社会活动，与自然生态系统保持着不断的能流和物流的输入输出，自然生态系统以各种形式响应这种输入输出以维持系统本身的效益最大化。每个系统都在力求改善自己的效益，而作为一个可持续发展的生态城市来说，应朝向同时改善和维持人和生态系统效益的方向发展，以保持一种欣欣向荣的动态平衡。以人与自然的和谐为本是生态城市实现可持续发展需要遵循的一个重要原则，人作为城市生态系统中社会活动的主体，需求是多层次的，虽然满足人的生存需求和发展需求是最基本的，但是保持与改善自然生态系统的效益，也是维持城市可持续性的必要条件。因此，生态城市的建设过程就是在不断改善两大系统利益的同时寻求最佳平衡点，保证两大系统的发展与和谐是生态城市建设的出发点。所以，人类发展系统和自然生态系统效益的一致，也是城市可持续发展的目的。

生态城市的可持续发展是自然生态系统、人类发展系统与可持续发展支持系统三者保持高度和谐的过程，为了全面评价整个城市生态系统的发展状况，可以采用多指标综合评价的方法进行评价，这就需要首先把指标体系中包含的所有量纲不同的统计指标无量纲化，转化为各个指标的相对评价值；然后通过加权综合层层叠加得到系统层指标的评价指数；最后将其以一定的规则进行综合，得到对生态城市建设的总体评价。

第三节　生态城市的评价指标体系

一、生态城市评价指标体系的构建原理

我国已经进入工业化、信息化、城市化三化叠加的发展阶段。在这一时期，城市作为国民经济发展的重要载体，在未来经济社会发展中所肩负的责任和功能将更加重要。如果还按照传统工业文明下的城市发展模式轨迹运行，城市所面临的人口、资源、环境之间的矛盾将不断加剧，呈愈演愈烈之势。正是在这种情况下，生态城市的理论应运而生，相关实践也随之在全国展开。

对于生态城市评价指标体系的研究，是生态城市理论研究中不可回避的一个基础性问题。一方面，生态城市从理论走向实践，面临一个将抽象的内涵具体化的问题；另一方面，在生态城市构建过程中，人们需要对建设成果进行度量以便纠偏。城市评价指标体系研究对生态城市建设实践的重要性不言而喻。

国内将生态城市指标体系分为两大类。一类是从城市作为一个复合生态系统角度出发，通过对城市所涵盖的各个子系统的分析，将生态城市综合评价进行指标分解。最基础的分解方式是将指标体系分为经济生态指标、社会生态指标和自然生态指标等三大指标。但多数学者会在自己对生态城市复合系统的理解基础上，进行进一步划分。另一类是以宋永昌、王祥荣等为代表，基于对城市生态系统的分析，从城市生态系统的结构、功能和协调度等三方面建立生态城市指标体系。这两类体系各自的特点在于：前者可以通过比较生态城市经济、社会、自然等子系统的发展状况，找出城市发展的优势和劣势，以便今后工作中有所侧重；后者则将城市生态系统看作一个整体，通过分析其结构、功能、协调度而建立，依据它可以很快诊断出整个城市生态系统发展中存在的障碍，并从生态学角度找出促使其良性循环发展的对策。

二、生态城市评价指标体系的设计原则

在生态城市评价指标体系研究中，应遵循以下设计原则：

第一，科学性和可操作性原则。所谓科学性，即生态城市评价指标体系在设计时应注意理论上的完备、科学和正确；指标概念应明确，权重系数的确定、数据的选取、计

算等要以科学理论为依托；指标体系的建立要在科学分析的基础上，能够客观反映生态城市的本质特征，能较好地度量生态城市建设主要目标的实现程度。可操作性原则也称为实用性原则，即考虑资料或数据的可获得性、可比性；指标的含义尽量简单明了并易于被公众理解和接受，尽量不采用深奥的专业术语。

第二，定量与定性相结合原则。生态城市是一个复合的生态系统，对它的评价要尽可能量化，但是在目前认识水平下难以量化且意义重大的指标，可以用定性指标来描述。

第三，主成分性原则。即鉴于生态城市内涵之丰富，从众多变量中依据其重要性和对生态城市系统行为的贡献率的大小，筛选出数目足够少却能表征生态城市系统本质的最主要成分变量。这一原则的意义在于对整个指标体系的规模进行控制。

第四，动态性和静态性相结合原则。动态性和静态性相结合原则也称为时空耦合原则，是指评价指标体系不但要反映生态城市某一时点上的水平，还应包含反映生态城市发展演变趋势的指标；指标体系既要从时间序列又要从空间序列来评价和判断生态城市的建设水平；指标体系应随着城市建设水平和实际的变化而变化。

第五，可比性与针对性原则。可比性原则指所建立的指标体系要能用于对不同城市之间的横向比较和同一城市不同时段的纵向比较；针对性原则也称因地制宜原则，即针对特定城市，应根据其具体条件和发展前景来制定适应其自身特点的指标体系。

三、生态城市评价指标体系的构架

无论以哪种构建原理为基础，当前绝大多数生态城市评价指标体系研究所建立的体系构架均包含三个层次，其中一级指标是对生态城市综合评价目标的分解，二级指标是对相应的一级指标的描述，三级指标是评价指标体系的基础数据层。当前，不同评价指标体系间的规模相差极大，其三级指标数量从 20 个到 100 多个。各评价指标体系的主要差异在于对一级指标和二级指标的选取设计上。因此在这里对生态城市评价指标体系的构架主要着眼于从其一、二级指标设计进行考察。

当前生态城市评价指标体系构架主要为以下九种：

第一，将生态城市的结构、功能和协调度作为描述生态城市系统的三个一级指标，其各自下辖的二级指标为：生态城市的结构包括人口结构、基础设施、城市环境、城市绿化，生态城市的功能指标包括物质还原、资源配置、生产效率，生态城市的社会协调度指标包括社会保障、城市文明、可持续发展。

第二，将经济生态、社会生态、自然生态作为描述生态城市系统的三个一级指标，其各自下辖的二级指标为：经济生态指标包括经济实力、经济结构、经济效益，社会生态指标包括人口指标、生活质量、基础设施、科技教育、社会保障，自然生态指标包括城市绿化、环境质量、环境治理。

第三，自然状况、经济状况、社会状况作为描述生态城市系统的三个一级指标，其各自下辖的二级指标为：自然状况指标包括资源条件、生态环境，经济状况指标包括经济总体水平、城乡经济、发展能力，社会状况指标包括社会进步、科技教育、人口与城乡建设、政策与管理水平。

第四，将自然生态可持续发展指标、经济生态可持续发展指标、社会生态可持续发展指标作为描述生态城市系统的三个一级指标，其各自下辖的二级指标为：自然生态可持续发展指标包括生态建设、环境质量、污染控制、环境治理，经济生态可持续发展指标包括经济发展、经济结构、资源保护与持续利用，社会生态可持续发展指标包括人口发展、基础设施、生态质量、科技教育、信息水平。

第五，将社会生态子系统、经济生态子系统、基础设施子系统、自然生态子系统作为描述生态城市系统的四个一级指标，其各自下辖的二级指标为：社会生态指标主要包括人口状况、资源配置、社会保障，经济生态指标主要包括经济效益、经济水平、经济结构，基础设施生态指标主要包括交通系统、通信系统、供排水系统、能源动力系统、防灾系统，自然生态指标主要包括城市绿化、环境质量、环境治理。

第六，将生态环境、资源、经济发展、社会发展作为描述生态城市系统的四个一级指标，其各自下辖的二级指标为：生态环境指标主要包括环境质量、环境状况和趋势、污染控制，资源指标包括资源质量、资源潜力、资源利用效率，经济发展指标包括经济总量、经济结构、国民经济比例及经济效益，社会发展指标包括社会基本状况、生活水平、文教体卫福。

第七，将资源支持系统、环境支持系统、经济支持系统、社会支持系统作为描述生态城市系统的四个一级指标，其各自下辖的二级指标为：资源支持指标包括科技水平、城市设施、城市资源，环境支持指标包括环境污染、环境治理、生态建设，经济支持指标包括经济规模、产业结构、经济推动力、经济效益，社会支持指标包括生活质量、社会安全、人口数量。

第八，将资源支持、经济支持、社会支持、环境支持、体制和管理系统作为描述生态城市系统的五个一级指标，其各自下辖的二级指标为：资源支持系统指标包括科技资源、科技水平、人力资源、教育水平、城市基础设施、自然资源、城市土地资源，经济支持系统指标包括经济水平、经济结构、经济运行效率、资源利用效率、经济推动力、经济竞争力，社会支持系统指标包括社会公平、健康保健、城市化、信息获得能力、住房、安全、生活质量，环境支持系统指标包括大气环境、地表水、固体废物、噪音、景观资源，体制和管理系统指标包括战略实施、综合决策、环境管理、科技投入、财政能力、公众参与。

第九，将活力、组织结构、恢复力、生态系统服务功能、人类健康状况作为描述生态城市系统的五个一级指标，其各自下辖的二级指标为：活力指标包括经济生产能力、水耗效率、能耗效率，组织结构指标包括经济结构、社会结构、自然结构，恢复力指标包括环境废物处理能力、物质循环利用效率、城市环保投资指数，生态系统服务功能指标包括环境质量状况、生活便利程度，人类健康状况指标包括人群健康文化、文化水平。

四、生态城市评价指标体系的数据处理

（一）数据的标准化

生态城市评价体系的各指标的单位不同，为了使指标之间能够应用数学方法进行综合分析，就需要对数据进行处理，使其在仍然能够反映真实情况的条件下完成各数据之间单位的统一，即将数据进行标准化，或者无量纲化处理。目前，数据的标准化处理方法有多种。绝大多数研究所使用的无量纲化处理方法是，将原始数值与某一固定值进行对比，从而获得一个与该固定指标对应的无量纲值。这种方法需要找到某项指标对应的最大值和最小值，并依据一定的计算公式进行运算。该方法存在的不足主要表现在：某项指标的最大值和最小值难于寻找和界定，多是相关学者的主观判断或是研究对象的最大和最小值，而研究对象的最大、最小值又是不断变化的，因此通过该方法获得的标准化结果准确性有待探讨。

（二）指标权重的确定

由于各个指标对生态城市评价所体现的方面不是完全平均的，这就需要对指标进行分级，引入权重的概念，从而使评价体系更为客观合理。指标权重的准确与否在很大程度上影响综合评价的准确性和科学性。已有文献的数学模型中对权重的确定提出了多种方法。

（1）采用变异系数法确定权重，该方法需要通过计算出多个年份各指标的综合值，因此依赖于历史数据的获得，若某一指标的历史数据不完整，则通过该方法计算的权重准确性较差。

（2）采用层次分析法确定各指标的权重，该方法按照对各指标的相对重要性通过专家咨询、判断矩阵的构建以及相关计算得到二级指标的权重，而对一级指标的权重则采用平均分配的方法。

（3）运用信息论中的熵技术对运用层次分析法确定的权重系数进行修正，再采用专家群民主决策的赋权方法确定指标的权重系数。该方法减少了因反复的判断和复杂的计算所带来的麻烦。

（4）采用相对可变权重法，其方法是将一级指标的权重之和定为一恒定值，其权重可在一定范围内调整，将二级指标的固定权重与其对应的一级指标的可变权重相乘获得二级指标的实际权重。

五、生态城市评价指标体系研究中存在的问题

（1）目前的研究强调指标的普适性和城市间的可比较性，其筛选的指标大都基于统计部门和地方政府部门的统计数据，无法反映城市间相异的特征性要素的状态水平。指标的选取和定值缺乏地域特色，刚性有余柔性不足，未能设计不同的指标体系用于评估和指导不同地区生态城市的实践，体现生态城市的地域性和多样性。这对于我国这样一个不同区域间社会经济与自然环境差异均十分巨大的国家来说，显然急需改进。

（2）评价指标体系缺乏动态性。尽管研究者认识到了生态城市建设的动态性要求，但是基于生态城市建设实践的不断反馈而变动的评价指标体系的系列研究还未见到。对这一不足如果在未来研究中不加以弥补，评价指标体系研究对生态城市的指导作用将大打折扣。

（3）当前指标体系未能很好地反映出环境、经济和社会三者之间的有机联系，比如生态系统结构和功能特征与人类社会经济活动之间的联系；指标体系中对不确定性的考虑较为粗略，未能体现出指标种类、阈值以及确定权重等过程中的弹性范围和“时空性”。

六、中国生态城市评价指标体系

国内外对生态城市指标体系的相关研究，已经取得了许多成果。联合国提出了生态城市的六项定性评价标准。联合国可持续发展委员会（UNCSD）从社会、经济、环境和制度四方面，以驱动力—状态—反应模式构建了 134 个指标（后精简为 58 个）。2003 年，原国家环保总局制定《生态县、生态市、生态省建设指标》，分经济发展、生态环境保护和社会进步三个大项，指标控制在 22 个以内。2005 年，原建设部颁布《国家生态园林城市标准（暂行）》，分城市生态环境、城市生活环境和城市基础设施三大项共 19 个指标。近年来，中新天津生态城、曹妃甸国际生态城都制定了各自的指标体系。贵阳作为全国生态文明建设试点城市，在进行生态文明建设方面，一直走在全国前列：2008 年在全国率先发布“生态文明城市指标体系”；2009 年全国第一部促进生态文明建设的地方性法规正式通过；2021 年生态文明贵阳国际论坛于 2021 年 7 月 12 日至 13 日在贵州省会贵阳市以线上线下相结合的方式举办，主题是“低碳转型 绿色发展——共同构建人与自然生命共同体”。

目前，全球已有许多城市正在按生态城市目标进行规划与建设，我国也正成为世界上建设生态城市最为积极和主动的国家之一。本部分采用中国城市科学研究会的最新研究成果来论述我国生态城市评价指标体系的建构。

该指标体系针对生态城市建设发展过程中的概念混乱、目标不清晰等问题，旨在建立一套设计合理、操作性强的评价指标体系，使生态城市建设过程可量测、可监督，让城市管理决策部门明晰生态城市建设的方向，定期掌握城市发展状态和不足之处，为城市的规划、建设和管理决策提供参考。指标选取之际充分参考中国各部委和著名国际组织制定的各类指标体系，采用德尔菲意见征询、专家小组讨论、案例城市调研等多种方法，确定生态城市评价指标体系。通过综合研究，确定资源节约、环境友好、经济持续、社会和谐、创新引领 5 个目标层，水资源、能源等 28 个专题，36 个定量指标，9 个定性评价指标的指标体系。

（一）指标选取步骤与原则

1. 指标选取步骤

借鉴国际上通用的指标体系制定方法和研究框架，通过以下 5 个步骤来完成生态城市指标体系的制定。具体步骤包括：

（1）确定生态城市发展目标。广泛参考国内外相关机构组织和已建或在建生态城市提出的发展目标与战略，借鉴国内外科研机构和学者的研究成果，总结提炼，明确生态城市的内涵和发展目标。

（2）确定指标体系分类框架。根据生态城市发展目标，借鉴国际通用的相关评价指标体系的分类框架，参考我国各部委和当前在建生态城市确定的指标体系分类框架，通过多轮专家研讨，确定生态城市评价指标体系的分类框架。

（3）确定指标选取标准。根据生态城市建设发展要求，借鉴国内外权威指标体系选取标准，结合我国实际国情，提出生态城市评价指标体系的指标遴选标准。

（4）确定潜在的指标库。以生态城市指标分类框架为指导，通过广泛查阅联合国、世界银行、欧盟、亚洲开发银行等国际权威组织，住房城乡建设部、环境保护部等国家部门和诸多生态城市实践确定的指标体系，综合比选确定本指标体系初选指标库。

（5）遴选指标。根据指标选取标准，综合利用专家评分、专家小组讨论、德尔菲法意见征询、案例城市实地调研等方法，遴选确定最终指标。

2. 指标选取原则

指标的甄选需要综合考虑对生态城市的指导性、可获取性等原则，提出科学、合理、实用的指标体系。通过借鉴国内外指标体系确定的原则，根据本指标体系构建目标，主要从以下 7 个方面考虑指标的选取原则：

（1）科学性原则。指标要有明确的科学定义与计算方法，可以明确地用定量监测或者定性评价来计算。

（2）时效性原则。指标应该能够按年度获取，以定期地反映城市发展状况。

（3）决策相关原则。指标应该能够反映城市在某一个方面的情况，明确该指标的好坏与生态城市的关系，最好直接与政府制定政策相关联。

（4）易于获取原则。指标应该能够容易获取或者容易计算得到，尽量选取纳入政府监测范围的指标和获取成本较低的指标。

（5）简明性原则。指标应该简单明了，显而易见。

（6）普适性原则。该原则适用于不同地理区域、性质、类型和规模的城市，避免由于地理区位、城市规模和发展水平等因素导致的指标自身差异。

（7）敏感性原则。指标变化能明显反映该指标指示的要素是变好还是变坏，要有较好的区分度。

（二）指标选取过程

1. 指标搜集

在设计我国生态城市评价指标体系时，一方面要与国际接轨，要被国际社会广泛认可，另一方面要符合我国行政体制和统计制度。因此，本书在初步确定的指标基础上，充分借鉴国内外已经被广泛认可和实施的指标体系，扩大指标选取范围，通过广泛搜集相关资料和综合比选，共确定联合国可持续发展指标等 13 个国外指标库和中国人居环境奖等 11 个国内指标库作为指标选取参考（见表 7-1）。

表 7-1　生态城市指标选取参考国内外指标体系

类型	编号	指标体系名称	指标制定机构
国外参考指标库	1	联合国可持续发展指标（2007 年版）	联合国
	2	千年发展目标指标	联合国
	3	OCED 环境指标	联合国
	4	联合国 21 世纪议程可持续发展指标	联合国
	5	WHO1999 年健康城市指标	世界卫生组织
	6	WHO1996 年健康城市指标	世界卫生组织
	7	全球城市指标	全球城市指数
	8	亚洲开发银行城市指标	亚洲开发银行
	9	欧洲绿色城市指数	经济学人
	10	原子能机构可持续发展能源指标	原子能机构等
	11	联合国人居署人居议程指标	联合国人居署
	12	社会发展指标	世界银行
	13	环境与可持续发展指标	世界银行
国内参考指标库	1	生态县、生态市、生态省建设指标	环境保护部
	2	环保模范城市	环境保护部
	3	国家生态园林城市标准（暂行）	住房和城乡建设部
	4	循环经济评价指标	国家发展改革委、环境保护部、国家统计局
	5	全国绿化模范城市指标	全国绿化委员会
	6	宜居城市科学评价标准	住房和城乡建设部
	7	中国人居环境奖评价指标	住房和城乡建设部
	8	中科院可持续城市指标体系	中国科学院
	9	曹妃甸国际生态城指标体系	唐山市
	10	天津中新生态城市指标体系	天津市
	11	廊坊万庄生态城指标体系	廊坊市

2. 评价指标框架确定

一个良好的分类框架是确定科学合理的指标体系的前提。当前较为普遍的指标体系分类框架为基于特定发展目标、领域和专题进行设置的专题型指标体系框架，如联合国可持续发展委员会制定的“可持续发展指标体系”等。这类分类框架的优点是覆盖面宽，描述性、灵活性、通用性较强，易于比较等。本研究采用专题型指标体系框架，按照生态城市发展的目标、关键领域和重点问题进行组织，构建生态城市评价指标体系分类框架。经过对国内外各指标体系分类框架的综合比较分析，结合多轮专家研讨建议，确定生态城市评价指标体系分为资源、环境、经济、社会和创新五个目标层，每个目标层下设置不同的专题，专题下面设置一系列的指标来表征各专题状况（见图 7-1）。

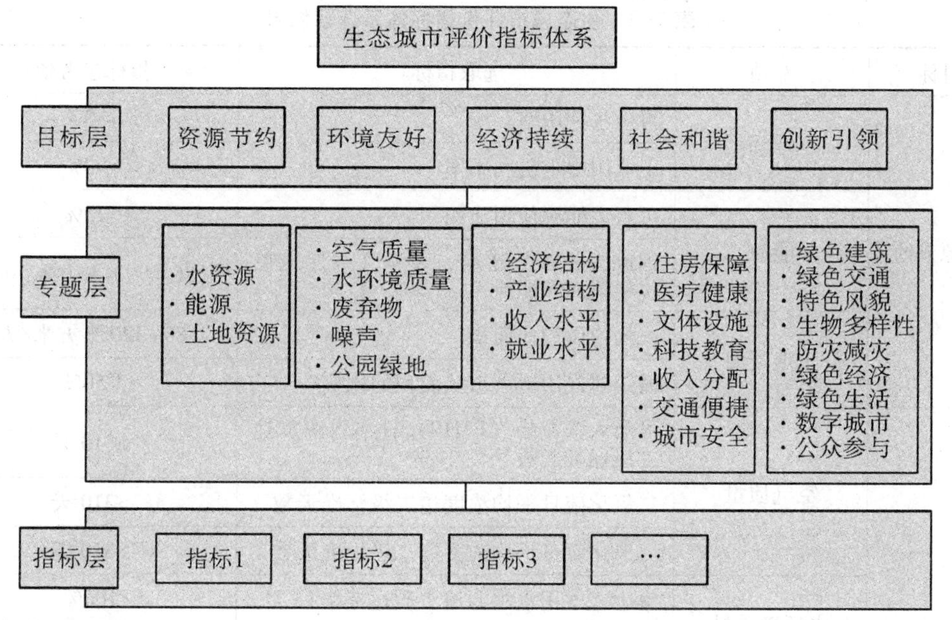

图 7-1　生态城市评价指标体系分类框架

3. 指标初选

指标初选过程主要包括：

（1）指标提名。在确定的各专题下，列举国内外指标库中反映本专题的指标，并进行同类合并、剔出明显不符合中国国情和统计制度的指标，优选出一定数量的备选指标。指标选择过程尽量参考国家层面已经进行年度考核和评估的指标。

（2）指标精选。在初选出的指标之中，由研究人员对每项指标进行单独评分，根据每个指标的科学性、可比性、决策相关性、易于获取、简明性、普适性、敏感性等特征进行详细评估。

（3）确定初选指标。在研究人员指标精选基础上，邀请从事生态城市研究的著名专家，分小组专题讨论，确定初选指标。

4. 专家问卷调查

为使本指标体系具有广泛的社会参与度，指标选取过程通常需要通过广泛邀请国内从事生态城市研究、规划、建设、管理等方面的专家和社会公众进行指标的选取意见征询，确定指标初选成果。

（三）指标选取结果

本研究充分结合专家小组讨论、网络意见征询活动和深圳市、武汉市案例研究结果，经过多轮讨论，去除数据计算有重复、基本反映同一问题的指标，最终确定资源节约、环境友好、经济持续、社会和谐、创新引领5个目标层，水资源、能源等28个专题，36个定量指标，9个定性评价指标的生态城市评价指标体系。表7-2列出了确定的指标体系和初步确定的指标参考值。

表7-2 生态城市评价指标体系选取结果

目标	专题	选取指标	指标参考值
资源节约	水资源	再生水利用率	>30%
		工业用水重复利用率	>90%
	能源	可再生能源使用比例	>15%
		国家机关办公建筑、大型公共建筑单位建筑面积能耗	<85度/（平方米·年）
	土地资源	人均建设用地面积	80~120平方米/人
		城镇建设用地占市域面积的比例	>50%
环境友好	空气质量	可吸入颗粒物（PM10）日平均浓度达二级标准天数	>310天
		二氧化硫日平均浓度达二级标准天数	>310天
		二氧化氮日平均浓度达二级标准天数	>310天
	水环境质量	集中式饮用水水源地水质达标率	100%
		城市水环境功能区水质达标率	100%
	垃圾	生活垃圾资源化利用率	≥90%
		工业固体废物综合利用率	≥90%
	噪声	环境噪声达标区覆盖率	≥95%
	公园绿地	城市建成区绿化覆盖率	>40%
		公园绿地500米服务半径覆盖率	≥80%
经济持续	经济发展	单位国内生产总值主要工业污染物排放强度	化学需氧量<4.0千克/万元；二氧化硫（SO_2）<5.0千克/万元
		单位国内生产总值能源消耗	≤0.83吨标准煤/万元
		单位国内生产总值取水量	≤70立方米/万元
	产业结构	第三产业增加值占GDP比重	≥55%
	收入水平	恩格尔系数	<30%
	就业水平	城镇登记失业率	<3.2%

表7-2(续)

目标	专题	选取指标	指标参考值
社会和谐	住房保障	住房保障率	≥90%
		住房价格收入比	3~6
	医疗水平	千人拥有执业医师数量	>2.8 人
		每千名老年人拥有养老床位数	>30 张
	文体设施	人均公共图书馆藏书量	>2.3 册/人
		人均公共体育设施用地面积	>1.5 平方米/人
	科技教育	财政性教育经费支出占 GDP 比例	≥4%
		R&D（科学研究与试验发展）经费支出占 GDP 的百分比	≥2%
	收入分配	城乡居民收入比	<2.2
		基尼系数	≤0.38
	交通便捷	公共交通分担率	>50%
		平均通勤时间	<30 分钟
	城市安全	每万人口刑事案件立案数	<10 件
		人均固定避难场所面积	>3 平方米/人
创新引领	绿色建筑	（1）制定绿色建筑发展规则；（2）获得国家绿色建筑认证的建筑个数；（3）绿色建筑占当年竣工建筑比例	
	绿色交通	（1）设定自行车专用道；（2）进行 TOD 模式开发；（3）新能源汽车利用比例	
	特色风貌	（1）制定生物多样性保护规划；（2）本地植物指数；（3）保护河流生态廊道，河流生物多样性丰富	
	防灾减灾	（1）进行适应性的城市规划和建设，充分避让可能发生的洪水、泥石流等自然灾害；（2）前瞻性地制定气候变化可能带来的海平面上升、极端气候条件下的灾害应对方案；（3）城市建筑满足地震设防等级要求，制定应急避难场所等专项规划	
	绿色经济	（1）主要农产品中有机绿色产品的比重；（2）战略性新兴产业增加值占 GDP 的比重；（3）循环经济增加值占 GDP 的比重	
	绿色生活	（1）城市开展广泛的绿色生活方式宣传工作；（2）居民对绿色生活理念的认可；（3）居民绿色生活普遍程度；（4）城市生活垃圾分类回收处理水平	
	数字城市	（1）无线网络覆盖区域；（2）智能化城市数字管理平台构建	
	公众参与	制定建立完善公众参与制度，并得到有效实施	

第四节　生态城市规划、建设与管理

一、生态城市的规划

（一）生态城市规划的内涵

生态城市规划是根据生态学的原理，综合研究城市生态系统中人与住所的关系，并应用社会工程、系统工程、生态工程、环境工程等现代科学与技术手段，协调现代城市中经济系统与生物系统的关系，保护与合理利用一切自然资源与能源，提高资源的再生和综合利用水平，提高人类对城市生态系统的自我调节、修复、维持和发展的能力，达到既能满足人类生存、享受和持续发展的需要，又能保护人类自身生存环境的目的。

生态城市规划与城市生态规划具有根本的区别，实际上，生态城市规划可以被视作复合生态系统观念在各层次的城市规划中的体现，而不仅是一个城市生态系统的规划。

生态城市规划与传统城市规划的区别，在于它强调以可持续发展为指导，以人与自然相和谐为价值取向，应用各种现代科学技术手段，分析利用自然环境、社会、文化、经济等各种信息，去模拟设计和调控系统内的各种生态关系，从而提出人与自然和谐发展的调控对策。生态城市的规划设计把人与自然看作一个整体，以自然生态优先的原则来协调人与自然的关系，促使系统向更有序、稳定、协调的方向发展，最终目的是引导城市实现人、自然、城市的和谐共存，持续发展。

（二）生态城市规划的原则

生态城市建设旨在促进城市的可持续发展，生态城市规划的总体原则为：生态保护战略，包括自然保护、动植物及资源保护和污染防治；生态基础设施，即自然景观和腹地对城市的持久支持能力；居民的生活标准；文化历史的保护；将自然融入城市。具体来说，生态城市规划包括五个原则。

1. 城市生态位最优化原则

生态位是指物种在群落中，在空间和营养关系方面所占的地位。城市生态位是一个城市提供给人们的或可被人们利用的各种生态因子和生态关系的集合。它不仅反映了一个城市的现状对于人类各种经济活动的适宜程度，而且也反映了一个城市的性质、功能、地位、作用、人口、资源、环境的优劣势，从而决定它在人们心目中的吸引力和离心力。城市生态位是决定城市竞争力的根本因素。

城市生态位的最优化可以从宏观和微观两方面来解读，从宏观层面而言，城市生态位是反映了整个城市的经济、文化等事业的发展情况，以及人们物质、精神等生活水平的变化情况；从微观层面而言，城市生态位在提供优良的生态方面对每个城市居民都应是公平的。虽然城市提供给居民的居住空间，从空间角度来看存在差异，但生态位大体是相当的。

2. 生物多样性原则

大量事实证明，生物群落与环境之间保持动态平衡稳定状态的能力，同生态系统的物种、结构的多样性、复杂性呈正相关关系。也就是说，生态系统结构越多样、复杂，其抗干扰的能力则越强，因而也越容易保持其动态平衡的稳定状态。城市生物多样性，是指城市范围内除人类以外的各种活的生物体，在有规律地生长在一起的前提下，所体现出来的基因、物种和生态系统的分异程度。城市生物多样性与城市自然生态环境系统的结构、功能直接联系，与大气环境、水环境、岩土环境共同构成了城市居民赖以生存的生态环境基础，是生物与环境间、生态环境与人类间的复杂关系的体现。城市生态环境是指特定区域内的人口、资源、环境通过复杂的相生相克关系建立起来的人类聚居地。

由于与自然界的生物生存的环境有较大的差异，城市生物多样性也表现出自身的特点。在经济价值、丰富度、地球物质循环与能量代谢等方面，城市生物多样性虽然与自然界生物多样性无法相比，但由于城市生物多样性是在一个相对狭小的面积上，近距离为城市人口服务，因而它是非常重要的。

3. 城市的成长性原则

城市的发展是一个动态的过程，而城市规划也是随着城市的发展而变化的，城市规划要为城市的未来留下足够的发展空间。成长性是生态系统的基本特征，一切自然群落和人工群落都遵循群落生长或演替的规律运行。人们在利用自然资源时，也必须遵循这一规律，否则就会导致“生态逆退”。将成长性原则运用于城市规划，就是将一个城市的文脉、历史、文化、建筑、邻里和社区的物质形式当作一种生命形式、生命体系来对待，人们要根据它的“生命”历史和生存状态来维护它、保护它、发展它和更新它。

4. 生态承载力原则

城市生态承载力原则是指从生态学角度来看，城市发展以及城市人群赖以生存的生态系统所能承受的人类活动强度是有限的，即城市存在着生态极限。城市发展有一定的规模，自然生态环境是限定城市发展规划的最主要因素。在城市规划中，坚持城市生态承载力原则，应做到以下五个方面：

（1）在城市规划过程中，要科学地估算城市生态系统的承载能力，并运用技术、经济、社会、生活等手段来提高这种能力。

（2）要调整控制城市人口的总数、密度与构成。这是一个城市生态经济发展的重要指标。

（3）要考虑城市的产业种类、数量结构与布局。这些指标对生态环境资源的开发与利用、污染的产生与净化，都具有十分重要的影响。

（4）要考虑环境的自净能力和人工净化能力，它们直接关系着城市的生存质量与发展规模。增加兴建城市生态森林广场来取代大型硬底广场，通过立体绿化来增加、提高对空气污染的自净能力。适当兴建污水处理厂，增强对水污染的人工净化能力。

（5）要考虑城市生态系统中资源的再利用问题。通过对系统中人文要素的合理布局，达到资源循环利用的目的；通过规划建设生态型建筑，增加人文要素与自然要素的融合性、相互增益性，从而提高城市生态的承载力。

5. 复合生态原则

生态城市的社会、经济、自然各子系统是相互联系、相互依存、不可分割的，共同构成有机整体。规划设计必须将三者有机结合起来，三者兼顾、综合考量，不偏废任一方面，使整体效益最高。规划设计要利用三方面的互补性，协调相互之间的冲突和矛盾，努力在三者间寻求平衡。这一原则是规划的难点和重点，规划既要利于自然，又要造福于人类，也不能只考虑短期的经济效益，而忽视人的实际生活需要和可能对生存的长远影响，社会、经济生态目标要提到同等重要的地位来考虑，但在某些规划问题上，生态环境问题比短期的经济利益更要得到优先考虑，因为经济决策可以根据实际情况进行修改调整，但造成的社会、环境后果却不容易改变，会持续很长的时间。

以上这些原则是普遍性的，但生态城市是地区性的，地区的特殊性又受自然地理和社会文化两方面的影响，因此，这些原则的具体应用需要与空间、时间和人（社会）结合，在不同的实际情况中灵活应用。

（三）生态城市规划的程序

生态城市规划一般遵循七个步骤：确定规划目标—资源数据清单和分析—区域适宜度分析—方案选择—规划方案实施—规划执行—方案评价。生态城市规划不仅限于土地利用和资源管理，而应根据城市社会、经济、自然等方面的信息，从宏观、综合的角度，研究区域或城市的生态建设或在对城市复合生态系统中社会、经济、自然的广泛调查基础上，结合专家咨询意见，应用城市生态学、系统分析和城市规划原理相结合的方法而进行。

在生态城市规划的实际操作过程中，各个城市根据自己的情况不同，可能在规划程序上有差别。但主要的操作程序相同，就是首先了解城市的目前状况，然后根据生态城市建设的目标进行各专项规划。

（四）生态城市规划的主要内容

1. 城市生命支持系统

城市生态的生存与发展取决于其生命支持系统的活力，包括区域生态基础设施（光、热、水、气候、土壤、生物等）的承载力、生态服务功能的强弱、物质代谢链的闭合与滞竭程度，以及景观生态的时、空、量等的整合性。其重点在于以下五点：

第一，水资源利用规划。市区：开发各种节水技术，节约用水；雨污水分流，建设储蓄雨水的设施，路面采用不含锌的材料，下水道口采取隔油措施等，并通过湿地等进行自然净化。郊区：保护农田灌溉水；控制农业面源污染，禽畜牧场污染，在饮用水源地退耕还林；集中居民用地以更有效地建设、利用水处理设施。

第二，土地利用规划。合理的土地利用规划是维护城市生态系统平衡、维持其健康发展的保障。城市建设用地的扩张是造成地球生态能力损失的重要原因之一。这种生态能力的损失不仅体现在直接的土地生物生产量上，更为严重的是由此引发的连锁反应。

土壤活性丧失导致的生态系统物质循环阻断，不仅使得世界上大多数城市垃圾围城，更严重的是某些物质无法回归自然本位，造成地球环境的总体灾变。城市生态系统的有机整体性要求各个子系统必须相互协调，任何局部的失调都有可能造成整个系统崩溃。科学合理的土地利用规划是生态城市规划的重要组成。

第三，能源规划。节约能源，建筑充分利用阳光，开发密封性能好的材料，使用节能电器等；开发能源和再生能源，充分利用太阳能、风能、水能、生物制气。能源利用的最终方式是电和氢气，使污染达到最小。

第四，交通规划。发展电车和氢气车，使用电力或清洁燃料；市中心和居民区限制燃油汽车通过，保留特种车辆的紧急通道。通过集中城市化、提高货运费用、发展耐用物品来减少交通需求；提高交通用地的效率；发展船运和铁路运输等。

第五，生态绿地系统规划。打破城郊界限，扩大城市生态系统的范围，努力增加绿化量，提高城市绿地率、覆盖率和人均绿地面积，调控好公共绿地均匀度，充分考虑绿地系统规划对城市生态环境和绿地游憩的影响；通过合理布局绿地以减少汽车尾气、烟尘环境污染；考虑生物多样性的保护，为生物栖境和迁移通道预留空间。

2. 空间发展战略规划

良好的空间发展战略规划是生态城市规划的基础内容。许多现代城市出现交通、大气污染、功能团混乱等问题的主要原因就是在城市规划时没有良好的空间发展布局规划，许多城市出现了摊大饼现象。生态城市建设中要解决这些问题，就必须从战略高度认识到空间布局规划的重要性。

3. 生态产业规划

生态产业通过两个或两个以上的生产体系之间的系统耦合，使物质、能量能多级利用、高效产出，资源、环境能系统开发、持续利用。生态产业注重改变生产工艺，合理选择生产模式。循环生产模式能使生产过程中向环境排放的物质减少到最低程度，实现资源、能源的综合利用。

生态产业规划通过生态产业将区域国土规划、城乡建设规划、生态环境规划和社会经济规划融为一体，促进城乡结合、工农结合、环境保护和经济建设结合；为企业提供具体产品和工艺的生态评价、生态设计、生态工程与生态管理的方法。

4. 生态人居环境规划

城市的表现形式体现为社区的格局、形态，人作为复合生态系统的主体，其日常活动对城市生态系统的好坏起着重要作用。因此，生态城市规划中强调社区建设，创造和谐、优美的人居环境。

第一，生态建筑方面。开发各种节水、节能生态建筑技术，建筑设计中开发利用太阳能，采用自然通风，使用无污染材料，增加居住环境的健康性和舒适性；减少建筑对自然环境的不利影响，广泛利用屋顶、墙面、广场等立体植被，增加城市氧气产生量；区内广场、道路采用生态化的“绿色道路”，如用带孔隙的地砖铺地，孔隙内种植绿草，增加地面透水性，降低地表径流。

第二，生态景观方面。强调历史文化的延续，突出多样性的人文景观。充分利用当地的自然、文化潜力，以满足居民的生活需要；建设健康和多样化的人类生活环境。

第三，生态社区方面。社区作为生态城市管理体系主体构成最重要的部分，在生态城市规划中也是重要的组成部分。生态社区规划时要充分考虑到社区的发展和环境的承载能力。

二、生态城市的建设

生态城市建设是基于城市及其周围地区生态系统承载能力的走向、可持续发展的一种自适应过程，必须通过政府引导、科技催化、企业兴办和社会参与，促进生态卫生、生态安全、生态产业、生态景观和生态文化等不同层面的进化式发展，实现环境、经济和人的协调发展。建设以适宜于人类生活的生态城市首先必须运用生态学原理，全面系统地理解城市环境、经济、政治、社会和文化间复杂的相互作用关系，运用生态工程技术设计城市、乡镇和村庄，以促进居民身心健康、提高生活质量、保护其赖以生存的生态系统。生态城市旨在采用整体论的系统方法，促进综合性的行政管理，建设一类高效的生态产业、人们的需求和愿望得到满足、和谐的生态文化和功能整合的生态景观，实现自然、农业和人居环境的有机结合。

建设生态城市包含以下五个层面：

第一，生态安全。向所有居民提供洁净的空气、安全可靠的水、食物、住房和就业机会，以及市政服务设施和减灾防灾措施的保障。

第二，生态卫生。通过高效率低成本的生态工程手段，对粪便、污水和垃圾进行处理和再生利用。

第三，生态产业。促进产业的生态转型，强化资源的再利用、产品生命周期设计、可更新能源的开发、生态高效的运输，在保护资源和环境的同时，满足居民的生活需求。

第四，生态景观。通过对人工生产、开放空间，如公园、广场、街道桥梁等连接点和自然要素、水路和城市轮廓线的事例，在节约能源、资源，减少交通事故和空气污染的前提下，为所有居民提供便利的城市交通。同时，防止水环境恶化，减少热岛效应和对全球环境恶化的影响。

第五，生态文化。帮助人们认识其在与自然的关系中所处的位置和应负的环境责任，尊重地方文化，诱导人们的消费行为，改变传统的消费方式，增强自我调节的能力，以维持城市生态系统的高质量运行。

三、生态城市的管理

在生态城市的建设过程中，对生态城市的整个建设进行全过程系统管理是非常关键的。生态城市管理同生态城市规划、生态城市建设同等重要。生态城市管理是指把生态城市视为一个复合系统，运用系统科学的理论和方法，控制和实施对生态城市的全面管理。生态城市管理由生态城市管理目标、管理主体、管理对象、管理方法等组成，是一个涉及面广、多目标、多层次、多变量的综合性系统。生态城市管理必须超越传统城市管理的旧模式，对城市管理的思想、方法、手段等进行变革，建立适应生态城市运行的新的管理体系。

生态城市的建设和管理是一个系统工程，涉及城市建设和管理的方方面面。政府作为城市的管理者，需要有管理理论的指导。现代管理理论随着社会的“工业化”发展而来，理论发展丰富充实。对于西方的优秀管理理论，我们应采取“拿来主义”方式，取其精华、去其糟粕，了解其产生的背景，结合中国的特殊情况，创建出具有中国特色的现代管理理论。

（一）生态城市管理目标

1. 经济目标——效率增长

一个真正意义上的生态城市，从经济角度来说，要有合理的产业结构、产业布局，适当的经济增长速度；更重要的是，要有节约资源和能源的生态方式，要有低投入、高产出、低污染、高循环、高效运行的生产系统和控制系统；尤其强调的是资源和能源的有效利用和系统过程的高效运行，用最少的投入获得最大的产出和效率。

2. 社会目标——公平富裕

建立生态城市管理体系的社会目标就是达到公平富裕，在保证城市系统经济健康发展的同时，不能使贫富差距扩大，严格控制基尼系数；提高居民的生活质量，不断降低恩格尔系数。

3. 自然目标——生态良性循环

生态目标是要达到生态良性循环。也就是说，在城市系统内部保持物质、能源的循环流动，从外界输入的能量流、物流、信息流以保持抵消系统运行中的熵增为限；减少不可利用的废弃物的产生，提倡生态化生产和消费，变末端治理为前端治理。总而言之，要保持生态城市本身的发展是理性的、自觉的，符合社会利益的。

（二）生态城市管理原则

生态城市社会、经济及形态等方面的网状结构，决定了其管理必定打破传统条块分割的情况，加强横向联系，建立起网络组织管理结构，实现网络式管理。为了进行科学管理，必须制定相应的管理原则和方法，以确保生态城市充分发挥各种功能，满足人民物质和生活的多种需要，实现城市的可持续发展。生态城市管理原则，就是在对生态城市进行管理时所必须遵守的行为准则与规范。尽管每个城市在实现生态化的进程中各自的条件、实现的目标、发展模式不一，但总体来说必须共同遵守以下一些基本原则。

1. 最大限度地满足公众需要的原则

这是城市建设的根本目的。这里所谓的最大限度，是指在当前经济条件尤其是当前生产力条件下能够满足公众需要的最大限度。为城市居民创造合理、美好的生活和工作环境，是每一个城市发展中应追求的目标。要处理好发展与资源环境承载力的关系，促进人与自然和谐发展。在满足人们日益增长的物质文化需求的同时，一定要符合生态城市建设进程中的不同情况，既注意市民生活质量的提高，又不诱导居民超前消费、盲目消费，减少生态环境的破坏。

2. 统一规划、统一投资、统一建设、统一管理的原则

生态城市是一个完整的系统，各子系统只有在城市管理者和决策者的统一规划指导下，各行各业之间才能合理布局，合理投资建设。历史已经证明，计划经济时期条块分割的管理体制，割断了城市各部门之间的有机联系，各自为政，造成重复建设。同时，只考虑局部合理，而违背了城市的本质就是社会化的原理，阻碍了城市和现代化发展。日益加快的现代化步伐使我国城市管理体制处于新旧两种体制转换时期，生态城市管理必须要从过去的分割局面转到统一规划、投资、建设及管理的轨道上来。

3. 追求综合效益原则

追求综合效益原则是指经济效益、社会效益和环境效益三者统一相互促进的原则。坚持追求综合效益原则就是要从城市总体战略目标出发，对经济活动、社会活动、环境条件做全面的综合的规划管理，以使生态社会效益、经济效益、环境效益得到协调发展。高度的社会化生产没有相互配套的基础设施不行，高标准的基础设施没有高质量的空间环境也不行。在生态城市建设与管理中，一定要兼顾三方的利益，取得最佳综合效益。考核城市效益的指标也不应是单纯从经济上做投入产出分析，而应构建深层次、系统化、多向度的目标体系，促使城市的经济建设、文化建设、环境保护协调发展。

4. 因市制宜原则

不同的城市自然条件与发展方向不同，其功能也不一样。不同特征的城市，在生态城市规划、建设及管理中都应区别对待，而不能脱离实际，实施教条式管理。

5. 整体性原则

要从生态城市系统的整体着眼，把握生态城市的整体特性构建生态城市管理系统。要在管理系统各子系统之间构建支配与从属、策动与响应、决策与执行、控制与反馈、催化与被催化等一系列不对称关系，并科学地划定这些关系比例，使之综合运用，主动协调生态城市系统各要素与系统及要素之间的相互关系，统筹兼顾，做到局部服从整体，整体效益最优。

6. 动态性原则

生态城市是一个非平衡的、动态的发展系统，必须要从系统外不断输入负熵流，才能维持它的相对的稳定状态。构建生态城市管理系统要充分研究并掌握生态城市的运动规律，生态城市管理系统既要适应生态城市的发展，又要调节、控制和引导生态城市的发展，保证生态城市在发展中不断地根据外界条件进行相应的优化调整。

7. 开放式原则

世界上任何有机系统都是耗散结构，要与外界不断交流物质、能量和信息才能维持其生命。生态城市管理系统同生态城市一样是一个开放性的系统，要保持自身的活力就要对外开放，为负熵流的引入创造通畅的渠道。

案例链接

生态城市建设经典案例之一——胡忠雄撰文推介贵阳：爽爽贵阳等你来

“江南千条水，云贵万重山。五百年后看，云贵胜江南。”而镶嵌在云贵高原的明珠——贵阳，更是被一代代文人迁客推崇和追捧。五百年前，一代圣贤王阳明初到筑城，便对贵阳山水发出“遍行奇胜才经此，江上无劳羡九华”的赞叹，后来龙场悟道又对贵阳气候给予“檐前蕉叶绿成林，长夏全无暑气侵”的盛赞。山水之城与避暑天堂完美邂逅，让人在如春凉夏的惬意中尽享如诗时光，爽爽贵阳就这样在夏日的徐徐清风中向我们走来……

徜徉于这座有着山水禀赋和文脉传承的城市，攀黔灵山，感叹“野禽五色仙裙蝶，山黛千盘佛髻螺”的天地造化；游南明河，体悟“水从碧玉环中出，人在青莲瓣里行”的天人和谐；登甲秀楼，领略“烟雨楼台山外寺，画图城郭水中天”的城市韵律；访文昌阁，见证“盛世车书环斗极，遐方文物应奎垣”的城市文脉，一山一水尽显气韵，一楼一阁各展风流。

爽爽贵阳，贵在爽身。盛夏时节的贵阳，没有骄阳似火，唯有凉意满怀，阵阵清风浸润身体的每个毛孔，犹如置身茂密林荫之下，又似身处空山幽谷之中，尽享天然空调、生态氧吧的舒爽清凉。“趺坐万竹中，凉风生静衣”，是黔中贤士竹林畅游对清风送爽的感慨；“虹霓蒸海气，烟雾洒春岚”，是明朝文人送友赴任对宜人生态的赞誉。大自然对贵阳格外偏爱、不吝馈赠。北纬 26 度、平均海拔 1 100 米，最佳的纬度与高度在这里相拥，造就了地球上最美的风景和最适宜人居住的环境；夏季平均气温 22.3℃、相对湿度 76%至 79%，最佳的温度与湿度在这里相遇，让人体机能良性运转、肌体活力充分焕发；负氧离子浓度每立方厘米 1 万多个、平均风速每秒 3 米以下，最佳的浓度与风度在这里相逢，让人沉浸氧海、吸氧畅游。无与伦比的“六度”，孕育了这方独一无二的康养胜地，成就了贵阳蜚声中外的避暑美誉。

爽爽贵阳，贵在爽心。一方水土养一方人。跨越浩瀚的历史长河，多元文化在这里交融，多彩文脉在这里激荡。四万年前，贵州先民在高峰镇招果洞建造了“洞穴家园”，创造了中国目前发现最早的通体磨光石器之一，被考古学界誉为解开中国旧石器时代晚期技术革命之谜的一把钥匙。两千年前，秦通僰道，汉置牂牁，神秘的夜郎古国融入了汉帝国，成为汉文化天空中的一颗灿烂星辰。一千二百年前，自唐代开始，开阳兴起丹砂开采，逐渐成为中国丹砂采冶的重镇，为中华文化增添了一抹绚丽的“中国红”。一千年前，从宋代以后，青岩古道成为茶马互市的重要通道，形成商品贸易的大动脉，无数传奇故事、历史沉浮都在马帮的声声驮铃中回响不息。六百年前，水东土司女杰刘淑贞“卷裙走马四千里”，远赴南京觐见朱元璋，化解了西南边陲战乱危机，留下了民族团结进步的千古佳话。五百年前，王阳明在修文龙场参学悟道、开宗立派、教化民风，提出了“知行合一”学说，成为中国思想史上的一次裂变，塑造了贵阳城市精神的文化内核。近百年来，无数黔中英杰“愿将满腔热血，换来幸福人间”，以身证道、改天换日，中共贵州省工委旧址、息烽集中营革命历史纪念馆、百宜红军烈士陵园，一处处红色地标熠熠生辉，留给贵阳人民厚重的红色基因。六十年前，“悬崖险绝通铁道，巍山恶水齐变样”的“三线”建设者，以青春抒写家国情怀，铸就了砥砺初心、艰苦创业的精神丰碑。古往今来，渊深厚重的历史根脉和人文精神，滋养着贵阳儿女、浸润着黔中大地，造就了“知行合一·协力争先”的精神品格，生生不息、历久弥坚。

爽爽贵阳，贵在爽眼。贵阳是一个青山如屏、水鸣如琴、别有洞天的大山地公园、大森林公园，“溪瀑峡石洞城”浑然天成、“山水林田湖草”一体共生。看扶风山泉清树古，茂林掩名祠，奇山藏书院，体悟“雨滋苔藓侵阶绿，露洗松阴满院清”的幽静雅致。看天河潭飞瀑流湍，水自天上泻，雾从云中生，沉浸“空山闻水声，碧潭衍飞瀑”的壮阔景致。看森林公园林木蓊郁，立黔南首关，俯重峦叠嶂，饱览

"一山高耸翠微巅，突兀穿云欲到天"的钟灵毓秀。看十里河滩水明如镜，流潺潺岁月，忧芸芸苍生，尽享"真山真水到处是，几步花圃几农田"的田园风情。看红枫湖一碧万顷，织河道沟汊，集旧沙湾洲，欣赏"一折青山一扇屏，一湾碧水一条琴"的诗情画意。看高坡云顶碧草连天，草长莺飞绿，奔马驰浩瀚，沉醉"倚空千嶂横起，银阙正当中"的静谧灵动。还有弦歌不辍的孔学堂，碧水苍山的鸭池河，童趣盎然的云漫湖，浪漫温情的花溪公园，古朴幽深的青岩古镇，绚丽绽放的万亩樱花，玉水金盆的底窝八寨，烟雾缭绕的南江大峡谷……延绵百里的环城林带，穿城而过的南明河水，星罗棋布的绿地公园，缓缓铺展出"十里山水半入城"的美丽画卷。城是一幅景，景是一座城。居于闹市高楼也能品山水之味，游走林间田舍也能赏城市之美，寄身市井巷陌也能享湖草之乐。崇尚天人合一的贵阳人，早已将城市与自然的和谐共生浸透血脉、融入灵魂。

爽爽贵阳，贵在爽口。贵阳，一块神秘又独立的风味自留地，一座汇聚四方佳肴的美食博物馆，山城的韵味和人情的意味在这里相互交织，酸辣的刺激与奇鲜的柔美在这里激烈碰撞，造就了千姿百态、千变万化的人间风味。辣，构成了贵阳美食的底色。糟辣椒、糊辣椒、油辣椒、烧辣椒、糍粑辣椒，辣得酣畅，软糯香滑的辣子鸡、麻辣松脆的香酥鸭、行销全球的"老干妈"，成为无数游子的"乡愁"寄托。酸，勾勒了贵阳美食的特色。酸可与一切相溶，红酸、白酸、鱼酱酸、晒醋酸、杨梅酸，酸得过瘾；酸可与一切相遇，鲜鱼、牛肉、猪蹄、肥肠，热气腾腾的酸汤火锅，既开了胃又暖了心。奇，增添了贵阳美食的亮色。贵阳有数百种小吃，肠旺面筋道弹牙、牛肉粉汤鲜味美、糯米饭咸甜相宜，在每个早晨唤醒沉睡的味蕾；清新的丝娃娃肚容万物、热辣的豆腐果外焦里嫩，在每个小摊等待逐味的老饕；滚烫的糕粑稀饭甜糯香浓、冰凉的玫瑰冰粉沁人心脾，在每个街角惊艳疲惫的心灵；爽脆的折耳根其貌不扬，却能在每碗蘸水中释放奇特的口味。鲜，体现了贵阳美食的绿色。最优良的环境、最洁净的土壤，造就了绿色生态的山野之味，牛肝菌、羊肚菌、鸡枞菌等"黔菇"，雷竹笋、方竹笋、楠竹笋等"黔笋"，香椿、阳荷、蕨菜等"黔芽"，与甘甜井泉不期而遇，完美诠释了"人间有味是清欢"。辣、酸、奇、鲜，在此起彼伏的吆喝、摩肩接踵的喧嚣、流光溢彩的夜市中，绽放出"千家万户店铺开"的市井烟火。

爽爽贵阳，贵在爽购。曾经"地无三尺平"的贵阳，早已架起了千山万壑上的"高速平原"，随着天堑变通途，"养在深闺人未识"的"黔货"走出大山、"天生丽质难自弃"的"贵品"走向世界……这里有贵酒黔茶。"贵山贵水迎贵客，好山好水出好酒。"酱香白酒醇香浓厚、手工米酒清香甘甜、生态果酒蜜香飘溢，"风来隔壁三家醉，雨过开瓶十里香"，贵酒已凝成时光的幽雅细腻，汇成岁月的回味悠长。"南方有嘉木，黔地出好茶。"唐代陆羽在《茶经》中盛赞黔茶"其味极佳"，滋味香浓的都匀毛尖、不疾不缓的湄潭翠芽、汤色红艳的普安红茶，在沸水升腾中奏响自然的韵律、释放大地的芬芳。这里有贵银苗绣。"传统的也是时尚的，民族的也是世界的。"千年非遗历久弥新，"纹、珠、饰"美轮美奂，"绣、画、染"出神入化，千锤百炼的银饰，巧夺天工传"绝活"，银丝万缕间闪耀民族艺术之光；大美无言的苗绣，绣出时尚新"国潮"，飞针走线中编织民族无字华章。这里有黔药贵果。"黔地无闲草，夜郎多灵药。"苗岭山脉间，孕育着一座"天然药物宝库"，56个中药材国家地理标志产品、95种黔产道地药材遍布黔中大地，成就了以杜仲、灵芝、天麻为代表的"贵州三宝"黔草名片。"奇山秀水出珍果"，猕猴桃、刺梨果、蜂糖李、红樱桃、火龙果……这些蕴山水之灵秀、领自然之神韵的绿色食品，是"舌尖上的贵州制造"，也是献给世界的健康礼包。

爽爽贵阳，贵在爽游。贵阳无山不青、无峰不险、无林不茂、无水不秀，东西南北皆有美景，老幼中青各得其所。纵情山水之间，没有案牍劳形、车喧马嚣，只有逍遥自得、从容悠然。这里，让莘莘学子神往，革命圣迹、儒学基地、地质公园，是感悟精神、研学心修、探索奥秘的宝地，可在"行万里路"中"读万卷书"。这里，让年轻一代心动，奇峰峭壁、清溪飞瀑、深涧幽洞，是攀岩探险、漂流露营、山地运动的天堂，可在“忽魂悸以魄动”中饱览鬼斧神工。这里，让不惑一族躺平，民族风情、古镇文脉、乡村民宿，是都市休闲、农耕体验、亲子游玩的乐土，可让“久在樊笼里”的身心“悠然见南山”。这里，让银发老人忘忧，天然药谷、生态氧吧、矿物温泉，是理疗康养、候鸟旅养、修身颐养的福地，可在“游目骋怀青山间，物我两忘绿水中”享受最美夕阳红。每一位旅者都能在这里找到深埋心底的诗和远方。

走遍大地神州，醉美多彩贵州！让我们在漫长的夏日里，穿越重重关山，冲破氤氲云雾，相遇“爽爽贵阳”，共赴心灵之约、共鉴山水之美、共品人间之味、共享“六爽”之魅！

资料来源：胡忠雄．爽爽贵阳等你来［N］．贵阳日报，2022-05-23（A02）．

生态城市建设经典案例之二——昆明：改善生态环境 打造生态城市

“东风随春归，发我枝上花。”春回大地，万物复苏，大美昆滇，生机勃勃。

随着生态文明建设大力推进，绿水青山就是金山银山的理念深入人心。保护生态环境就是保护自然价值和增值自然资本，就是保护经济社会发展潜力和后劲，使绿水青山持续发挥生态效益和经济社会效益。

守护绿水青山、蓝天白云，我们每个人都应该是生态环境的保护者、建设者、受益者。让我们尽情享受美丽春光，积极踊跃行动起来，呵护一草一木、一虫一鱼，减少能源资源消耗和污染排放；要在生态优先、绿色发展上下功夫，为打造宜居宜业的生态城市做出自己的贡献。

“要像保护眼睛一样保护生态环境，像对待生命一样对待生态环境。”2015 年 1 月，习近平总书记考察云南时对生态环境保护提出了殷切希望，叮嘱云南保护好生态环境，努力建设全国生态文明建设排头兵。

2020 年 1 月，习近平总书记再次来到云南考察调研时强调，推动经济高质量发展，决不能再走先污染后治理的老路。只要坚持生态优先、绿色发展，锲而不舍、久久为功，就一定能把绿水青山变成金山银山。

昆明牢记嘱托、肩负使命，要在生态优先、绿色发展上下功夫，打造宜居宜业的生态城市。

生态昆明、宜居春城，用数据说话——2021 年空气质量优良率 98.63%，上榜全国前 20 名单；COP15 第一阶段会议圆满举行，以昆明命名的《昆明宣言》、“昆明生物多样性基金”，提升了昆明的城市影响力、美誉度……

蓝天白云成为昆明的一张靓丽名片

2021 年昆明空气质量排全国第 15 位；2022 年 1 月，昆明市空气质量优良率 100%，排全国第 3……在生态环境部发布的全国重点城市空气质量排行榜上，“昆明蓝”经常榜上有名。蓝天白云成为昆明的一张靓丽名片，也是人们热爱昆明的一大理由。

保护“昆明蓝”，是全市上下共同的目标。2021 年 3 月 1 日，《昆明市大气污染防治条例》正式实施，明确抓好以 $PM_{2.5}$ 和 O_3 协同控制为重点的大气污染防治，让大气污染防治工作更为精准。针对因气象条件、外源污染等因素导致的春夏季空气质量相对较差的情况，昆明市精准治理，开展春夏季大气污染综合治理。同时，严格扬尘、臭氧污染防控现场督促机制，加强夜间建筑工地扬尘污染防治，曝光主城区建筑工地噪音扰民投诉。各项严格措施守护着“昆明蓝”，过去 6 年，昆明市空气质量优良率保持在 98% 以上，在全国排名前列。

昆明加强重点企业土壤环境监管，持续推进农村环境整治，加强尾矿库环境污染防治，完成 78 个尾矿库污染治理“回头看”核查。制定《昆明市医疗废物应急处置预案》，做好全市医疗废物的及时收运、安全处置工作。近年来，昆明市未发生因耕地土壤污染导致农产品质量超标且造成不良社会影响事件，未发生因疑似污染地块或污染地块再开发利用不当且造成不良社会影响的事件。

严格执法倒逼环境质量改善

昆明市加强日常监督管理，把环保执法摆在突出位置来抓，以执法推动生态环境保护、倒逼环境质量改善。

2021 年，以环境监管执法为重点，昆明市生态环境部门打造了“绿剑”专项执法行动品牌，在 6 个批次的专项行动中检查 13 个县（市）区、开发（度假）区，检查各类对象 1 984 个，查出问题 3 624 个，现场提出整改建议 4 309 条，立案 644 件。

为让执法举措更实，“绿剑”执法行动抽调精干执法人员、技术人员组成专项执法行动领导小组并现场统一指挥调度，不同属地的专项执法小组实行异地包干，实现交叉执法、重点执法、精准执法、靶向执法。被检查县（市）区、开发（度假）区实行回避，不参与执法检查，保障了交叉执法的独立性，避免执法工作出现“灯下黑”。以“绿剑”行动为契机，昆明市环保执法工作有序推进，2021 年办理行政处罚案件 1 641 件，罚款 1.3 亿元。

将开展城市品质七大提升行动

2021 年 10 月，举世瞩目的 COP15 第一阶段会议在昆明举行。“大会充分体现了绿色、节俭的会风，处处彰显昆明市的生态环保理念。”会议期间，与会嘉宾对大会中的“绿色元素”印象深刻。

2022 年，COP15 第二阶段会议将在昆明召开，昆明市将举全市之力做好服务保障工作，让绿色之风继续吹拂春城。昆明市 2022 年《政府工作报告》明确，为迎接 COP15 第二阶段会议，昆明市将开展城市品质七大提升行动，持续优化扶荔宫、宝丰湿地、100 组立体花坛，精心打造 100 个街心花园，整治提升 100 条背街小巷，提升 60 个地铁站点绿化景观，加快主城区新能源巡游出租汽车推广应用，以良好的形象迎接中外嘉宾。

常态化监管也将持续跟上。昆明市将深化污染防治攻坚战，确保全市环境空气质量达到国家二级标准，空气质量优良率达到 98% 以上，城市空气质量优良天数稳定在省会城市前列。

加强土壤污染防治，确保建设用地安全利用得到有效保障。推进工业固体废物和危险废物整治，强化核与辐射监管，加大环境执法力度。

此外，推进绿色低碳发展，编制碳中和行动方案，落实能耗双控措施。推行垃圾分类和减量化、资源化，倡导文明健康、简约适度、绿色低碳的生活方式。

如今，一个个环保举措落地生效，一个个环保项目发挥效能，未来的昆明，将用更高标准的天蓝、地绿、水清，打造一个宜居宜业的生态幸福之城。

资料来源：董宇虹. 改善生态环境，打造生态城市[EB/OL].(2022-03-29)[2022-07-29]. http://daily.clzg.cn/html/2022-03/29/content_207235. htm.

■复习思考题

1. 何谓生态城市？建设生态城市有什么意义？
2. 简述生态城市的评价方法。
3. 生态城市管理应遵循的原则是什么？
4. 简述生态城市规划的程序及主要内容。
5. 结合实际，论述我国生态城市评价指标体系。

第八章

欠发达地区的生态经济建设

我国欠发达地区面积广，人口多，自然条件复杂，自然资源和生物多样、丰富，为我国的经济发展提供了宝贵的资源和生态支撑。如今，欠发达地区的生态环境不断恶化，环境形势相当严峻，生态经济建设尤为重要。所以，我们要以实现欠发达地区经济的可持续发展为根本途径，解决人与自然之间的矛盾、经济发展与环境保护之间的矛盾，积极探索欠发达地区的生态经济建设方式。

第一节　欠发达地区生态经济建设的意义

一、确保农业的可持续发展

农业是国民经济的基础，农业是决定一个地区经济健全完善的基本条件，欠发达地区生态经济建设是确保农业可持续发展的重要保障。由于各种原因，我国农业发展滞后，党的十八大以来，政府充分认识到农业可持续发展的重要性，并已经明确指出，农业与农村的可持续发展是中国社会经济全面可持续发展的根本保证和优先领域。由于在地理、生态和政治、经济环境等方面的特殊性，欠发达地区农业的可持续发展也具有特殊性。正确分析欠发达地区农业的资源现状，合理开发利用农业资源，确保农业的可持续发展，具有十分重大的现实意义和深远的历史意义。因此，我们要持续地改变传统农业的发展方式，加大生态农业发展力度，将先进的技术更多地引入到欠发达地区的农业领域，进一步促进欠发达地区农业的可持续发展。

马克思在《资本论》中指出："在自然肥力相同的各块土地上，同样的自然肥力能被利用到什么程度，一方面取决于农业化学的发展，另一方面取决于农业机械的发展。这就是说，肥力虽然是土地的客观属性，但从经济学方面说，总是同农业化学和农业机械的现有发展水平有关系，因而也随着这种发展水平的变化而变化。从耕种的发展过程来说，可以由比较肥沃的土地转到比较不肥沃的土地，同样也可以采取相反的做法。"马克思的这一论述指出了发展农业的主要制约因素——土地肥力的重要性和可逆性，说明农业的可持续发展必须建立在对广义土地资源的合理利用上，这是确保土地得以永续利用的关键。只有土地资源具有持续的生产力，人类赖以生存的基本生活资料得以永续供给，人类社会才能实现可持续发展。

二、维系国家生态安全大局

欠发达地区生态经济建设对维系国家生态安全大局具有重要的战略意义。欠发达地区多处于我国西部，西部是我国很多大江大河的发源地，如长江、黄河等，因此西部生态环境的好坏，不仅关系到西部本身经济社会的可持续发展，而且会影响这些流域的生态安全和经济安全，其生态建设对确保流域中下游地区的国土安全、人民生命财产安全和经济发展意义重大。长期以来，由于资源开发利用不当，西部地区的森林面积锐减、草地植被破坏、水土流失、沙化严重，对中下游地区的生态造成了恶劣影响。因此，加强欠发达地区生态环境治理与保护，在欠发达地区进行生态经济建设对维系全国生态安全大局具有重要的战略意义。

三、推进和谐社会的建设

欠发达地区生态经济建设是实现我国经济生态发展目标和构建和谐社会的重要保

证。我国欠发达地区经济发展整体落后于中东部地区，发展经济的条件整体上也不如中东部地区的条件优越，欠发达地区发展经济的原动力又主要来自农业。由于土地的边际效用递减，传统农业发展到今天已经不能满足欠发达地区人们的生产生活需要了。如果欠发达地区的经济不发展，会影响整个国家经济发展的大局。改变欠发达地区落后的经济现状，必须从建设生态经济着手，建立生态农业，从而带动欠发达地区的经济建设，从根本上实现欠发达地区农业和农村经济的可持续发展。只有欠发达地区的生态经济快速发展起来，我国生态经济发展的战略才具备可靠的物质基础，也只有通过生态经济的建设，欠发达地区和中东部地区的差距才会逐渐缩小，才有利于构建和谐社会。

第二节　欠发达地区生态经济建设的现状

一、产业结构层次低

产业结构也称国民经济的部门结构，是指国民经济各产业部门之间以及各产业部门内部的构成。社会生产的产业结构（部门结构）是在一般分工和特殊分工的基础上产生和发展起来的。从宏观上来讲，产业结构主要研究生产资料和生活资料两大部类之间的关系；从微观上来讲，产业结构主要是研究农业、轻工业、重工业、建筑业、服务业等部门之间的关系，以及各产业部门的内部关系。

现代产业结构理论认为，经济发展与产业结构变迁是相互联系、相互影响的。产业结构的优化升级依赖于经济的发展，同时产业结构的优化又可以推动经济的快速发展。与发达地区相比，欠发达地区产业发展的差距主要在于：产业结构层次低、产业优化升级速度偏慢、创新能力不足、产品附加值偏低。产业结构层次低下制约着欠发达地区生态经济的发展。下面具体针对第一、第二、第三产业的内部结构进行分析。

（一）第一产业

我国欠发达地区具有农业人口多、人口整体受教育程度较低、生产方式较中东部地区落后等特征，对农业生态造成了一定程度的破坏。主要体现在以下两个方面：

1. 传统耕种方式对生态环境的影响

欠发达地区较多的农业人口和资源环境的比例不相匹配，不利于生态环境的保护。尽管很多欠发达地区的交通已经比以前更为方便，但是和中东部地区相比较而言，欠发达地区农业生产技术比较传统，农业产业结构并不完善，农业经济作物比重不高，农业生产更多的是粮食生产。因此，较多采用传统耕种方式进行的农业生产对土地依赖较大，有些时候需要通过开垦荒地的方式来增加产量，在一定程度上不利于生态环境的保护，影响欠发达地区的生态经济建设。

2. 农业生产效率低下

欠发达地区经济发展落后，农民收入和财政收入普遍较低，没有多余资金投入农业科研、基础设施等公共服务建设，生产技术水平不高，很多地区都存在着粗放式的农业灌溉、过度放牧等传统的农业生产活动，农业生产率低，影响农业循环发展与农业规模经济的发挥。

（二）第二产业

欠发达地区技术密集型产业比重偏低，高能耗、重污染的资源密集型产业所占的比重较高。主要表现在以下三个方面：

1. 欠发达地区承接产业转移的企业往往层次比较低

随着经济发展，要素成本上升，发达地区往往会选择发展新兴产业，向欠发达地区转移高污染、高消耗的产业来调整产业结构。而欠发达地区由于经济发展落后，科研投入不足，新兴产业的发展缺乏必要的科技与经济支撑，需要通过承接产业转移来发展工业经济。因此，产业转移加大了对欠发达地区资源的消耗与环境的污染。

2. 欠发达地区对资源的开发和利用往往不合理

欠发达地区环保意识相对薄弱，在承接产业转移的过程中，往往会以牺牲环境为代价来换取短期的经济增长。因此，如果欠发达地区在此过程中缺乏理性分析，只注重承接的规模与地区生产总值增速，一味地开采和消耗资源，而不注重科学合理的规划与产业布局，一味地排放污染物，而不注重技术处理与环境保护，必然导致欠发达地区资源的耗竭与环境的恶化，使本来就脆弱的生态环境持续恶化，最终使资源难以循环利用，经济难以持续发展。

3. 欠发达地区往往忽视对生态环境的建设

欠发达地区的地方政府受利益驱动，往往忽视生态环境的建设，忽视环境污染和生态破坏对经济建设所造成的不利影响。中央政府和地方政府之间存在着利益博弈，中央提倡建设生态经济，但是生态经济建设的有效实施必须依靠地方政府，由于目前我国干部政绩考核标准尚未从根本上得到转变，很多地方政府，尤其是欠发达地区的地方政府以追求地区生产总值增速作为主要政绩来抓，当经济增长与环境保护之间发生矛盾时，地方政府往往更倾向于保护经济增长，而放任高污染企业的发展，致使当地的生态环境不断恶化。

（三）第三产业

对于欠发达地区而言，在中央和地方政府的大力支持和鼓励下其第三产业有了较大的发展，但是从整体上来看，第三产业所占比重依然偏低，发展严重滞后，在第三产业内部，餐饮、旅游、商业零售等传统服务业所占比重高，信息咨询、现代金融、现代物流服务等现代服务业所占比重低。过去人们认为，发展第三产业所需资源消耗低，对环境污染少，大力发展第三产业能有效缓解目前经济增长过程中产生的资源环境瓶颈，然而这只是相对于第三产业内部的某些行业而言。从整体上来看，随着社会经济结构的变化，传统服务业的污染问题已成为继工业污染之后又一环境污染来源。服务业与人们的生产生活息息相关，渗透到衣食住行的各个方面，如过度旅游会对自然生态、人文景观造成损害，饭店使用的一次性餐具会造成白色污染等，服务业的服务过程通常伴随着资源、能源的消耗和噪声、电磁辐射等污染的产生。服务业的污染与第一、第二产业对环境的显性破坏不同，服务业的污染往往不是服务本身所造成的，因而较为隐蔽，不易察觉，但是其对环境的破坏又是客观存在的。因此，对于传统服务业占第三产业较大比例的欠发达地区而言，需要按照生态经济的发展要求从各个方面对第三产业进行改造，提升传统服务业。

二、产业集聚度低

产业集聚是指某一产业的企业大量集聚于某一特定的地理区域内，通过共享基础设施、技术集中开发，形成稳定且具有竞争力的集合体。产业集聚是产业演化过程中出现的一种地缘现象，是工业化发展到一定阶段的必然产物。产业集聚能够产生规模收益和正的外部经济，能够对一定区域内的科技、知识、资金、信息等生产要素进行有效集聚，易于推进集聚区内资源利用最大化、废物产生和排放最小化、无害化，从而促进生态经济的建设。欠发达地区工业化和城市化发展滞后，产业集聚度比较低，不利于生态经济的建设。主要表现在以下两个方面：

1. 产业集聚度低不利于企业间技术交流合作

从技术创新角度来看，集聚区内的企业如果都能够共享和交流相关专业技术，集中力量开发、利用建设生态经济的核心技术，就可以使技术创新能力得到大幅度的提高。从技术扩散角度来看，产业集聚效应可以强化技术的扩散效应，因为技术扩散效应与扩散的空间距离呈现正相关关系，空间距离越近越有利于技术的推广与普及，并且可以通过技术的扩散带动周围企业的发展进步。

2. 产业集聚度低不利于生态经济建设

如上下游产业链上的企业之间可以对资源、能源进行梯级利用，降低企业间废物交换利用的相关费用，从而降低企业的生产成本。而且，欠发达地区企业规模偏小，如果每个企业都购买污染物处理设备，不仅费用高昂，也是非理性的，如果在一定空间上聚集，就可以共享设备和基础设施等，为企业进行清洁生产提供便利。

三、再生资源产业发展不足

再生资源是由废旧物资转化而来，主要是指社会生产和消费过程中产生的可以利用的各种废旧物，其中包括企事业单位生产和建设中产生的金属和非金属的废料、废液，报废的各种设备和运输工具，城乡居民和企事业出售或丢弃的各种废品和旧物。再生资源由于具有再生性质，通常也被人们称为二次利用废物或是二次资源。有资料显示，目前世界上主要发达国家每年再生资源回收价值为 2 500 亿美元左右，世界钢产量的45%、铜产量的62%、铝产量的22%、铅产量的40%、锌产量的30%、纸制品产量的35%都来自再生资源的回收利用，因此，再生资源产业不仅能节约资源，而且有广阔的发展空间和市场前景。从生产成本来讲，再生产资源的生产成本包括废旧物资的收购价格；废旧原料的回收收集、分类整理和长途运输中产生的大量成本；加工成本，其中包括再生设备购置费、安装费、防止二次污染设备费以及每年的企业生产运行费等。

按照规模经济的理论，当规模经济产生时，企业生产某种商品的成本会随着数量的增加而降低。就欠发达地区目前的情况来看，再生资源企业规模普遍较小，还没有实现规模效益，生产成本高，欠发达地区资源再利用和再生技术发展滞后，使得回收资源的利用成本更高。所有这些因素导致再生资源的成本过高，甚至高过了初次利用资源的价格，因而再生资源在价格上并不具有优势，在产品品质上也未必具有优势，事实上，利用再生资源所生产的产品的质量比不上利用初次资源生产的产品的质量，客观上也导致了再生资源产业发展的不足。

随着欠发达地区工业经济的发展，城镇化水平的提高和地区人口的膨胀，资源的消耗速度越来越快，再加上欠发达地区的生产力水平比较低，经济仍处于粗放型增长阶段，因此单位地区生产总值产出的能源消耗与发达地区差距很大，长期下去，必然加剧欠发达地区自然资源的耗竭，并带来严重的环境污染，制约欠发达地区生态经济的建设。发展再生资源产业，既可以消除垃圾处理不当带来的安全隐患和环境污染问题，又可以最大限度地提高资源利用率。

但是欠发达地区再生资源产业发展严重不足，再生资源回收利用效率低，制约生态经济的建设。欠发达地区再生资源产业发展特点有以下两点：

1. 对再生资源产业认识不足与缺乏长远规划

再生资源产业的发展需要融合哪些社会资源？能够生产出何种社会产品？满足哪些社会需要？对于这些问题，欠发达地区的认识严重不足。欠发达地区对再生资源企业缺乏正确的引导和科学合理的规划，使再生资源产业还停留在“捡破烂”“捡垃圾”的民间松散回收方式上，而不是把它作为一个产业加以培育，没有严格按照回收、分类和无害化处理的步骤来建立社会化的废物回收利用产业体系。自发进行回收的企业散布在城市各个角落，回收效率低、占地面积大、重复建设严重，大量浪费了紧缺的土地资源，对经济发展的贡献率不高，社会经济效益低下。

2. 资源再生利用技术设备落后

欠发达地区再生资源产业的生产经营以个体经营和小企业为主，加工处理工艺落后，装备水平较低，又缺乏引进新技术、新设备的能力，从而导致回收利用的产业化程度低。此外，再生资源的生产对专业技术的要求高，如果不合理生产，极易产生二次污染。例如，对蓄电池、干电池以及电子产品等废旧物资的回收利用，由于技术设备落后，从事加工处理人员又没有经过专门培训，在加工过程中往往会引起严重的环境污染。

四、生产技术落后

生态经济建设是一项复杂的系统工程，不仅需要政策的支持，还离不开一些复杂的科学技术，如替代技术、减量技术、再利用技术、资源化技术、系统化技术等，只有依靠科技投入循环发展才能有更大的产出，才会获得更大的收益，公众才能体会到建设生态经济带来的实实在在的好处。对于欠发达地区而言，生产技术落后主要体现为技术装备的落后、技术研发动力不足，最终导致生态经济技术转换和推广成本比较高。

从技术装备来讲，装备制造是经济增长的发动机，也是科学技术的载体。从总体上来看，一方面高耗能、高耗水、高污染的传统生产工艺，落后的技术和设备在欠发达地区普遍存在，制约着欠发达地区生态经济的建设；另一方面，由于发达地区大量向欠发达地区进行落后产能转移，一些落后的技术设备在欠发达地区还存在一定的生存空间，生产工艺中使用落后的技术装备，不仅资源消耗大，还导致环境的污染，也加大了欠发达地区淘汰落后产能的难度，加大了产业升级和生态经济建设的难度。因此，在推进欠发达地区生态经济建设的过程中也不能放松对落后生产技术装备的改造升级。

从技术研发动力来讲，欠发达地区企业规模普遍较小，自有资金不足、科技创新意识薄弱，因而普遍存在对科研的投入不足，科技人员少，科技服务体系不健全，技术研发能力薄弱，创新能力不强。在制度上，欠发达地区政府没有针对技术创新专门制定相应的激励制度，不能对技术人员及企业家取得的成绩进行合理的评价，不能从制度上保障技术创新。

由于技术装备落后以及缺乏相应的技术研发动力，欠发达地区生态经济技术转换和推广成本较高。在欠发达地区推进生态经济建设的过程中，企业的行为起着决定性的作用，但是如果企业自身的发展与建设生态经济并非完全耦合，就会严重影响企业发展生态经济的主动性和积极性。具体包括以下三个方面：

1. 废弃物处理的规模

任何企业进行废弃物处理都有一个规模问题。欠发达地区企业规模普遍较小，单个企业排放的废弃物数量远远低于处理的最小规模，难以形成规模经济，因而企业通过内部循环综合利用废弃物是不经济的，也是非理性的。

2. 企业环境投入高

欠发达地区仍有很大一部分企业还是按照传统观念进行管理，认为污染综合治理和产品生产是相互独立的，进行污染治理和环境保护会损害既得的生产效益，因为这个过程需要投入。因此，企业即使认为一些新的技术符合生态经济建设的要求，也会因为投入大而放弃使用新的技术，从而使企业的技术选择与社会的长远利益产生矛盾。

3. 企业财政投入高

企业进行清洁生产，开展生态经济建设，就必须对生产设备进行技术更新和改造，对生产工艺流程进行再造，这就需要对企业进行大量的资本投入。一方面，资本投入的增大，会让企业背上沉重的包袱；另一方面，其投入的结果又很难预测，因为生态经济建设有一个重要的特征就是效益的滞后性。这就产生了一个矛盾，即企业进行清洁生产，开展生态经济建设产生了大量成本，而生态环境效益的显现却非常缓慢，这就意味着资本一旦投入就需要较长时间才能回收，甚至还无法回收，形成所谓的“沉淀成本”。10 年前，要建设一座服务人口 30 万~40 万人、日处理能力 10 万吨的污水处理厂，需要 2 亿元以上的总投资，建成后每年的运行费用也高达千万，这对于经济发展落后的欠发达地区的企业而言，简直就是天文数字。所以，生产技术落后成为欠发达地区生态经济建设的一个障碍，依靠单个企业的力量又不能完全实现生产技术的革新，因此，欠发达地区的生态经济建设必然依靠政府的支持，进行相应的技术革新才能完成。

案例链接

四大都市农业模式成功案例解析

都市农业是指在都市化地区，利用田园景观、自然生态及环境资源，结合农林牧渔生产、农业经营活动、农村文化及农家生活，为人们休闲旅游、体验农业、了解农村提供场所。换言之，都市农业是将农业的生产、生活、生态等“三生”功能结合于一体的产业。

其中，都市农业是以生态绿色农业、观光休闲农业、市场创汇农业、高科技现代农业为标志，以农业高科技武装的园艺化、设施化、工厂化生产为主要手段，以大都市市场需求为导向，融生产性、生活性和生态性于一体，高质高效和可持续发展相结合的现代农业。

1. 美洲模式——以生产和经济功能为主

以美国的市民农园为该模式的代表，参与市民农园的居民，与农园的农民或种植者共同分担生产成本、风险及盈利，农园为市民提供安全、新鲜、高品质且低于市场零售价的农产品。

目前，美国都市农业占总面积的10%，其价值占美国农产品总价值的1/3以上。市民农园加强了农民和消费者的关系，增加了区域食品供给，促进了当地农业经济发展。

2. 欧洲模式——以生态和社会功能为主

以欧洲城市最典型，如英国的森林城市、德国的田园化城市等，由于经济发达和文化传统等原因，更重视人与自然环境的和谐相处和生活质量的改善与提高。

比如，德国政府为每户市民提供一小块荒丘，市民用作自家的“小菜园”，实现蔬菜生产自给自足。后来，市民农园的土地一部分是镇、县政府提供的公有土地，另一部分是居民提供的私有土地。政府不干涉市民种什么、如何经营，但其产品不能出售，这是与美国市民农园的主要区别之一。承租人中途可以退出或转让。目前，德国市民农园的承租者达83万人，产值占全国农业总产值的1/3左右。

3. 亚洲模式——以经济、社会和生态功能为主

近年来，日本都市农业由经济功能向社会、生态兼顾转化，注重农业与旅游的结合，设立菜、稻、果、树等众多田园，吸引游人参观体验；在一定区域范围内运用现代科技与先进的农艺技术，建设现代化的农业设施，走农业之路生产四季所需的无公害农产品；通过有实力的农业集团建设一些有特色的农产品生产基地，并依托科技进行深层次开发。

又如，新加坡的都市农业既有生产功能，也有供市民参观、学习、休闲之功能。该国十分重视都市农业向高科技、高产值发展，打造了众多农业科技园，由国家投资建设，然后通过招标方式租给商人或公司经营；建设农业生物科技园，进行新农业技术的研究与开发。

4. 非洲模式——以郊外食物农业为主

20世纪中后期，特别是20世纪90年代以后，拉丁美洲、非洲一些国家开始发展以郊外食物农业为主的都市农业发展模式。

据统计，生活在厄立特里亚、埃塞俄比亚、肯尼亚、坦桑尼亚、乌干达和赞比亚等国城市中的6.5亿市民中，有2.5亿人通过都市农业获得部分食物；市民家庭食物自产率在东雅加达市达到18%，在内罗毕市达到50%，而在坎帕拉市达到60%；在哈瓦那，城市菜园明显提高了农户及其所在社区的食物数量和质量。

国外的一些经验适合其自身的国家环境，但未必适合我们国家。新时代，都市农业作为农业现代化的排头兵和引领者，可以有效对接和引领乡村振兴战略在产业融合、科

技支撑、环境美化等方面的发展。都市农业新业态在融入不同的关键要素后，已成为实现城乡统筹发展的重要引擎，成为现代农业示范，第一、第二、第三产业融合，现代农业技术装备集成的重要载体。都市农业与乡村振兴战略联动发展，将会带来新一轮的创业、创新浪潮和广阔的市场空间。

资料来源：http://www.360kuai.com/pc/9352633e8f7835010? cota=4&tj_url=so_rec&sign=360_57c3bbd1&refer_scene=so_1.

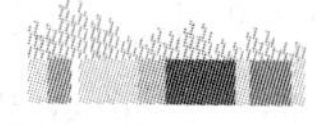

第三节　欠发达地区生态经济建设的途径

一、欠发达地区生态农业建设的途径

一般而言，欠发达地区存在产业结构层次低、产业集聚度不高、再生资源产业发展不足、生产技术落后、制度建设滞后等五个方面的不足，从而不利于生态经济建设。因此，欠发达地区的生态经济建设主要从这五个方面入手：调整产业结构，优化产业层次；增强产业聚集能力，提高区域产业聚集度；发展再生资源产业，提高资源的利用效率；进行技术革新，促进技术和生产设备的升级换代；进行制度创新，从制度层面上为欠发达地区生态经济建设提供保障。

（一）构建资源高效利用的共生生态农业

1. 欠发达地区耕地农业的环境特征

我国的欠发达地区主要集中在西部。西部地区水土资源极不均衡，特别是西北地区干旱少雨，水资源普遍短缺。特殊的地理和气候条件，以及人口数量的迅速增长，导致西部地区传统耕地农业的生产水平较低。具体来说，西部地区耕地农业的环境特征有以下三点：

（1）地形地貌复杂，可用耕地较少。西部地区多高原、山脉，沙漠和盆地分布其中，地形条件复杂多样，区域差异较大。随着人口数量的增长，人均耕地资源持续减少。比如，新疆维吾尔自治区的和田、喀什等地区耕地后备资源严重不足，人均耕地只有0.1公顷。

（2）降水量少，气候干旱。西北地区主要位于欧亚大陆腹地，以温带、寒温带气候为主，绝大部分地区属于干旱、半干旱地区，气候特征主要表现为日照时间长、光热资源丰富、降水量少、蒸发量大、气候干燥，多数地区年平均降雨量为50~200毫米，部分沙漠和戈壁地区甚至在10毫米以下。同时，水资源时空分布不均匀，区域调剂困难。随着西部地区城镇化进程的加快和经济建设的发展，工业和城市用水量增加，加之西北地区普遍缺乏农田水利基础设施，采用耕地灌溉方式造成水资源利用效率低下，用水短缺已成为制约西部农业经济发展的严重障碍。

（3）农业生态环境脆弱。西部地区长期以来对生态系统服务功能认识不足，发展规划的科学性一度被忽视，加上西部地区生态环境脆弱、敏感，致使西部很多地区的农

业生态环境问题十分突出。西北地区水土流失十分严重，出现了土地沙漠化加剧、森林草原退化、土壤盐碱化、动物种群减少等现象，使生态环境的水源涵养和生态屏障功能作用下降，对西部地区的社会经济发展，尤其是农业生产构成严重威胁。

2. 欠发达地区耕地农业的生产特征

欠发达地区农业基础薄弱，这种情况在西部表现得尤为明显。耕地农业“靠天吃饭”的现象仍然存在，缺乏科学有效的生产方式，在造成生态环境破坏的同时，也导致生产效率低下。西部耕地农业的生产特征表现为以下四个方面：

（1）外部投入相对较大，资源利用率较低。西部地区在耕地农业生产中，大量施用化肥和农药，不仅增加了农业生产成本，造成土壤板结和土壤肥力下降，导致农作物减产，而且在农业灌溉过程中，农药和化肥中的化学成分随着农田灌溉渗漏地下，造成地下水和河流等环境污染。

（2）废弃物综合利用水平低。在西部耕地农业生产中，产生的大量有机废弃物，没有得到合理有效的处置。比如，耕地农业中产生的大量秸秆除了作为饲料和生活能源外，往往被就地焚烧处理，污染了大气环境，牲畜和家禽的排泄物及畜栏垫料就地堆放，农业生产和家庭生活污水随意排放，造成农村生活环境的污染。

（3）农业生产方式落后，规模小。西部大部分地区人口稀少，耕地农业生产方式落后，以家庭为主体的农业生产单位经营分散，难以形成规模经济，耕地农业生产的粮食等作物主要是自给自足，自然经济的特征明显。尽管从事耕地农业的农村人口较多，但农业资源、原料、能源浪费严重，农产品加工转化和生产效率低。

（4）市场经营渠道不畅。西部地区农业生产相对封闭，市场化生产和经营的意识薄弱，市场信息缺乏，销售渠道不畅，农产品商品率较低。同时，粮食等农产品价格被低估的现象在西部地区更为突出，耕地农业的农产品价值大量被转移到其他产业，生产利润在行业间分配不均衡，导致耕地农业的比较效益低，农民从事粮食生产等耕地农业的积极性不高。

（二）合理开发欠发达地区的山地农业

我国的广大山区地势崎岖、耕地分散，不适宜机械化耕作，但是山地区域独特的资源条件适宜发展山地特色农业，山地农业开发潜力巨大，同时，合理开发和充分利用欠发达地区的山地资源，可以缓解耕地资源缺乏的局面，有利于发展山地农业、帮助农民增收和维护生态环境。

1. 建立林地复合生产经营机制

林地复合生产经营机制是指在山地农业生产中，通过对空间和时间的合理配置，搭配进行林业、农业和其他经济作物的生产，提高林地资源利用率和土地生产率。比如，在林地间隙种植经济作物的林—特、林—草、林—茶、林—果、林—药等模式就属于林地复合生产经营。良好的林业生态环境是开展山地农业的基础，西部山地丘陵地区要重点抓好林业生态工程建设，对现有资源重点加以保护，引进优良树种和植被，积极开展退耕还林、封山育林、疏林补植等工作，合理规划商品林和生态林的比重和布局，加快低效林的改造，做好经济林产品的开发。

2. 将特色农业作为山地农业发展的重点

由于山地农业具有稀缺性和分散性，从整体上来看，我国广大山区并不适宜发展种植业，山区的土地资源以山地、丘陵为主，平坝很少，土层较厚、肥力较高、水利条件好的耕地所占比重很低，因此，山区可用于农业开发的土地资源不多。以贵州和云南为例，贵州山地和丘陵面积占全省总土地面积的92.5%，平坝仅占土地总面积的7.5%；云南的山地和丘陵面积占到全省总土地面积的94%，平坝面积仅土地总面积的6%。大量贫瘠的耕地零星地分布在陡坡峡谷之间，耕地破碎不连片，单块耕地面积很小，耕地形状不规则，耕地之间距离很远，尤其是贵州，由于受喀斯特熔岩地貌的影响，土壤非常稀薄，肥力很低。山地区域的耕地资源禀赋决定了山地农业规模化种植的不确定性，由种植规模的不确定性引致山地农业收益的不确定性。因此，山区不具备发展种植业的条件，更不适宜将山区种植业规模化，如果将山地种植业规模化，不仅很难提高现有耕地的边际收益，反而会因为耕地的开垦而破坏脆弱的生态环境，加剧山地农业的脆弱性效应，不利于山区农业的可持续发展。

根据我国广大山区的特点，我国山区适宜发展畜牧业、养殖业等特色农业。在山地农业种植规模不确定性很强的情况下，适宜将特色农业作为山地农业的重点。山地畜牧业和养殖业对地形地貌的要求较低，山地区域的资源条件却很适宜发展畜牧业和养殖业。由于山地农业的多样性，我国广大山区拥有丰富的自然物种资源，丰富的自然物种资源为畜牧业和养殖业的发展提供了饲料来源。比如，贵州拥有优良牧草资源2 500余种，饲养的主要畜品种有30多种；云南素有动植物王国之称，驯养的牲畜品种很多，具备发展畜牧业的良好条件。发展山地畜牧业和养殖业不仅不会对生态环境造成破坏，还能够创造经济收益，为山地农业的进一步产业化提供资金支持，为打破山地农业的边缘性创造条件。

另外，山地农业由于具有稀缺性、分散性和脆弱性等特点，虽然不利于大规模种植粮食作物，但适宜种植山地经济作物。比如，贵州和云南都拥有丰富的中药材植物资源，其中贵州的药用植物资源就有3 700余种，占全国中草药品种的80%，中草药的种植对耕地和水源的要求较低，也不受种植规模的限制，根据地形地貌和气候特点，既可以单家独户地种植，又可以适度规模化种植。发展山地经济作物种植业，同样能够让山区农民增加收入，改善生活的困境，同时不会破坏生态环境，为克服山地农业的脆弱性和实现山地农业的产业化创造条件。

知识链接

轮　作

轮作是指在同一块田地上，有顺序地在季节间或年间轮换种植不同的作物或复种组合的一种种植方式。轮作是用地养地相结合的一种生物学措施。中国早在西汉时就实行休闲轮作。北魏《齐民要术》中有“谷田必须岁易”“麻欲得良田，不用故墟”“凡谷田，绿豆、小豆底为上，麻、黍、故麻次之，芜菁、大豆为下”等记载，已指出了作物轮作的必要性，并记述了当时的轮作顺序。长期以来中国旱地多采用以禾谷类为主或禾谷类作物、经济作物与豆类作物的轮换，或与绿肥作物的轮换，有的水稻田实行与旱作物轮换种植的水旱轮作。

欧洲各国8世纪以前盛行一年麦类、一年休闲的二圃式轮作。中世纪后发展三圃式轮作，即把地分为三区，每区按照冬谷类—春谷类—休闲的顺序轮换，三区中每年有一区休闲、两区种冬、春谷类。随着畜牧业的发展，欧洲18世纪开始推行草田轮作。如英国的诺尔福克式轮作制（又称四圃式轮作）把耕地分为四区，依次轮种红三叶草、小麦（或黑麦）、饲用芜菁或甜菜、二棱大麦（或加播红三叶草），四年为一个轮作周期。以后多种形式的大田作物和豆科牧草（或豆科与禾本科牧草混播）轮作，逐渐在欧洲、美洲和澳大利亚等地推行。19世纪，德国化学家尤斯图斯·冯·李比希提出植物矿质营养学说，认为需氮作物、需钾作物和需钙作物的轮换可均衡地利用土壤养分。20世纪前期，苏联土壤学家、农学家瓦西里·罗贝尔托维奇威廉斯认为多年生豆科与禾本科牧草混播，具有恢复土壤团粒结构、提高土壤肥力的作用，因此一年生作物与多年生混播牧草轮换的草田轮作，既可保证作物和牧草产量，又可不断恢复和提高地力。

合理的轮作具有很高的生态效益和经济效益：

1. 有利于防治病、虫、草害

作物的许多病害如烟草的黑胫病、蚕豆根腐病、甜菜褐斑病、西瓜蔓割病等都通过土壤侵染。如将感病的寄主作物与非寄主作物实行轮作，便可消灭或减少这种病菌在土壤中的数量，减轻病害。对危害作物根部的线虫，轮种不感虫的作物后，可使其在土壤中的虫卵减少，减轻危害。合理的轮作也是综合防除杂草的重要途径，不同作物栽培过程中所运用的不同农业措施，对田间杂草有不同的抑制和防除作用。如密植的谷类作物，封垄后对一些杂草有抑制作用；玉米、棉花等中耕作物，中耕时有灭草作用。一些伴生或寄生性杂草，如小麦田间的燕麦草、豆科作物田间的菟丝子，轮作后由于失去了伴生作物或寄主，能被消灭或抑制。水旱轮作可在旱种的情况下抑制，并在淹水情况下使一些旱生型杂草丧失发芽能力。

2. 有利于均衡地利用土壤养分

种作物从土壤中吸收各种养分的数量和比例各不相同，如禾谷类作物对氮和硅的吸收量较多，而对钙的吸收量较少；豆科作物吸收大量的钙，而吸收硅的数量极少。因此两类作物轮换种植，可保证土壤养分的均衡利用，避免其片面消耗。

3. 改善土壤理化性状，调节土壤肥力

谷类作物和多年生牧草有庞大根群，可疏松土壤、改善土壤结构；绿肥作物和油料作物，可直接增加土壤有机质来源。另外，轮种根系伸长深度不同的作物，深根作物可以利用由浅根作物溶脱而向下层移动的养分，并把深层土壤的养分吸收转移上来，残留在根系密集的耕作层。同时轮作可借根瘤菌的固氮作用，补充土壤氮素，如花生和大豆每亩可固氮6~8千克，多年生豆科牧草固氮的数量更多。水旱轮作还可改变土壤的生态环境，增加水田土壤的非毛管孔隙，提高氧化还原电位，有利于土壤通气和有机质分解，消除土壤中的有毒物质，防止土壤次生潜育化，并可促进土壤有益微生物的繁殖。

轮作因采用方式的不同，分为定区轮作与非定区轮作（即换茬轮作）。定区轮作通常规定轮作田区的数目与轮作周期的年数相等，有较严格的作物轮作顺序，定时循环，同时进行时间和空间上（田地）的轮换。我国多采用不定区的或换茬式轮作，即轮作中的作物组成、比例、轮换顺序、轮作周期年数、轮作田区数和面积大小均有一定的灵活性。轮作的命名决定于该轮作中的主要作物构成，一般被命名的作物群应占轮作田区1/3以上。常见的轮作有：禾谷类轮作、禾豆轮作、粮食和经济作物轮作、水旱轮作、草田（或田草）轮作等。

资料来源：李秀. 轮作换茬的作用［J］. 农民致富之友，2011（11）：20.

二、欠发达地区生态工业建设的途径

生态工业建设是欠发达地区生态经济建设的重要环节和关键领域。我们必须科学地认识生态经济与传统经济发展模式的本质区别及其运行机理，紧密结合欠发达地区工业发展现状的实际，积极探索欠发达地区生态工业的发展模式与具体途径。

（一）传统线性工业模式与生态工业模式的比较

1. 前提假设的区别

传统线性工业模式建立在自然资源无限性假设基础之上，假设自然资源可以无限地从自然界索取，同时，认为自然生态系统的自净能力是强大的，能够消除和化解生产中排放的污染，人类对污染和环境破坏所进行的事后治理效果能够保证生态环境的恢复和正常运转。生态工业模式则建立在自然资源有限性的认识基础上，认为生产过程中的随意浪费必然引起资源的耗竭，污染随意排放会引发生态环境的破坏，而污染的后期补救性治理难以彻底消除这种破坏的影响。

2. 资源流动方向的区别

传统线性工业模式是传统工业社会的主要发展模式，主要特征表现为物质流动遵循“资源—产品—废弃物排放”的单向式流程。在这种模式下，经济增长主要依靠资源高开采、低利用、高排放，即“两高一低”为特征的线性经济模式，在获取经济增长的同时，也造成了资源浪费和环境污染，影响和制约了经济社会的可持续发展。因此，传统线性工业模式属于外延扩张的粗放型增长方式。

生态工业模式是对传统线性工业模式的变革和突破，足以克服传统线性工业模式的弊端。在“生态价值优先”的基本理念指导下，生态工业模式以生态经济的技术范式改变了传统的“资源—产品—废弃物排放”的线性经济流程，代之以物质闭环循环流动为特征的“资源—产品—再生资源”反馈式经济流程，将减量化、再利用、资源化作为生产、流通和消费等活动的基本原则，通过资源节约和循环利用的方式，降低输入和输出经济系统的物质流，减少自然资源的消耗，提高资源使用效率，最大限度地降低生产对生态环境的负面影响，在获取经济效益的同时，也实现可持续发展所要求的生态和环境保护效益。

3. 污染防治方式的区别

传统线性工业模式对于污染和生态环境破坏主要采取的是一种事后治理方式，即“先污染、后治理”的末端治理模式。这种以被动反应为主的环境末端治理方式存在严重的时效滞后性，补救措施所能实现的环境改善作用有限，无法从根本上解除污染对生态环境的影响。生态工业模式则将事后治理变为事前防范，它充分利用科学的管理方法和技术手段，在生产设计阶段，就将减少污染作为生产经营的前置标准，通过对工艺、设备、原料和产品进行环保化、循环化和生态化的设计，以及严格的管理控制，来实现节能降耗、减轻污染的目的，通过对排放物的资源化处理，基本消除工业污染的负面影响。在促进物质的循环利用，减少对生态环境危害的同时，企业也降低了成本，提高了经济效益。

4. 未来发展趋势的区别

随着工业化进程的推进，人口、资源、环境与全球性经济社会发展的矛盾变得尖锐起来，生态环境问题已成为全球性的难题，传统线性工业模式已经难以为继。生态工业模式在全面、协调、可持续发展的科学发展观指导下，按照生态经济理念的要求，采取以“清洁生产”为代表的方式，实现对能源、资源的节约使用和对废弃物的综合利用，使人类的经济活动对自然环境的影响降低到尽可能小的程度。生态工业模式作为一种新的发展模式和经济形态，代表了未来经济和社会的发展方向，受到越来越广泛的重视。因此，生态工业模式是对传统线性工业模式革命性的颠覆，是符合科学发展原则的经济发展模式，具有持续的、旺盛的生命力。

（二）欠发达地区生态工业建设的途径

欠发达地区生态工业建设是生态经济建设的主攻环节，必须按照全面、协调、可持续的科学发展观的要求，将生态工业建设作为生态经济的重点领域，不断探索适合欠发达地区实际的新型工业化道路，使欠发达地区的工业生产既遵循生态系统规律，又符合社会经济系统的要求，实现自然生态和社会经济系统的互动发展。

1. 增强生态工业的发展意识

欠发达地区多处于西部，社会相对封闭，经济发展比较落后，对生态理念的认识亟待提高。要深入开展宣传，加强相关方针政策、法律法规的宣传贯彻工作。引导公众树立资源节约意识和环境忧患意识，真正使生态经济理念深入人心，成为推进生态工业建设的行动指南。同时，要使企业和社会公众真正认识到，按照生态循环模式加强工业生产中的技术创新和管理，不仅可以降低原材料用量，还可以节约生产和管理成本，增加效益，增强竞争优势，从而引导企业自觉将环保工作的重点从废弃物末端处理转向从源头控制废弃物的产生。

2. 制定科学的生态工业发展规划

生态工业建设是一项巨大的系统工程，涉及面广、涉及的部门较多，需要政府、企业和社会各界的积极参与和努力。为加快生态工业建设的进程，需要建立部门间有效的协调机制，建立有效的组织协调机构，加强相关部门的相互配合，制定工作方案，落实管理工作责任，积极指导和推动欠发达地区生态工业建设的深入开展。

3. 建立有利生态工业建设的保障机制

当前，鼓励生态工业建设的法规和政策体系还不健全，对生态工业建设的激励作用有限，这不仅影响企业的积极性，还导致生态工业建设的无序性。因此，要充分借鉴国内外的成功经验，加紧完善我国相关的政策、法规及配套标准，明确生态工业有关部门及相关环节的责任和义务，将生态工业建设逐步纳入法治化轨道，促进其健康快速发展。

4. 加强生态工业的技术创新

技术创新是生态经济建设的根本推动力量，生态工业的发展离不开技术创新的支撑。通过工艺创新、设备创新、产品创新和原料创新等各种技术创新手段，使欠发达地区生态工业建设上层次、上规模。加强政府引导，充分发挥市场机制，调动各方面的积极性，加大科技开发的投入，建立生态工业技术支撑体系，依靠科技进步和技术创新扩大生态工业建设的领域，提高工业企业的竞争力，推进欠发达地区生态工业的发展和进步。

三、欠发达地区生态服务业建设的途径

生态服务业是将服务业纳入生态经济建设的轨道，实现生态系统和服务业有机结合的重要方式，是现代服务业发展的一个重要方向。生态服务业作为一种新兴的服务业类型，不同于传统的服务业，它在服务产品的设计阶段，就已经将生态经济的理念作为指导思想，在服务过程中，重点考虑减少服务主体、服务对象和服务途径等环节对生态环境的负面影响，并通过有效的方式，力求实现投入少、产值高、无污染，并提供以生态循环为基础的服务产品，进而实现服务业的可持续发展。

生态服务业与传统服务业的区别：第一，生态服务业建立在生态经济理论的基础之上，从可持续发展的角度，遵循减量化、再使用、再循环的原则，对服务业内部资源的利用进行重新设计，推动生产、市场和消费行为的生态化，走出一条循环发展的模式。传统服务业和一般的产品生产相类似，沿袭“资源—产品—污染—治理”的发展模式，属于从生产到消费的单向流动的线性经济。第二，传统服务业和第一、第二产业之间的关系，主要体现为产品间的流动与合作关系。生态服务业则主要体现为纽带关系，生态服务业作为生态经济的有机组成部分和其他产业的纽带，更侧重于通过生态型服务业的建设，发挥引导和带动作用，为生态农业和生态工业的建设提供支撑服务，促进其他产业的循环发展，进而带动生态经济的整体发展。

本节以生态物流业和生态旅游业为例，具体阐述欠发达地区生态服务业建设的途径。

（一）生态物流业

欠发达地区生态环境的脆弱性决定了物流业必须要处理好物流与生态环境的关系。在物流业的建设中，要重视科学规划和综合利用，不断提高对生态物流的认识，充分利用社会化大生产和专业化分工，积极发展生态物流。

1. 欠发达地区生态物流业建设的三种主要模式

（1）绿色物流模式。绿色物流是指在物流过程中，合理利用资源、减少消耗和排放、降低经营成本、提高工作效率、改善服务质量，以减轻对生态环境的污染和危害，促进生态经济建设和可持续发展的一种物流模式。欠发达地区的绿色物流建设，主要是对传统物流业的供应、生产、销售、消费等各环节和流程进行生态化改造，实现循环化、绿色化、现代化运作，减少和防止物流过程中对生态环境的危害，实现物流体系与生态环境有机融合，从物流系统的源头控制污染的产生。

（2）逆向物流模式。逆向物流是和正向物流相对应的概念。正向物流是指货物从生产者到消费者的正向流动，是沿着供应链方向进行的物流；逆向物流则是以绿色环保、循环利用作为指导思想，使货物从消费者返回到生产者即产地的过程。引发逆向物流的主要因素包括退货、维修、物料循环利用、废弃物回收处理等。物资经过逆向物流

返回到生产者后，通过进一步的维修、加工、材料提取等措施，可以使这些返回的物资重新得到有效的利用并实现重置价值和利润。逆向物流的开展对于解决资源和环境压力有重要的现实意义。从企业层面来看，逆向物流为企业降低物料成本、节约资源、提高效益提供了条件，既有利于提升企业形象，又增强了企业的竞争优势。从社会层面来看，逆向物流促进了资源的流动，可以有效地降低废弃物对环境的负面影响，促进区域经济的可持续发展。

（3）回收物流模式。回收物流就是将在经济活动中失去原有使用价值的废弃物品，根据实际需要进行收集、分类、加工、包装、搬运、储存等，并分送到专门处理场所时所形成的物品实体流动。有资料显示，目前世界上主要发达国家每年再生资源回收价值达 2 500 亿美元，世界钢产量的 45%、铜产量的 62%、铝产量的 22%、铅产量的 40%、锌产量的 30%、纸制品产量的 35%来自再生资源的回收利用。因此，回收物流对于资源再生利用和生态环境保护具有重要的意义。

2. 欠发达地区生态物流业发展的重点环节

现代物流系统一般由运输、仓储、包装、加工配送、营销和信息、商务服务等环节构成，各个环节相互链接、相互作用、相互影响，共同构成完整的物流系统链条，其中，运输、仓储、包装、加工配送、营销是对生态环境构成潜在威胁的重点环节，各个环节对生态环境造成威胁的方式和途径有所不同。因此，欠发达地区发展循环物流业，要抓住这五个重点环节，分析各环节对生态环境的潜在威胁和差异，用生态经济理念改造物流系统链条。

（1）运输环节。运输是物流体系中的主要活动，也被认为是物流系统中对生态环境影响较大的环节，主要是汽车等交通工具能源消耗较大，在货物运输过程中汽车排放的废气会对空气造成污染。同时，随着城市车辆的增加，交通堵塞也给生态环境造成了影响。在运输环节中，要按照资源投入减量化的原则，严格控制运输环节的能源消耗，这不仅是欠发达地区建设循环物流所面临的首要障碍，同时也是重要的发展方向。

（2）仓储环节。加强仓储环节的科学管理，预防货损、变质、包装破坏等因素带来的污染。通过建设自动化仓库，使用计算机监控等先进的仓储管理设备，及时监测温度、湿度等仓储环境的变化，减少人工搬运和操作。通过建设立体仓库，采用高层货架、货箱托盘等设备增加仓容面积，进而减少土地占用面积，降低基础设施建设过程中对资源的消耗和对环境的污染。

（3）包装环节。绿色包装是未来货物包装的一个重要趋势，绿色包装制度也成了国际贸易中的一项主要的非关税壁垒。生态物流要在保证货物运输需求的前提下，使货物包装符合“3R”原则，尽量减少包装的体积、质量和成本，减少包装废弃物的产生量。这就需要科学地对货物分类，针对货物种类的不同和运输方式、距离等因素，合理确定各类货物的包装程度，开发新型重量轻、耐磨损、可降解、成本低的绿色包装材料，降低包装的木材使用率，减少纸制运输包装，提高可降解包装的使用率，鼓励开展包装的回收再利用，提高包装的重复使用率。

（4）加工配送环节。在加工配送环节，为使商品适应市场消费的需求，还需要对运送的商品继续进行非生产性加工。尽管非生产性加工在商品价值中所占比重较小，但由于二次加工的分散性和不确定性，非生产性加工往往也成为污染的重要来源，比如，一些大包装或大体积食品在经过流通并交付到消费者之前，需要销售商对这些食品进行分割加工，如果以规模化的方式进行合理的集中加工处理，就会减少因家庭分散加工和烹饪所形成的浪费，提高资源利用效率。同时，集中处理剩余的废弃物和边角料，也有助于减少因家庭对垃圾随意处理所造成的污染和再生资源的利用，因此，要高度重视配送加工环节对生态环境的影响作用。

（5）营销环节。营销环节是物流链条的末端环节，也是在环保工作中容易被忽视的环节。现代营销手段种类繁多，如大量精美的纸质广告宣传单的发放，不仅造成资源的浪费，也导致环境的污染。因此，要大力推广绿色营销模式，通过树立绿色营销理念，探索绿色营销的手段，引导绿色消费，减少不必要的资源消耗，提高营销的效果，并以此推动整个生产及流通领域的生态化和环保化进程。

（二）生态旅游业

原生态一般是指没有受到人为干预和影响的原始生态。生态旅游就是将原始生态的自然景观和民俗文化作为游览目标而开展的旅游活动，展示着自然与人文的多样性，生态旅游景观是以天然美、自然美、原始美、无人工雕琢痕迹为主要特征。随着工业化进程的加快和人类生存环境的破坏，原生态景观作为一种重要的人类文化遗产，已被人们普遍认同为是一种重要的旅游资源，生态旅游在国内外已成为旅游业的一个主要增长点。开展生态旅游能够有效维护生态环境，促进生态景观可持续发展，使原生态旅游资源转化为产业优势和经济优势，提高居民收入。

1. 欠发达地区发展生态旅游的优势和劣势

我国欠发达地区原始的自然生态景观非常丰富，拥有草原、戈壁、高原、雪域、沙漠、丘陵、丛林等多种类型的自然资源，自然生态的多样性十分丰富，生态旅游发展潜力巨大，同时，欠发达地区也是历史文化遗产富集的地区，比较完整地保留了传统的生产生活方式、民俗文化和自然景观，有着丰厚的历史文化和人文旅游资源。当前，以西部为代表的欠发达地区作为我国最具特色的原生态景观富集地区，在发展生态旅游业方面具有天然的后发优势。在未来的发展中，可以将生态旅游作为切入点，将西部地区定位于生态旅游的重点区域，凭借大量原生态的自然、人文的旅游资源开拓国内外旅游市场，使欠发达地区的原生态资源优势转化为现实的生产力。

不过，尽管欠发达地区具有发展生态旅游的良好资源条件，但是由于受经济发展水平、地理位置、气候条件，以及生态脆弱性等因素的影响和制约，欠发达地区生态旅游产业建设仍面临诸多问题需要解决。

（1）从旅游资源条件来看，欠发达地区的生态旅游资源比较分散，集聚度低，景观差异性较小。同时，欠发达地区生态的脆弱性，也使得生态旅游区域的承载能力较差，生态系统脆弱。近年来，随着人口数量的增加，在经济利益驱动下，人为破坏生态环境的现象屡见不鲜，生态保护区内的物种不断减少，这些现象的出现严重威胁到欠发达地区原生态景观的保存和可持续发展。

（2）从地理环境条件来看，欠发达地区主要集中在西部，地理空间广大，离发达地区距离较远，交通基础设施不完善。西部地区的游客源主要来自发达地区，距离客源地较远，因此，如果交通硬件设施落后，会影响客源量。同时，部分景点道路设施不完备，一些原生态自然景区的可进入性不强，也影响旅游的舒适性。

（3）从经济基础条件来看，由于受经济总体发展水平的制约，西部地区旅游的卫生、住宿、餐饮等条件较差。旅游开发投资不足，财政投入能力弱，基础设施滞后，配套设备不完善，所能提供的物质条件较差。此外，居民对旅游资源的开发意识较弱，观念保守，缺乏开放意识。

2. 欠发达地区生态旅游建设的途径

发展原生态旅游业，既是保护原生态文化和景观的需要，又是欠发达地区实现可持续发展的重要途径，两者共同统一在建设生态经济的框架中。欠发达地区发展原生态旅游业，既具有一定的优势，又具有一定的劣势；既蕴涵着有利的机遇，又面临着巨大的挑战。因此，在未来发展中，要确立当地居民开发、共享旅游资源的主体地位，着力解除制约欠发达地区生态旅游业发展的问题和矛盾，努力在发展旅游业与维护生态环境之间找到契合点，实现“双赢”的目标。

（1）发展生态旅游与生态环境保护相协调。生态环境保护与生态旅游产业发展是相辅相成的关系，生态环境的维护状况与生态旅游经济效益成正比，即生态环境维护得越好，生态旅游经济就发展得越好，旅游经济效益就越好，反之亦然。我国已有22%的自然保护区由于发展生态旅游而造成保护对象的破坏，11%的自然保护区出现旅游资源退化，44%的自然保护区存在垃圾公害，12%的自然保护区旅游效益源于开发生态旅游资源，发展生态旅游产业的同时必须高度重视生态环境的保护。

（2）加强业务指导与政策支持。通过政府引导，市场运作的模式，利用多种途径收集整理本地区的民族文化和艺术，挖掘丰富多彩的民族艺术形式，建立民族文化博物馆；加强业务指导，特别是要加强乡村原生态旅游业的管理，严格执行相关行业法规，严把市场准入关口，旅游、卫生、环保等部门要密切配合，维护旅游者和经营者的合法权益，规范民族歌舞、民俗表演活动等场所的演出秩序，保持市场稳定；指导区域旅游商品的设计和开发，提高旅游商品的民族特色和文化内涵；制定鼓励政策，鼓励在原生态旅游区使用绿色交通工具，减少汽车尾气对旅游区环境的危害；制定和完善相关政策法规，作为推动行业发展的保障，杜绝旅游发展中的违规现象。

（3）加强经营者素质建设。欠发达地区生态旅游的主体和经营者是当地的居民，在发展过程中，需要努力提高经营者的综合素质和业务技能。提高经营者的生态环境保护意识，掌握必要的生态环境知识，引导他们自觉遵守生态循环原则，合理利用生态环境和旅游资源，促进环境、经济和社会的可持续发展；要使经营者熟练掌握绿色生产技术，减少能源消耗与废物排放，促进资源的循环利用；加强经营者的诚信意识、经营意识、服务意识，努力提高他们的文化素质和旅游经营水平，通过邀请旅游院校教师进行专业培训、异地交流学习等方式，提高经营者综合素质以及参与和管理生态旅游业的能力。

（4）加强形象宣传，拓宽旅游市场。通过各种方式，向国内外宣传本地区优美的原生态风光和浓郁的民族文化，利用本地区文化的差异性，突出原生态旅游产品的地域和民族特色。依托本地区民俗文化，举办民俗文化节等活动，吸引中外游客。重点加强生态旅游形象宣传，通过对原生态概念和内涵的宣传，赢得社会的认同和赞誉，提升欠发达地区的旅游业品位。

3. 欠发达地区生态旅游建设的模式选择

（1）原生态民俗家居旅游模式。欠发达地区可以以家庭为单位，利用现有的家庭设施和民俗氛围为旅游者提供特色服务。这种小规模分散化的家居模式的优势在于灵活分散，投入较小。可以通过建立家居旅游协会的方式，加强对分散经营者的指导、协调，提高从业人员的服务管理和业务水平，以点带面，共同树立良好的外部形象，促进民俗生态家居旅游健康发展。

（2）村民为主体的专业合作社模式。可以在传统民族文化和原生态景观保护较完好的少数民族聚居村寨，由当地村民自筹资金和相关设施，进行入股、成立原生态旅游专业合作社，联合开发当地的原生态旅游资源。专业合作社通过采取集约化经营、标准化管理的方式，开设具有地方特色的原生态旅游项目，建立集体经营约束制度，对合作社范围内的旅游活动确保价格透明、服务标准规范，逐步形成具有本地区特色的原生态旅游产业链，并带动和促进原生态旅游健康发展。

（3）区域品牌带动模式。通过政府的统一协调和组织，树立本地区的原生态旅游的品牌，带动本地区域原生态旅游发展。将本地的旅游企事业单位的资源进行重组、整合，通过组建大型旅游集团公司的模式，充分发挥国有资本对旅游产业发展的影响和带动作用；加大宣传力度，通过多渠道、多媒体、多层次的宣传手段，对本地区原生态旅游进行全方位的立体包装和宣传，塑造具有区域特色的著名生态旅游品牌；整合本地的原生态旅游资源，统一管理，由地方政府自筹资金或设立旅游建设基金等方式，加大营销投入，加大宣传推介，提高精品旅游资源的知名度。

案例链接

贵州林下经济产值超400亿元

截至2020年，中国国家生态文明试验区贵州利用林地发展林下面积达2 203万亩，产值超400亿元累计建成千亩以上林下种养基地321个。

林下经济，主要是指以林地资源和森林生态环境为依托，发展起来的林下种植业、养殖业、采集业和森林旅游业。作为中国唯一没有平原支撑的省份的贵州，土地破碎、耕地稀少，但林地空间广阔，森林面积达1.62亿亩。

青山是景更是财。近年来贵州巧做“林文章”，大力发展林下经济，促进发展与生态双赢。2021年上半年，贵州林下经济带动320万农村人口增收。

贵州省林业局副局长向守都说，国有林场森林资源相对集中连片，权属清晰，是贵州发展林下经济的最佳阵地，如贵州省纳雍县化作林场利用4万亩国有林地打造林下经济产业园，解决了国有林场功能定位不清、经营机制不活等问题。

贵州还积极探索“国储林+林下经济”发展模式，通过在国储林项目的林下发展种植养殖等短期项目，解决中国国家储备林短期收益问题，实现了国储林项目和林下经济的互动双赢。

以贵州省国有龙里林场的国储林项目为例，利用择伐后的林下空间种植红托竹荪3 200亩，3个月左右即可出菇收获，每亩可采竹蛋2 000千克或竹花550千克。林场还利用择伐后的松树蔸桩种植茯苓，每亩可采收75千克，实现了伐桩变废为宝、产业以短养长。

贵州省林业局局长胡洪成表示，林下经济属于生态低碳循环经济，贵州将适宜在林下发展的种植、养殖产业从农地转移到林地上来，是巩固脱贫攻坚成果、持续带动农民增收、全面助推乡村振兴的重要途径。

数据显示，贵州商品林面积6 900万亩，经资源大普查测算该省商品林中适宜发展林下经济的林地面积3 400万亩，目前贵州林下经济面积2 400余万亩，商品林中还有1 000万亩的发展空间。

贵州日前印发了《关于加快推进林下经济高质量发展的意见》，其中提出，到2025年，贵州省林下经济利用面积新增1 000万亩（总规模3 200万亩以上），全产业链年总产值1 000亿元以上。谈及贵州大力推进林下经济发展是否会影响生态环境？贵州省林业局对外合作与产业处处长胡志伟说，贵州将保护森林资源和生态系统质量的稳定性作为发展林下经济产业的重要前提，严禁在自然保护地核心区发展林下种养，严禁以发展林下经济为名擅自改变林地性质或毁坏林木、破坏野生动物栖息地，同时利用科研手段提升林业保护，严格保护生态环境。

资料来源：周燕玲. 贵州林下经济产值超400亿元[EB/OL].(2021-08-18)[2022-08-09]. https://baijiahao.baidu.com/s?id=1708414515537886190&wfr=spider&for=pc.

■复习思考题

1. 欠发达地区开展生态经济建设有何意义？
2. 如何处理欠发达地区生态保护和经济建设的关系？
3. 简述正式制度和非正式制度对行为约束的影响。
4. 资源高效利用的共生生态农业的实现途径是什么？
5. 试论欠发达地区生态工业建设与工业化的关系。

第九章

生态补偿机制及政策研究

生态补偿涉及生态学、资源科学、环境科学、经济学、法学、管理学等学科领域，学科的综合性给生态补偿研究造成了一定的难度。建立生态补偿机制的理论基础包括公共物品理论、外部性理论、生态资本理论、产权经济理论、利益博弈理论、社会公义理论等。本章从基本概念入手，对国内外的生态补偿类型、机制、政策进行详细的论述。

第一节　生态补偿机制概述

一、生态补偿机制的理论基础

1. 公共物品理论

按照微观经济学理论，社会产品可以分为公共产品和私人产品两大类。一般认为，公共产品的严格定义是保罗·萨缪尔森给出的。按他的定义，纯粹的公共产品是指这样一种产品，即每个人消费这种产品不会导致别人对该产品消费的减少。与私人产品相比较，纯粹的公共产品具有两个基本特征——非竞争性和非排他性。如果一种资源的所有权没有排他功能，那么就会导致公共资源的过度使用，最终使全体成员的利益受损，即出现了“搭便车”现象。作为公共产品的生态产品，消费中的非竞争性往往导致“公地的悲剧”——过度使用，消费中的非排他性往往导致“搭便车”心理——供给不足。政府管制和政府买单是有效解决公共产品的机制之一，但不是唯一的机制。如果通过制度创新让受益者付费、有偿使用，让公共产品的供给者得到合理的经济回报，那么，生态保护者同样能够像生产私人物品一样得到有效激励。

2. 外部性理论

萨缪尔森和诺德豪斯对外部性是这样定义的：“外部性是指那些生产或消费对其他团体强征了不可补偿的成本或给予了无须补偿收益的情形。”新古典经济学认为，在完全竞争的市场条件下，社会边际成本与私人边际成本相等，社会边际收益与私人边际收益相等，从而可以实现资源配置的帕累托最优。但是在现实中，外部性等因素的存在往往使上述情况很难出现。庇古认为，社会边际成本收益与私人边际成本收益背离时，不能靠在合约中规定补偿办法予以解决。这就必须依靠外部力量，即政府干预加以解决，政府可以通过税收与补贴等经济干预手段使边际税率（边际补贴）等于外部边际成本（边际收益），使外部性“内部化”，实现私人最优与社会最优的一致。外部效应理论在生态保护领域已经得到广泛的应用，如排污收费制度、生态公益林补助等分别就是征税手段和补贴手段的应用。

3. 生态资本理论

该理论认为，生态资本主要包括能直接进入当前社会生产与再生产过程的自然资源，即自然资源总量（可更新的和不可更新的）和环境消纳并转化废物的能力（自净能力）；自然资源（及环境）的质量变化和再生量变化，即生态潜力生态环境质量。随着人类对生存环境质量要求的提高，生态系统的整体性就越重要，而生态资本存量的增加在经济发展中的作用也日益显著。当生态产品的稀缺性日益凸现时，人们意识到，不能只向自然索取，而要投资于自然。但是，如果生态投资者不能随着生态资本的增值得到相应的回报，社会从事这种“公益事业”的长期积极性就不可能持续。建立合理的制度——也就是生态补偿机制，让受益者付费、有偿使用，就可以避免公地悲剧的发生，从而促进区域可持续发展。

4. 产权经济理论

该理论认为生态补偿通过体现超越产权界定边界的行为的成本，或通过市场交易体现产权转让的成本，从而引导经济主体采取成本更低的行为方式，达到资源产权界定的最初目的，使资源和环境被适度持续地开发和利用。原因在于，在产权明确界定的情况下，只要有环境问题引起的冲突，就会发生交易。但是当存在交易费用时，人们的策略选择就要根据一场交易的费用与采取这一行动所可能获得的收益相比较。为达成交易，交易各方就会力求降低交易费用，使资源被用到产出最大、成本最低的地方，达到资源的最优配置。

5. 利益博弈理论

从博弈论的角度来看，生态补偿政策旨在令生态保护的受益者向因实施保护行为而受到经济损失的生态保护实施者进行补偿，其实质是在生态保护实施者与受益者之间重新分配生态保护产生的社会净效益。由于这种分配改变了旧有的利益分配格局，必然导致不同利益群体之间的矛盾。每一个利益群体为实现自身利益最大化，走出生态“囚徒困境”，都会在“游戏规则”框架下选择最为利己的行动策略，展开与其他利益群体的博弈。

6. 社会公义理论

持该观点的人认为，生态补偿说到底是一个社会公平问题，环境资源产权界定或者说权利的初始分配不同造成了事实上的发展权利的不平等，需要一种补偿来弥补这种权利的失衡，因此生态补偿应被更多地赋予社会公正与和谐的责任。社会公义理论为建立生态补偿机制与实施生态建设提供了依据。目前，该理论也开始研究如何采用生态补偿扶贫，通过政府行为对为保护和恢复生态环境及其功能而做出牺牲、付出代价的地区或单位进行经济补偿，体现“效率与公平”。

二、生态补偿机制的基本内涵

（一）生态补偿机制相关概念

在“生态补偿机制”一词中，有三个关键词：生态、补偿和机制。生态学中的“生态”反映的是生态系统存在的状态（结构和功能）及其规律。本书的“生态”涉及生态系统的生态效应、生态服务功能和生态效益。

生态效应是生态系统中某个生态因子对其他生态因子、各生态因子对整个生态系统以及某个生态系统对其他生态系统产生的某种影响或作用。

生态服务功能是指人类从生态系统中获得的惠益，包括生活必需品服务功能，如食物、木材、水、纤维等；调节服务功能，如调节气候、洪水、疾病、废物和水质等；文化服务功能，如休闲、审美、精神享受等；支持性服务功能，如土壤构成、光合作用、营养循环等。生态服务功能是国际上近年通用的说法，生态服务与通常所说的生态效益

比较接近，生态效益有时更多地用于表达生态服务的具体价值。

生态效益是指人们在生产中依据生态平衡规律，使自然界的生物系统对人类的生产、生活条件和环境条件产生的有益影响和有利效果，它关系到人类生存发展的根本利益和长远利益。生态效益的基础是生态平衡和生态系统的良性、高效循环。

（二）生态补偿的概念

生态补偿是生态学、环境学与经济学交叉研究形成的一个概念。生态补偿概念最初是国外学者在研究生态服务功能和价值的过程中提出来的。

Marsh 在 1965 年就记述了地中海地区人类活动对生态系统服务功能的破坏，并注意到了腐食动物作为分解者的生态功能。20 世纪 60 年代提出自然资源价值的概念，为自然资源服务功能的价值评价奠定了基础。Lofo Resources Focus 指出生态补偿是为了维护生态系统服务功能的长期安全，通过可持续的土地利用方式，由生态系统服务功能的受益者对提供这些服务的生态保护者进行补偿的行为。叶文虎等认为生态补偿是自然生态系统对由于社会、经济活动造成的生态破坏所起的缓冲和补偿作用。毛显强等认为，生态补偿是通过对损害（或保护）资源环境的行为进行收费（或补偿），提高该行为的成本（或收益），从而激励损害（或保护）行为的主体减少（或增加）因其行为带来的外部不经济性（或外部经济性），达到保护资源的目的。

所谓生态补偿，是一种为保护生态环境和维护、改善或恢复生态系统服务功能，在相关利益者之间分配因保护或破坏生态环境活动而产生的环境利益及其经济利益的行为。在形式上，表现为消费自然资源和使用生态系统服务功能的受益人，在有关制度和法规的约束下，向提供上述服务的地区、机构或个人支付相应的费用。

从本质上来看，我国的生态补偿概念界定与国际上的生态服务付费和生物多样性补偿的内涵具有较大的相通性。生态服务付费强调对生态服务的经济补偿，生物多样性补偿强调对生物多样性和生态环境破坏后的恢复性补偿行为。我国的生态补偿概念基本上包含了这两者的内涵，是相对广义的。

（三）生态补偿机制的内涵

生态补偿与机制结合起来时，就形成了为解决现实存在的实际问题而赋予的制度学概念——生态补偿机制。由二者的概念，可以总结出生态补偿机制的内涵应包括以下四个方面：

（1）生态补偿涉及哪些部门、组织和个人，即谁是生态补偿主体（生态建设的受益者），谁是生态补偿对象（生态建设者或者受损者），还有谁是生态建设的组织和协调者，这是生态补偿这个大系统的构成要素。

（2）研究它们之间的关系、相互作用的方式、过程和规律，以确定生态补偿的方式和途径。

（3）科学地评估生态建设的效益和损失，制定合理的生态补偿标准，建立科学的评价体系。

（4）按照生态补偿的原则，协调补偿主体和对象之间的关系，构建生态补偿的网络途径，实施生态补偿。

生态补偿机制是研究生态补偿各组成主体和部门之间相互影响、相互作用的规律以及它们之间的协调关系，通过一定的运行方式和途径，把各构成要素有机地联系在一起，以达到生态补偿顺利实施的目的。本书建议，较科学规范和较符合政策性要求的生态补偿机制内涵可以表述为：

（1）生态补偿机制是以维护、恢复和改善生态系统服务功能为目的，以内化相关活动产生的外部成本为原则，以调整相关利益者（保护者、破坏者、受害者和受益者）因保护或破坏生态环境活动产生的环境利益及其经济利益分配关系为对象的，具有经济激励作用的一种制度安排。

（2）生态补偿机制对保护行为的补偿依据是保护者为改善生态服务功能所付出的额外的保护与相关建设成本和为此而牺牲的发展机会成本，对破坏行为的求偿依据是恢复生态服务功能的成本和因破坏行为造成的被补偿者发展机会成本的损失。

（3）实现生态补偿机制的政策途径有公共政策和市场手段两大类。

（4）生态补偿机制是一种有效保护生态环境的环境经济手段，有利于促进社会公平与和谐发展。

三、生态补偿机制的基本内容

生态补偿机制是一项非常复杂的制度安排，目前世界各国还没有一套成熟的生态补偿机制可供借鉴，包括发达国家在内，对生态补偿还处于探索阶段。但是，生态补偿机制的基本构成要素是确定的，包括生态补偿原则、生态补偿类型、生态补偿主体、生态补偿客体及生态补偿标准。

（一）生态补偿原则

1. 公平性原则

公平性原则在法律制度中的重要地位，决定了将其作为生态补偿机制的基本原则。公平性原则是以等利（害）交换关系为核心内容的，体现在生态补偿机制中，就要求收益大于付出的地区做出补偿，付出大于收益的地区接受补偿。公平性原则不仅包括人与自然环境、人与生物的公平，还强调人类的代内公平和代际公平。

2. 效率性原则

自然生态环境是很难再生甚至是不可再生的，低效率造成的浪费，最终一定是得不偿失的。由于资源环境本身具备生态性和经济性的双重特点，因此在建立生态补偿制度及实施生态补偿的过程中应坚持兼顾生态效益和经济效益的双重原则。

3. 可持续性原则

可持续性原则的核心是要求人类的经济和社会发展不能超越资源和环境承载能力。要贯彻可持续性原则，生态补偿过程中必须要考虑整体协调性，一方面要将生态补偿纳入整个生态—经济—社会的协调可持续发展的范畴之内，改变传统的就生态补偿论生态补偿的补偿方式；另一方面生态补偿、环境保护也应以社会经济的承受能力为限。

4. 受益者付费原则

受益者付费原则主要表现在享用者付费和污染者治理、开发者养护两个方面。享用者付费是指自然资源和生态环境的享用者就其必要的生活需要而耗费的自然资源和享用的生态环境支付一定费用，以及就超出其必要的生活需要而耗费的自然资源和享用的生态环境支付相应的成本；污染者治理、开发者养护是指对生态环境和自然资源造成污染的污染者或进行开发利用的开发者有责任对其进行恢复、整治和保护。

5. 政府、社会和市场互补原则

生态环境的公共物品属性要求发挥政府的作用，但是政府也存在失灵，如政府制定的某些补偿不符合公平原则、政府自身的补偿行为缺乏效率、难以做到在生态环境和自然资源配置上的效益最大化等。因此，有必要发挥社会和市场机制的作用。

（二）生态补偿类型

生态补偿类型的划分是建立生态补偿机制以及制定相关政策的基础。不同的划分标准和方法对生态补偿政策设计和制度安排的目的性、系统性以及可操作性有很大的影响。当前，国内学术界对生态补偿的类型划分还没有统一标准，按照不同划分标准和目的有若干不同类型或表述（见表 9-1）。

表 9-1　生态补偿的主要类型

分类依据	主要类型	内涵
可持续发展	代内补偿	同代人之间进行补偿
	代际补偿	当代人对后代人的补偿
补偿的空间范围	国内补偿	国内补偿还可进一步划分为各级别、区域之间的补偿
	国家间的补偿	污染物通过水、大气等介质在国与国之间传递而发生的补偿，或发达国家对历史上的资源殖民掠夺进行补偿
补偿主体	国家补偿	国家是补偿的给付主体
	资源型利益相关者补偿	自然资源的开发利用者或下游地区是补偿的给付主体
	自力补偿	负有生态保护义务的地方政府、资源利用者是补偿的给付主体
	社会补偿	对生态保护有觉悟的非利益相关者是补偿的给付主体
补偿对象性质	保护者补偿	对为生态保护做出贡献者给以补偿
	受损者补偿	对在生态破坏中的受损者进行补偿和对减少生态破坏者给以补偿
政府介入程度	强干预补偿	通过政府的转移支付实施生态保护补偿机制
	弱干预补偿	在政府引导下实现生态保护者与生态受益者之间自愿协商的补偿

表9-1(续)

分类依据	主要类型	内涵
补偿的效果	输血型补偿	政府或补偿者将筹集起来的补偿资金定期转移给被补偿方
	造血型补偿	补偿的目标是增加落后地区发展能力
补偿的途径	直接补偿	由责任者直接支付给直接受害者
	间接补偿	由环境破坏责任者付款给政府有关部门，再由政府有关部门给予直接受害者以补偿
政策实施的主动性	增益补偿	政策主要是为直接刺激社会成员进行环境保护的积极性
	抑损补偿	政策主要是为抑制生态资源过快的受损而设计

（三）生态补偿主体

1. 政府

政府作为生态补偿中最常见、最主要的补偿主体，主要是由国家的职能和生态环境与自然资源的公共物品属性决定的。政府主要从提供公共品和服务的角度出发实施补偿，实质是依靠国家强制力依法对生态环境和自然资源的利益收入进行再分配，间接干预市场经济活动，重在维护社会公平，实现社会经济的可持续发展。

2. 企业

在现代社会，企业是越来越重要的生态补偿主体，因为企业从事生产经营活动无不涉及自然资源的利用和实施影响生态环境的行为，而且企业往往是导致生态环境问题的主要"肇事者"。依据"谁污染，谁治理""谁破坏，谁恢复""谁受益，谁付费"的原则，企业应当是主要责任的承担者，由企业向生态环境服务的提供者或自然资源的所有者支付相应的费用，避免企业把本应由自己承担的污染成本转嫁给社会或者利用生态环境的外部经济性"搭便车"降低生产成本，从而实现企业外部成本的内部化。

3. 公民

公民作为生态补偿主体，主要是因为公民的个人生活、家庭生活和从事个体经营活动产生外部不经济性行为，如个体或家庭生活产生的生活垃圾、开饭馆的个体工商户排出的大量废气等，因此他们应承担相应的生态补偿责任，交纳相应的垃圾处理费和排污费。

4. 社会组织

作为生态补偿主体的社会组织，主要是指非营利性组织，它们是一些对生态保护有觉悟的非利益相关者通过某种形式自发组织起来的社会团体。

5. 外国政府

随着全球一体化的加快，生态环境问题的国际性愈加突显，所有国家必须携手合作才能应对目前的生态环境危机。

（四）生态补偿客体

1. 水土保持

保护水土是当前生态环境保护的突出问题，特别是我国西部地区，既是江河源头，又面临严重的沙漠化问题，更要重视水土的保护。退耕还林等生态政策正是水土保护的重要措施。

2. 野生动物保护

不仅要对野生动物本身进行保护，还要对野生动物的栖息地、独特的生态环境、水源、食物等必要的生存要素进行保护。

3. 流域生态环境保护

上游地区为流域生态系统保护的投入和损失与下游地区的无偿受益之间存在矛盾，虽然上游地区自身也有收益，但要求其独自承担整个流域的生态建设成本是不公平的，理应得到其他受益者的补偿。

4. 湿地保护

湿地所在地政府和居民为保护湿地而采取的措施有权获得补偿，这些措施具体包括湿地保护地将原属集体所有的土地划入湿地保护范围，因保护湿地而不得利用湿地水源，从而丧失饮用水源或灌溉水源；因保护湿地而使周边政府、单位、居民承担的与湿地保护相应的特别义务，从而承担的额外成本或收入的减少等。

5. 自然景观及动植物资源多样性保护

对自然风景区进行的保护活动，具有景观保护和生物多样性保护的双重含义。应予补偿的自然景观保护活动，为保持自然景观，包括对自然景观的构成要素进行保护，对景观所属生态系统的其他部分进行的保护和充实对景区生物多样性资源的保护，景区内的居民为适应景区生态保持的需要而调整生产生活方式。

（五）生态补偿标准

生态补偿标准是指在一定社会公平观念和社会经济条件下，对生态补偿支付的依据。按补偿标准是否法定，可分为法定补偿标准和协定补偿标准。生态补偿标准的确定一般参照以下四个方面的价值进行初步核算：

1. 按生态保护者的直接投入和机会成本计算

生态保护者为保护生态环境而投入的人力、物力和财力应纳入补偿标准的计算之中，包括生态环境的保护、建设、修复等各种行为的实际费用支出。同时，由于生态保护者在保护生态环境的同时牺牲了部分发展权，这一部分机会成本也应纳入补偿标准的计算之中。从理论上讲，直接投入与机会成本之和应该是生态补偿的最低标准。

2. 按生态破坏的恢复成本计算

资源开发活动会造成一定范围内的水土流失、水资源破坏、植被破坏、生物多样性减少等，直接影响到区域的水土保持、水源涵养、气候调节、景观美化、生物供养等生态服务功能，减少了社会福利。因此，按照“谁破坏、谁恢复”原则，应将环境治理与生态恢复的成本核算作为生态补偿标准的参考。

3. 按生态受益者的获利计算

生态受益者没有为自身所享有的生态产品和服务付费，使得生态保护者的保护行为产生了正外部性。为使这部分正外部性内部化，需要生态受益者向生态保护者支付这部分费用，补偿标准可通过产品或服务的市场交易价格和交易量来计算。通过市场交易来确定补偿标准简单易行，而且有利于激励生态保护者采用新的技术来降低生态保护的成本，促使生态保护的不断发展。

4. 按生态系统服务功能的价值计算

生态服务功能价值评估主要是针对生态保护或者环境友好型的生产经营方式所产生的水源涵养、水土保持、生物多样性保护、气候调节、景观美化等生态服务功能价值进行综合评估与核算。国内外已经对相关的评估方法进行了大量的研究。目前，在估算方法、采用的指标等方面缺乏统一的标准，且在生态系统服务功能与现实的补偿能力方面有较大的差距。

第二节　生态补偿机制的国际经验与借鉴

一、国际生态补偿实践

国际上生态补偿比较通用的概念是“生态或环境服务付费”（payment for ecological/enviromental services，PES），其基本内涵与中国的生态补偿机制概念没有本质区别，生态服务功能是其核心和目标，付费是手段，调整的也是在生态服务供给和消费中的不同利益相关者的生态保护成本分担和经济利益分配关系。

（一）国际生态补偿的主要领域

从相关政策及实践的领域来看，国际生态补偿主要集中在森林保护及植树造林、与农业活动相关的生态保护、资源开发中的生态保护、流域综合管理等领域。

1. 森林生态系统的补偿

主要通过碳蓄积与储存、生物多样性保护、景观娱乐文化价值实现等途径进行。欧洲排放交易计划与京都清洁发展机制是目前世界上两个最大的、最为人们所了解的碳限额交易计划。

2. 农业活动相关的生态补偿

瑞士、美国在其农业立法下，执行了通过补偿退耕休耕等来保护农业生态环境的措施。20 世纪 50 年代，美国政府实施了“保护性退耕计划”；20 世纪 80 年代实施了“保护性储备计划”，相当于荒漠化防治计划，纽约州曾颁布了《休伊特法案》，以恢复森林植被。在这些计划和法案的实施中，政府为计划实施成本和由此对当地居民造成的损失提供补贴、补偿。欧盟也有类似的政策和做法。

3. 流域开发治理的补偿

流域保护服务可以分为水质保持、水量保持和洪水控制三个方面。三种流域服务的公共补偿，以及对水质与水量的私人补偿，都有利于上游保护者。在流域生态补偿方面，比较成功的例子：纽约水务局通过协商确定流域上下游水资源、水环境保护的责任与补偿标准；南非将流域生态保护与恢复行动与扶贫有机地结合起来，每年投入约 1.7 亿美元雇佣弱势群体来进行流域生态保护，以改善水质，增加水资源供给；澳大利亚利用联邦政府的经济补贴推进各省的流域综合管理工作等。

4. 矿产资源开发的补偿

矿产资源开发的生态补偿方面，美国和德国的做法相似。美国将矿区的生态环境治理分为法律前和法律后，使矿区生态损害与恢复治理的责任明确。对于立法前历史遗留的生态破坏问题，由政府负责治理，国家通过建立治理基金的方式组织恢复治理；而对于法律颁布后出现的矿区生态环境破坏，一律实行“谁破坏、谁恢复”，由开发者负责治理和恢复。德国是由中央政府（75%）和地方政府（25%）共同出资并成立专门的矿山复垦公司负责生态恢复工作。

5. 生物多样性保护的补偿

生物多样性保护的补偿类型包括：购买具有较高生态价值的栖息地、使用物种或栖息地的补偿、生物多样性保护管理补偿、支持生物多样性保护交易、限额交易规定下可交易的权利。

（二）国际生态补偿的主要方式

目前在国际上，生态服务付费的方式可以分为两大类：一类是政府购买，或称为公共支付体系；另一类则是较多地运用市场的手段，如自行组织的私人交易、开放的市场贸易、生态标记以及使用者付费等。

1. 以公共支付为主导的生态补偿方式

公共支付主要是指由政府来购买社会需要的生态环境服务，然后提供给社会成员。无论从支付规模还是应用的广泛程度来说，公共支付都是购买生态环境服务的主要形式。购买资金可能来自公共财政资源，也可能来自有针对性的税收或政府掌控的其他金融资源，如国债、一些基金和国际上的援助资金等。

2003 年，墨西哥政府成立了一个价值 2 000 万美元的基金用于补偿森林提供的生态服务。补偿标准是对重要生态区支付 40 美元/（公顷 · 年），对其他地区支付 30 美元/（公顷 · 年）。

2. 以市场为主导的生态补偿方式

（1）自组织的私人交易。自组织的私人交易是指生态环境服务的受益方与提供方之间的直接交易，适用于生态环境服务的受益方较少并很明确，生态环境服务的提供方被组织起来或者数量不多的情况，一般是交易双方经过谈判或通过中介确定交易的条件和价格。自组织的私人交易主要得益于较为明晰的产权和可操作的合同，常见于产权比较明确的森林生态系统与其周边受益地区，小流域的上下游之间，有时也可能是某些保护组织和商业机构达成为保护生态系统功能而支付报酬等。比如法国皮埃尔矿泉水公司案例。

（2）开放的市场贸易。当生态服务市场中的买方和卖方的数量比较多或不确定，而生态系统提供的可供交易的生态环境服务是能够被标准化为可计量的、可分割的商品形式，如地下水盐分信贷、温室气体抵消量等，这时可以使这些指标进入市场进行交易。比如哥斯达黎加开展的交易案例。1996 年，哥斯达黎加做成第一笔交易，以 200 万美元的价格卖给挪威 20 万个 CTO 单位（相当于抵消万吨碳排放）。同年，哥斯达黎加还启动了“森林环境服务支付”（FESP）项目，项目中规定要对植树造林支付一定费用作为补偿，所植树木要以国际标准严格认证。费用的支付标准每年都要调整，2002 年的支付水平为 5 年每公顷支付 530 美元。支付费用的主要来源是政府成立的“碳基金”和政府从化石燃料中征收的销售税。

（3）生态标记。生态标记是间接支付生态环境服务的价值实现方式。因为如果消费者愿意以高一点的价格购买经过认证是以生态环境友好方式生产出来的商品，那么消费者实际上支付了商品生产者伴随着商品生产而提供的生态环境服务。推行生态标记的关键，是要建立起能赢得消费者信赖的认证体系，因此认证制度常常被当作是一种对生产者和消费者的激励机制来使用。比如欧盟的生态标签体系案例。

二、国际生态补偿实践的经验借鉴

由于国情不同，国际上不同的国家对生态补偿的做法也不尽相同，各有侧重，这些成功经验对我国进行生态补偿研究与实践有着重要的启示：

第一，国际生态补偿取得成功的主要原因在于：一是大多数国家产权制度比较完善，有利于利用市场机制进行补偿；二是政府支付能力较强，能够对重要的生态服务进行购买；三是法律法规比较完善，很多资源开发的外部成本能够内部化；四是社会参与协商机制较为成熟，能够在生态补偿政策实施中真正反映各利益相关者的立场等。这些经验对中国有着直接的借鉴意义，当然由于社会经济条件，特别是市场经济发育程度的不同，中国不能对国际上的有些做法进行简单的拷贝。

第二，国际上实现生态服务付费主要包括公共支付手段和市场手段两种模式。二者各有其适用的条件，也各有利弊，是相辅相成的关系，中国可以进行移植、改革和应用。国际经验表明，公共支付模式适用于典型公共物品的情况，生态功能服务面大、受益人数多或难以准确界定。但该模式有两大风险：一是因为信息不对称，公共支付可能支付了高于实际所需的费用；二是官僚体制本身的低效率、腐败的可能性以及政府预算优先领域的冲击，都可能影响公共支付模式的实际效果。

中国在重要生态功能区和一些大江大河的生态补偿中，政府处于主导地位，但也不妨在适当的环节充分利用市场机制，如利益相关者的参与及协商机制，以保证公共支付政策的效率和长效性对于一些中、小流域上下游之间的补偿，或是以市场贸易手段实现的补偿，市场机制可以占主导作用，但政府应该在市场培育、制度完善等方面发挥作用，同时加强对交易过程的监管。

第三，国际上公共支付模式是开放和灵活的。公共支付的一个重要特征是主要资金来源于政府或其他公共部门，但其运行机制不是公共部门独家封闭运作，而是开放和灵活的。

第四，重视生态标志制度的作用。生态标志制度不是直接意义上的生态补偿，但是公众以超出一般产品的价格购买和消费以环境友好方式生产的产品，实际上购买了附加在这些产品上的生态服务功能的价值，是对生产这类产品所付出的保护生态环境的额外成本进行间接补偿。

目前，中国的生态标志产品的消费市场正在逐渐形成，只要价格体系得当，消费者有支付意愿，愿意购买生态标志产品，也能够达到生态补偿的目的。目前，中国环境标志已经在办公设备、日用品、家电、建筑装修材料、纺织用品等领域开展了 56 大类产品的认证，共有 2 000 余家企业的 20 000 多种产品获得了中国环境标志产品认证，环境标志产品的年产值超过 900 亿元人民币，但中国目前对生态标志制度的生态补偿含义的认识还不够清晰。从这一角度出发，政府一方面应重视生态标志制度的生态补偿意义，有意识地将其作为实现生态补偿的政策手段加以广泛深入地应用，鼓励调整产业结构，发展环境友好型产品，将保护后的生态优势转化为产业优势，走出一条清洁型产业的道路；另一方面应积极建立绿色消费体系，特别是鼓励政府绿色采购，推动生态标志产品的发展，以形成新的补偿途径。

第三节　重点领域生态补偿机制的案例分析

一、重点领域生态补偿案例评述

1. 自然保护区生态补偿

2001 年，中央财政设立了“森林生态效益补助资金”，选择 24 个国家级自然保护区进行试点。地方政府积极创新，拓宽资金来源，旅游开发与自然保护区补偿结合的方式正在兴起，福建省武夷山市星村镇红星村以 0. 113 万公顷林地入股森林公园，森林公园按 15 元/（年·公顷）标准支付村民资源保护费，村民负责护林任务，同时对景点利润进行分成。

2. 重要生态功能区生态补偿

国家主导实施了一系列重大生态治理工程，包括天然林保护、三北防护林体系建设工程、京津风沙源治理工程、中央财政森林生态效益补偿基金项目，覆盖面广，有效遏制了生态环境恶化。

地方政府开展了多种补偿形式：①湖南、广西、云南从水电费中按一定比例提取资金补偿公益林；②福建省从旅游经营收入中提取一定资金，直接用于生态公益林所有者的补偿；③山西省灵石县从煤炭企业可持续发展基金中提取补偿资金，对县域集体生态公益林进行补偿；④江苏常熟虞山国有林场通过和企业、林场住户签订自愿管护协议的方式保护生态景观林。

3. 流域水资源生态补偿

为了处理好地区间、上下游生态补偿问题，各地方政府积极探索了丰富的市场手段：①受益者付费。如绍兴市每年从自来水费中提取200万元用于源头地区的生态保护。②破坏者补偿。如河北子牙河水系主要河流试行的生态补偿金扣缴政策。③排污权交易。如1987年上海闵行区上钢十厂与塘湾电镀厂排污权转让，每年补偿电镀厂4万元的经济损失；2009年3月浙江太湖流域杭嘉湖地区和钱塘江流域开展的化学需氧量排污权有偿使用和交易试点。④水权交易。如浙江东阳市向义乌市有偿转让横锦水库部分用水权。

4. 大气环境保护区生态补偿

1994年，原国家环保局（现国家环境保护总局）在包头、开远、柳州、太原、平顶山、贵阳6个城市开展了大气排污权交易试点，1998年太原市通过了《太原市大气污染物排放总量控制管理办法》，成为中国第一部包括排污权交易的总量控制法规。2009年，北京天平汽车保险股份有限公司购买奥运期间北京绿色出行活动产生的8 026吨碳减排指标，用于抵消该公司运营过程中产生的碳排放，成为国内第一家自愿购买碳减排量实现碳中和的企业。

5. 矿产资源开发区生态补偿

1983年，云南省环保局以昆阳磷矿为试点，对矿石征收0.3元/吨的费用，用于采矿区植被及其他生态环境恢复的治理，是我国矿产领域生态补偿的起点。我国矿产资源主要分布在中西部，开展矿产资源生态补偿的省份较少，主要集中在山西、安徽、陕西、新疆。其中山西产煤地区进行了积极的补偿机制探索，太原市首创煤矿恢复生态环境补偿基金制度，晋城市煤炭企业出资对采掘区和承包荒山进行造林绿化。

6. 农业生产区生态补偿

2000年和2002年，国家相继推出退耕还林、还草和退牧还草工程，对农产区丧失发展机会的农民、牧民予以补偿。2006年，山东省政府出资购买湿地作物种苗，鼓励周边农民种植芦竹等能够降解和净化污染物的湿地作物，同时由政府牵头，与山东3大造纸企业签订了芦竹收购的终身制合同，以保障销售畅通。2009年，“中欧农业可持续发展与生态补偿政策研究项目”启动，选定天津、江苏、安徽和云南4省（市）为示范点，探索适合我国国情的农业生态补偿实施框架。

7. 旅游风景开发区生态补偿

2009年10月，苏州正式实施《苏州市风景名胜区条例》，建立生态补偿机制，通过财政转移支付制度补偿当地人民对景区生态维护做出的贡献；新疆阜康市委为合理利用三工河谷旅游资源。2006年，迁出河谷内所有农牧民、干部职工，按照居民住宅实际评估价值发放生态移民补偿费。

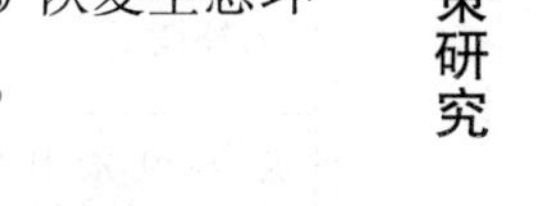

二、重点领域生态补偿案例剖析

以七种类型的生态补偿实施情况为主，围绕数量多少、区域分布、补偿措施、发展趋势方面分析存在的特点（见表9-2）。

表9-2　类型生态补偿实施情况

生态补偿类型	案例数量	补偿措施	实施省份
自然保护区生态补偿	9	中央财政转移支付；地方财政转移支付；专项基金；受益者保护；自组织的私人交易	内蒙古、上海、江苏、安徽、福建、山东、湖北、广东、四川、云南、青海、新疆12个省（区、市）
重要生态功能区生态补偿	23	中央、地方财政转移支付；地区间财政转移支付；专项基金；重大生态治理工程；受益者保护、破坏者补偿；自组织的私人交易	全国
流域水资源生态补偿	41	中央、地方财政转移支付；地区间财政转移支付；专项基金；受益者保护、破坏者补偿；排污权交易；水权交易	北京、河北、山西、内蒙古、辽宁、上海、江苏、浙江、安徽、福建、江西、山东、河南、湖北、湖南、广东、重庆、陕西、甘肃、宁夏20个省（区、市）
大气环境保护区生态补偿	16	破坏者补偿；排污权交易；自组织的私人交易	北京、天津、河北、山西、江苏、河南、湖北、湖南8个省（市）
矿产资源开发区生态补偿	13	地方财政转移支付；破坏者补偿	河北、山西、内蒙古、浙江、安徽、云南、陕西、新疆8个省（区）
农业生产区生态补偿	8	中央财政转移支付；地方财政转移支付专项基金；重大生态治理工程	天津、上海、江苏、安徽、山东、云南6个省（市）
旅游风景开发区生态补偿	3	地方财政转移支付	河北、江苏、新疆3个省（区）

（1）流域水资源生态补偿案例最丰富，达41例；重要生态功能区生态补偿实施23例，覆盖范围较广；大气环境保护生态补偿16例；其余4类生态补偿实施力度较为欠缺。由于水污染和水短缺危机的日益严重，中央及地方政府高度重视流域水资源生态补偿，大量专家学者就合理解决流域上下游因水环境保护或破坏造成的外部性问题进行了深入研究，各省（区、市）积极实行生态补偿试点，重点推行流域上游水源涵养区生态保护、跨界水污染超标、排污权有偿使用和交易、水权交易、重大水利工程（如南水北调工程）、洪水控制（如蓄滞洪区分洪）6个方面的生态补偿。特别是浙江、福建两省起到了积极的表率作用。重要生态功能区生态补偿案例数量次之，但近年来国家主导实施了一系列重大生态治理工程，尤其是中央财政森林生态效益补偿基金项目于

2004 年推广至全国，使得该类生态补偿实施范围最广，影响力最大。我国大气环境保护生态补偿集中在江苏、湖北、湖南、北京、天津、山西、河北、河南 8 省（市），处于试点阶段，尚未推广至全国，主要围绕二氧化硫排污交易以及碳减排交易展开。其余 4 类生态补偿开展数量较少，且局限在少数地区。由此可以看出 7 类生态补偿的实施力度不均，我国生态补偿工作尚未全面展开。

（2）我国东部、中部、西部的自然资源、产业结构、经济基础等存在较大差异，直接导致各类生态补偿的区域分布对比明显。目前，在全国已实施的 113 例生态补偿案例中，中央主导实施了天然林保护、三北防护林体系建设工程、京津风沙源治理工程、中央财政森林生态效益补偿基金项目、三江源自然保护区生态保护工程、退耕还林（还草）工程、退牧还草工程 7 个重大生态治理工程，31 个省（区、市）实施了 106 例生态补偿案例。见表 9-3。

表 9-3　不同类型生态补偿案例的区域分布

区域	自然保护区生态补偿	重要生态功能区生态补偿	流域水资源生态补偿	大气环境保护区生态补偿	矿产资源开发区生态补偿	农业生产区生态补偿	旅游风景开发区生态补偿	合计
东部	1	8	27	8	2	4	2	52
中部	2	3	9	8	6	1	0	29
西部	5	8	5	0	5	1	1	25

东部与中部、西部生态补偿实施力度差距较大。东部 11 个省份位于我国沿海经济发达地区，资金以及技术支持相对充足，政府、企业自主开展生态补偿的意识强烈。在开展的 52 例生态补偿中，流域水资源生态补偿 27 例；中西部地区自然条件相对恶劣，而且伴随着石油、天然气、煤炭及矿产资源的大规模勘探开发，水土流失、土地沙化、草地退化等生态问题日益严重，但其落后的生产力，匮乏的资金来源，导致多数省份没有足够的经济技术条件独立开展生态补偿工作。

各类生态补偿的区域分布也有差异。自然保护区生态补偿与重要生态功能区生态补偿多分布于环境脆弱、生态地位重要的西部地区；流域水资源生态补偿多集中在开发力度大、污染相对严重的东部地区；大气环境保护生态补偿在西部尚未开展，仅在东部和中部进行了少量的试点；矿产资源开发区生态补偿主要分布在矿产资源丰富的中西部；农业生产区与旅游风景开发区生态补偿尚属个例，各区域补偿数量较少，需加大试点工作的推广。

生态补偿在市场手段与政府手段的使用中，我国目前的生态补偿仍以政府手段为主。虽然市场手段取得了一定的发展，但其中大多数市场补偿案例在实施过程中仍是在政府的协调指导下完成，是一种政府介入式的市场手段。表 9-4 为不同类型生态补偿案例实施手段。

表 9-4 不同类型生态补偿案例实施手段

补偿手段	自然保护区生态补偿	重要生态功能区生态补偿	流域水资源生态补偿	大气环境保护区生态补偿	矿产资源开发区生态补偿	农业生产区生态补偿	旅游风景开发区生态补偿	合计
政府手段	4	16	20	0	2	8	3	53
市场手段	5	8	23	16	11	0	0	63

从各类生态补偿的手段可以发现：重要生态功能区受益范围广，利益主体不清晰，其生态补偿主要以政府手段为主。农业生产区以及旅游风景开发区生态补偿尚属起步阶段，目前主要依赖政府手段开展。自然保护区生态补偿的政府手段与市场手段数量基本持平，但仍需要继续拓宽。流域水资源生态补偿则在政府指导下，积极开展受益者付费、破坏者补偿、排污权交易、水权交易等市场交易。大气环境保护区以及矿产资源开发区，补偿主体及补偿对象相对清晰，易于界定，其生态补偿主要通过破坏者补偿以及排污权交易等市场手段实现。

我国 113 例生态补偿案例的补偿手段合 116 种，其中 3 例案例政府手段和市场手段并行：浙江德清县西部乡镇不仅从县财政出资，还从全县水资源费、排污费以及农业发展基金中分别提取一定比例展开生态补偿；东江源生态功能保护区的补偿手段多样，国家财政补贴、香港广东的区际补偿、下游珠江三角洲地区的利税等构成的生态补偿基金是其主要政府手段，异地开发模式是其市场手段；重庆武隆区自 2009 年起对因承担生态建设任务而做出经济牺牲的乡镇展开生态补偿，其补偿手段主要是财政转移支付，将工业经济区地税收入的一定比例补偿给其他地区建设生态环境，并且建立企业反哺生态制度，按资源成本的一定比例对排污企业提取费用，用于统筹安排、集中营造企业林。

案例链接

流域生态补偿的五种模式

近年来，跨行政区域的流域污染纠纷时有发生。其根源在于流域上下游之间环保责任的不对等，容易出现上游排污，下游“买单”的现象，如何破解跨行政区域的流域环境问题，成了人们多年来一直在探索的难题。

2005 年开始，浙江逐步推进生态补偿试点，随后，江苏、安徽等多省份也在逐步探索生态补偿制度。2011 年，财政部、环保部在新安江流域启动了全国首个跨省流域生态补偿机制试点，试点期 3 年。试点之后，新安江的水质连年达标，取得显著的成效。

新安江流域治理涉及安徽和浙江两省，安徽黄山市是新安江流域上游的水源涵养区，浙江省杭州市是流域下游的受益区。按照流域补偿方案约定，只要安徽出境水质达标，浙江每年补偿安徽 1 亿元。

按照成熟一批，推进一批的原则，自 2011 年以来，包括新安江流域在内，我国已探索出九洲江、汀江—韩江、东江、滦河、渭河流域五大河流的生态补偿模式。

1. 九洲江流域：投入累积超 15 亿元两广联手治理显成效

九洲江跨越粤、桂两省区，是广西的玉林市（陆川、博白两县）和广东的湛江市主要饮用水水源，九洲江流域的水环境安全，关系到九洲江流域人民群众的饮水安全和粤、桂经济社会协调发展大局。粤、桂两省区联手治理九洲江是两省区党委政府主要领导达成的共识。

2016年3月21日，广西壮族自治区政府与广东省政府签署了《九洲江流域水环境补偿的协议》（以下简称《补偿协议》）。《补偿协议》约定，协议有效期为2015—2017年，治理期间广西、广东两省各出资3亿元，共同设立九洲江流域生态补偿资金。此外，中央根据年度考核结果，完成协议约定的污染治理目标任务，将获得9亿元的专项资金支持。至此，九洲江流域合作治理资金投入累计超过15亿元。

在中央的支持及粤桂两省区的努力下，九洲江流域工业点源和县城生活污染源得到较好控制，初步探索出规模化畜禽养殖污染减负模式，饮用水源保护区的非法抽砂、违法养殖、围库造塘等问题得到不同程度的治理，一定程度上遏制了流域水质恶化的趋势。

2. 汀江—韩江流域：双向补偿，已获中央财政5.99亿元补助

发源于闽西的汀江全长300多千米，是福建省第四大河流，也是福建流入广东的最大河流。韩江是粤东地区第一大河流，担负汕头、梅州、潮州和揭阳市1 000多万人生产、生活供水的重任，因此上游汀江水质直接关系到下游1 000多万人的用水安全。

为更好地保护水环境，2016年3月，福建省与广东签署汀江—韩江流域水环境补偿协议。按照规定，广东、福建共同出资设立2016—2017年汀江—韩江流域水环境补偿资金，资金额度为4亿元，两省每年各出资1亿元。同时，中央财政将依据考核目标完成情况确定奖励资金，并拨付给流域上游省份，专项用于汀江—韩江流域水污染防治工作。

与以往相关协议不同，汀江—韩江流域上下游横向生态补偿协议采用双指标考核，既考核污染物浓度，又考核水质达标率。同时，实行“双向补偿”原则，即以双方确定的水质监测数据作为考核依据，当上游水质稳定达标或改善时，由下游拨付资金补偿上游；反之，若上游水质恶化，则由上游赔偿下游，上下游两省共同推进跨省界水体综合整治。

据东方网2017年9月份的报道，自流域补偿协议实施至今，福建省已投入汀江—韩江流域水污染防治资金15.99亿元，累计获得中央5.99亿元资金补助。

3. 东江流域：两省每年各出资1亿元，中央财政补贴拨付上游

2016年4月，国务院印发《关于健全生态保护补偿机制的意见》，明确在江西—广东东江开展跨流域生态保护补偿试点。同年的10月，江西、广东两省人民政府签署了《东江流域上下游横向生态补偿协议》，明确了东江流域上下游横向生态补偿期限暂定三年。跨界断面水质年均值达到Ⅲ类标准水质达标率并逐年改善。

该生态补偿协议明确以庙咀里（东经115.178 8、北纬24.701 3）、兴宁电站（东经115.559 0、北纬24.645 1）两个跨省界断面为考核监测断面。考核监测指标为地表水环境质量标准中的pH值、高锰酸盐指数、五日生化需氧量、氨氮、总磷5项指标。如出现其他特征污染物，经两省协商也纳入考核指标。同时，江西、广东两省联合开展篁乡河、老城河两个跨省界断面监测评估。中国环境监测总站负责组织江西、广东两省有关环境监测部门，对跨界断面水质开展联合监测。

资金补偿与水质考核结果挂钩。江西、广东两省共同设立补偿资金，两省每年各出资1亿元。中央财政依据考核目标完成情况拨付给江西省，专项用于东江源头水污染防治和生态环境保护与建设工作。两省共同加强补偿资金使用监管，确保补偿资金按规定使用。

4. 滦河流域：以国土江河综合整治予以资金支持

滦河，发源于河北省丰宁县，流经沽源县、多伦县、隆化县、滦平县、承德县、宽城满族自治县、迁西县、迁安市、卢龙县、滦县、昌黎县，在乐亭县南兜网铺注入渤海，全长877千米。

与新安江、汀江—韩江等横向上下游补偿方案相比，滦河流域的补偿方案有所不同，初步方案是先建立补偿试点，国家以国土江河流域综合整治试点形式予以资金支

持，天津、河北再各自支付一部分资金，以充分体现谁受益、谁补偿的原则。

滦河流域试点共涉及三省一市、共9个地市。其中，水土环境污染防治项目共73个，投资35.38亿元；河湖生态保护与修复项目共65个，投资32.74亿元；统一水质、生态监测、监管、应急平台项目1个，投资2.5亿元。

5. 渭河流域：参照新安江流域方案，建立中央补助+跨省补偿机制

2011年，作为生态补偿方面的探索尝试，陕、甘两省沿渭6市1区签订了《渭河流域环境保护城市联盟框架协议》，陕西省向渭河上游的甘肃天水、定西两市分别提供300万元渭河上游水质保护生态补偿资金，用于上游污染治理、水源地生态保护和水质监测等。

"但考虑到现有上游保护投入和治理成本及未来生态治理需求，目前开展的补偿还存在着量小力微、基数不尽合理、补偿渠道和方式单一、缺乏有效机制保障等问题，无法满足流域生态治理和水环境保护的需要。因此，通过先行先试，在渭河流域建立健全可行的上下游横向补偿机制显得十分急迫。"2017年6月27日，全国政协委员张世珍在接受中国网采访中表示。他建议渭河流域治理，应参照新安江流域生态补偿试点经验，以中央财政生态补偿基金和跨省的生态补偿资金为重点，启动实施渭河流域上下游横向生态补偿试点，建立渭河流域生态保护共建共享机制。

资料来源：http://hbw.chinaenvironment.com/zxxwlb/index_55_97429.html.

第四节　建立生态补偿机制的战略与政策框架

一、建立生态补偿机制的总体战略

建立生态补偿机制的战略定位：在我国，建立生态补偿机制不仅是完善环境政策体系、保护生态环境的关键措施，还是落实科学发展观、建立生态文明、构建和谐社会的重要举措，各级政府应予以高度重视。

建立生态补偿机制的战略目标：①调整区域生态环境保护相关主体间的环境及其经济利益的分配关系，协调保护与发展的矛盾，促进区域的协调、公平与和谐发展；②切实解决诸如重要生态功能区、流域和矿资源开发等领域的生态环境保护问题，恢复和维护生态系统的服务功能，改善生态环境质量；③争取用5~8年的时间，建立起较完善的生态补偿机制和政策体系，使生态补偿政策的效果与国家的环境保护总体战略要求以及全面建设小康社会的进程相一致。

建立生态补偿机制的原则：①以调整相关利益主体间的环境及其经济利益的分配关系为核心，以内化相关生态环境保护或破坏行为的外部成本为基本要求，以经济激励为目的，坚持"受益者或破坏者支付，保护者或受害者被补偿"的原则；②以改革和完善现有相关政策为基础，逐步建立新的补偿制度；③先易后难，循序渐进，不断完善。

建立生态补偿机制的战略步骤：在全国范围内选择优先领域（如水源涵养区和自然保护区等重要生态功能区、跨省界中型流域等），开展国家级和地方级试点示范，重点探索建立上级政府协调机制、地方横向财政转移支付、市场机制等方面的政策经验。

在国家层面，研究改革重要公共财政政策（如财政转移支付），研究制定国家建立生态补偿综合指导政策（如国务院相关文件）和一些新的公共政策（如国家生态补偿专项），研究建立生态补偿管理体制等重要问题。在试点示范和专项研究的基础上，建立国家生态补偿的关键政策，并逐步形成体系，开始全面推进生态补偿工作。

二、生态补偿问题的类型及优先领域

目前，国内学术界对生态补偿问题的类型划分还没有统一的体系，这主要是由于不同的划分标准和目的，划分结果的政策意义有较大差别，不利于实际应用。

例如，按照补偿主体的不同，中国环境规划院将生态补偿分为国家补偿、资源型利益相关者补偿、自力补偿和社会补偿。前三者都属于利益相关者补偿，具有强制补偿的性质，社会补偿属于非利益关联者补偿，属于自愿补偿的范畴。同时该机构从政策选择的角度，还有一种划分：西部补偿、生态功能区补偿、流域补偿、要素补偿。

沈满洪和陆菁根据不同的标准，早在2004年就对生态补偿类型做过详细的划分：①按补偿对象，可划分对生态保护做出贡献者进行补偿、对在生态破坏中的受损者进行补偿和对减少生态破坏的主体给以补偿；②从条块角度，可划分为上游与下游之间的补偿和部门与部门之间的补偿；③从政府介入程度，可分为政府的“强干预”补偿机制和政府“弱干预”补偿机制；④从补偿的效果，可分为“输血型”补偿和“造血型”补偿。

标准是对生态补偿问题的类型划分的前提，标准的确定要服从两个目的：一是帮助对现实存在问题的认识；二是有利于制定政策，即分类本身具有一定的政策含义。所以，分类可以是多层次的，但必须是属于一个体系。

（一）生态补偿问题的类型

根据上述原则，将生态补偿问题先按地理尺度和性质进行三级分类，以便全面辨析现实问题，然后根据问题的公共物品属性特征进行第四级分类，以反映解决各类问题的政策途径（见表9-5）。

表9-5　我国生态补偿问题的类型及其公共物品属性与政策途径

Ⅰ：全球尺度	Ⅱ：国家尺度和问题性质	Ⅲ：地区尺度和问题性质	Ⅳ：公共物品属性	政策途径
国际补偿	全球森林和生物多样性保护、污染转移、跨界河流等	生态补偿区际关系、碳汇标准等	绝大部分属于纯粹公共物品类	多边协议下的全球购买、区域或双边协议下的购买、各类国际组织购买等，包括全球和区域市场交易

表9-5(续)

Ⅰ：全球尺度	Ⅱ：国家尺度和问题性质	Ⅲ：地区尺度和问题性质	Ⅳ：公共物品属性	政策途径
国内补偿	区域补偿	西部、东北等	纯粹公共物品类	主要国家（公共）购买
	重要生态功能区补偿	水源涵养区、生物多样性保护区、防风固沙、土壤保持区、调蓄防洪区等	纯粹公共物品类	主要是国家（公共）购买
	流域补偿	长江、黄河等大江大河	准公共物品：公共资源	主要是国家（公共）购买
		跨省界的中型流域，如东江流域、西江流域、新安江流域、汉江流域、黑河流域等	准公共物品：公共资源或俱乐部物品	公共购买与市场交易相结合，但上级政府的协调至关重要
		城市饮用水源区	准公共物品：公共资源或俱乐部物品	公共购买与市场交易相结合，但上级政府的协调至关重要
		地方行政辖区内的小流域	准公共物品：公共资源或俱乐部物品	公共购买与市场交易相结合，但上级政府的协调至关重要
	生态系统或生态要素补偿	森林保护、矿产资源开发、水资源开发、土地资源开发等	大部分属于准私人物品	政府法规下的开发者负担原则

从地理尺度和问题性质来看，生态补偿问题首先可分为两类：国际生态补偿问题和国内（中国）生态补偿问题。

国际补偿问题包括全球森林和生物多样性保护、污染转移（产业、产品和废物）和跨界水体等引发的生态补偿问题。

国内生态补偿问题主要包括以下四类：

第一类，区域补偿类。我国的区域补偿问题是由两个方面的原因形成的，一是某些地区是全国生态环境安全的重要屏障，如西部地区；二是由于过去计划经济体制造成某些资源开发区曾向其他地区输送了大量廉价的资源，却承受着开发遗留下的生态环境破坏的危害，经济发展也未能切实受益，如西部地区和东北地区等。最近新提出的资源枯竭型城市的生态补偿问题也属于这一类。

第二类，重要生态功能区的补偿类。我国有 1 458 个对保障国家生态安全具有重要作用的生态功能区，包括水资源涵养区、土壤保持区、防风固沙区、生物多样性保护区和洪水调蓄区等，约占国土面积的 22%，人口的 11%。

第三类，流域生态补偿类。流域类可以进一步细分为四个二级类。①长江、黄河等 7 条大江大河，其最大特点是流域涉及几个到十几个省，受益和保护地区界定困难，补偿问题非常复杂。②跨省界的中型流域，其特点定义为跨两个省市界的、与受益关系明确的中等规模的流域，至多不超过三个省市，否则其利益关系界定就会变得像大江大河一样复杂。这类流域有跨广东和江西两省的东江流域，跨广西和广东的西江流域、跨安徽和浙江的新安江流域，跨陕西和湖北的汉江流域，跨青海、甘肃和内蒙古的黑河流域等。③城市饮用水源类。这类型的特点：一是涉及饮用水源这一重要问题；二是只涉及两个利益主体，水源保护区和饮用水供水区，两者可能隶属于同一个行政辖区，也可能是两个辖区。④地方行政辖区内的小流域。其特点一是流域小，利益主体关系比较清晰；二是辖区政府较容易协调其利益关系。

第四类，生态系统或生态要素补偿类。前三类基本属于不同的生态经济系统类。第四类是按照生态系统或生态系统的组成要素建立生态补偿机制的一类，如森林保护（森林既是一个独立的生态系统，也是更大生态系统的组成部分）、草地保护、矿产资源开发、水资源开发和土地资源开发等。

有两个因素决定着对上述补偿问题的政策途径：一是利益主体关系的清晰程度，或者说是利益主体的数量；二是保护主体提供或受益者分享的生态服务功能的性质，即公共物品属性。实质上二者是相通的，所以有必要按照公共物品属性对上述问题再进行分类分析，以便识别出建立生态补偿机制的政策途径。

根据消费的竞争性和排他性特点，经济学将物品分为两大类：公共物品和私人物品。两者之间还可以划分出准公共物品和准私人物品。根据这一理论，可以对现实存在的上述问题进行第四级分类。

一是属于纯粹公共物品的生态补偿类型：部分国际补偿问题、区域补偿问题和国家重要生态功能区补偿问题。

纯粹公共物品具有消费的非排他性和非竞争性两个特征。国家级重要生态功能区，其生态服务功能和地位是保障和维系整个国家的生态安全。从非排他性看，无法排除他人获得或享受这些地区生态保护所产生的生态服务；从消费的非竞争性来看，在全局上，增加一个人不会影响其他人对这些生态服务的消费。因此，国家重要生态功能区的补偿问题是典型的纯粹公共物品。根据公共物品理论，对这种生态服务应该是全体受益者购买，或者说是其代表——政府购买，政府购买的资金应该来自公共收入，既可以由公共财政支付，又可以通过庇古税方式——用征收生态税的收入来支付。部分国际补偿问题，如全球森林和生物多样性保护问题和中国的区域补偿问题也具有纯粹公共物品的特征。

对于全球森林和生物多样性保护所产生的生态服务，应该是所受益国共同购买，通常可以通过多边协定实现；对于某种可以定量并标准化的生态服务，如森林吸收二氧化碳功能，可以采用开放市场贸易的方式进行补偿，如《京都议定书》下的清洁发展机制和排放贸易机制。

二是属于准公共物品的流域生态补偿类型。

在现实世界中，存在大量的介于纯粹公共物品和私人物品之间的一种物品，称作准公共物品或混合物品，包括俱乐部和共同资源两类。

流域上游保护所产生的生态服务，主要体现在提供足量优质的水资源。从消费特征来看，具有竞争性；从流域的地理边界来看，也可以做到一定的消费排他，但从流域内部来看，又无法做到排他。所以，流域的生态补偿问题属于准公共物品，兼具共同资源和俱乐部产品的特点。如果考虑到流域利益主体的数量和利益关系界定的难易程度等特点，可以认为，大江大河更具共同资源的特性，跨省界的中型河流、城市饮用水源地、地方行政辖区的小河流域更多具有俱乐部产品的性质。对于这类型的生态补偿，公共购买政策和市场交易是同等重要的，具体政策途径的选择取决于具体实施条件的完备程度和利益主体的意愿。但是不管选择哪种政策，上级政府的协调作用是至关重要的，特别是为利益主体沿着科斯路径达成补偿协议而搭建工作平台的作用。

三是属于准私人产品的生态补偿类型：部分生态系统或要素补偿问题。

除森林保护问题外，许多生态系统或要素的补偿问题，如矿产资源等开发的生态补偿问题具有准私人产品的性质。矿产资源开发过程及其产品具有私人性质，产生的生态环境问题大部分属于点源污染，责任主体明确；但是它又具有一定公共物品性质，因为矿产资源产权属于国家所有，资源开发所产生的生态问题的影响部分具有公共物品的性质。总体上，在矿产资源开发中，损害方和受损方的关系较为明确，主要是生态环境的代理人和责任人——政府、开发者和当地居民的利益关系。对这类问题的生态补偿，经典的税费制度是很好的政策选择。

（二）建立生态补偿机制的优先领域

从国内面临的各生态补偿问题的相关性来看，区域补偿和大江大河补偿问题可暂时不作为优先领域考虑。这是因为：①如果建立了重要生态功能区和资源开发的生态补偿机制，区域补偿的问题就得到了较大程度的解决，理由是在地理分布上三者基本上是一致的，主要是西部地区，包括东北；而且实际上重要生态功能区和资源开发是造成区域需要补偿的原因。②大江大河的补偿对象主要是江河源头和部分上游地区，这些地区基本上都属于国家重要生态功能区，所以，只要建立了重要生态功能区的生态补偿机制就可以基本涵盖了大江大河的补偿区域。③本着先易后难的原则，大江大河和区域的补偿问题也就宜优先考虑。

对于剩下的5类问题，即国家重要生态功能区、跨省界的中型河流、城市饮用水源地、地方行政辖区的小流域和矿产资源开发，很难确定“谁先谁后”。

新时期的生态文明建设，核心任务是以习近平生态文明思想和“十四五”规划目标及其实施纲要为统领，扎实推进国家环境治理体系与治理能力的现代化。“十四五”生态环境保护规划部署了12个方面的重点任务，涵盖了各要素、各环节，体现了可操作、可落实的要求。该规划编制遵循5个坚持，突出6个方面的亮点和创新。

“十四五”期间生态文明建设的主要目标包括：生态文明建设实现新进步，国土空间开发保护格局得到优化，生产生活方式绿色转型成效显著，能源资源配置更加合理、利用效率大幅提高，主要污染物排放总量持续减少，生态环境持续改善，生态安全屏障更加牢固，城乡人居环境明显改善。而2035年的远景目标则是，广泛形成绿色生产生活方式，碳排放达峰后稳中有降，生态环境根本好转，美丽中国建设目标基本实现。

因此，较难用统一的标准去确定一个优先领域的排序，即使排出序来，也未必对实践有好处。

然而，按照责任范围，可以划出一个较清晰的政府推动生态补偿机制建立的重点领域，即中央政府重点解决重要生态功能区、矿产资源开发和跨界中型流域的生态补偿机制问题，重要生态功能区以国家自然保护区和水源涵养区为重点；地方政府主要建立好城市饮用水源地和本辖区内小流域的生态补偿机制，并配合中央政府建立跨界中型流域的补偿机制问题。这样一来，各有分工和侧重，并针对不同问题采用较容易可行的政策途径，既能逐步完善，又可以全面推进。

案例链接

赤水河流域实施生态双向补偿，补偿金按月核算

《贵州省赤水河流域水污染防治生态补偿暂行办法》（以下简称《办法》）已由贵州省政府办公厅近日转发。

《办法》明确，按照“保护者受益、利用者补偿、污染者受罚”的原则，在贵州省毕节市和遵义市之间实施赤水河流域水污染防治双向生态补偿。

按照《办法》，上游毕节市出境断面水质优于Ⅱ类水质标准，下游受益的遵义市应缴纳生态补偿资金；上游毕节市出境断面水质劣于Ⅱ类水质标准，毕节市则应缴纳生态补偿资金。赤水河流域内有关县（市、区）出境考核断面水质劣于规定的水质类别，也应缴纳生态补偿资金。

《办法》明确，生态补偿以赤水河在毕节市和遵义市跨界断面水质监测结果为考核依据，断面水质监测指标为高锰酸盐指数、氨氮、总磷，污染物超标补偿标准为高锰酸盐指数0.1万元/吨、氨氮0.7万元/吨、总磷1万元/吨。有关区（县）生态补偿资金计算按照该方法执行。

据介绍，赤水河流域生态补偿资金实行按月核算、按季通报、按年缴纳。贵州省环境保护厅按月对生态补偿金进行核算，每季度将核算结果向贵州省财政厅和遵义市、毕节市人民政府及有关县（市、区）人民政府通报，每年1月31日前将上年度核算结果和应缴纳总额向贵州省财政厅和遵义、毕节两市人民政府及有关县（市、区）人民政府通报。遵义市人民政府或毕节市人民政府及有关县（市、区）人民政府在收到上年度生态补偿资金核算结果和应缴纳总额后的20个工作日内，向对方市级财政和省级财政缴纳生态补偿资金。逾期不缴纳的，贵州省财政厅将通过办理上下级结算扣缴。

据了解，《办法》所称赤水河流域指《赤水河流域环境保护规划》中确定的流域和范围，包括七星关区、金沙县、大方县、习水县、仁怀市、赤水市、遵义市、桐梓县。

据悉，生态补偿资金统一缴入省级财政，由贵州省财政厅会同贵州省环境保护厅按照定向使用原则，通过因素法进行分配。

资料来源：http://www.guizhou.gov.cn/ztzl/xxgcgzswsyjqcqhjs/lszd/201609/t20160901_435954.html.

三、建立生态补偿机制的政策工具

（一）公共类政策

对公共政策可以有不同的理解和范围界定。例如，从政策目的来看，凡是提供社会

公共物品和服务的政策均可称为公共政策。这里的公共政策按照政策所依赖的公共资源和公共权力来界定，因为生态补偿的结果基本是都属于公共物品，市场手段有时同样可以提供公共物品。

1. 公共财政政策

有三种依靠经常性收入的公共支出财政政策可以用于生态补偿。

一是纵向财政转移支付，是指中央对地方，或地方上级政府对下级政府的经常性财政转移。该政策适宜于国家对生态功能区的生态补偿，实现补偿功能区因保护生态环境而牺牲的经济发展的机会成本。对跨省界中型流域、城市饮用水源地、辖区小流域和矿产资源开发的生态补偿问题，因责任关系不提倡，或因财力限制不可能使用中央向地方的转移支付。地方行政辖区内的纵向转移支付，个别地方要根据情况，也不宜大量使用，应尽量鼓励采用与相关利益和责任主体关系更紧密的政策。当然，如果跨省界流域的上游属于国家重要生态功能区，或者当某地区存在严重的大规模历史遗留的矿产资源开发造成的生态环境问题时，可以使用中央和地方的财政转移支付政策。

二是生态建设和保护投资政策，包括中央和地方政府的投资。中央政府的生态建设和保护投资政策主要适用于国家生态功能区的生态补偿，实现功能区因满足更高的生态环境要求而付出的额外建设和保护投资成本。地方政府的生态建设和保护投资政策的使用原则与国家的相类似，适用于当地生态环境安全有重要作用的地区。

三是地方同级政府的财政转移支付，适用于跨省界中型流域、城市饮用水源地和辖区小流域的生态补偿。与纵向财政转移支付的补偿含义不同，受益地方政府对保护地方政府的财政转移支付应该同时包含生态建设和保护的额外投资成本和由此牺牲的发展机会成本。当然，若由其他手段如经济合作实现了第二个补偿内容，横向转移支付可以只补偿第一个内容。当其他手段只是发挥辅助和强化作用时，转移支付仍需包含两个方面的补偿内容。

2. 税费和专项资金

税费既是内化外部成本和激励主体改变行为的经济手段，又是政府财政的重要来源。向所有公民和组织征收生态税，并建立专项资金（基金）用于国家履行生态补偿的责任是一个好的政策方向。但考虑到中国目前财税政策改革思路，开征新的税种有较大困难，需要时日。

然而，针对矿产资源开发造成的严重生态环境问题，开征生态补偿费，或在现有资源补偿费的基础上增加一块生态补偿费是非常必要的。征费收入可以建立专项基金，用于治理矿产资源开发引发的大规模生态问题及其历史遗留问题。

3. 税收优惠、扶贫和发展援助政策

对被补偿地区，实行税收优惠、扶贫和发展援助是生态补偿政策的重要辅助手段，主要目的是补偿发展机会成本的损失。税收优惠包括税收分成比例调整和税收减免两个方面。将现有扶贫和发展援助政策向补偿地区倾斜和集中，就可以发挥生态补偿的作用。国家的税收优惠、扶贫和发展援助政策主要向国家重要生态功能区倾斜，地方的相关政策可以向所属补偿区域倾斜。

4. 经济合作政策

开展经济合作是解决跨省中型流域、城市饮用水源地和辖区小流域生态补偿问题的重要辅助政策，其目的是补偿流域上游地区牺牲的发展机会成本。根据地方经验，经济合作的形式是多种多样的，如建立异地开发区、清洁型产业发展项目投资、人力资源培训、创造就业机会等。

（二）市场手段

1. 一对一的市场交易

当受益方与保护方明确，利益关系清晰，特别是一对一的情况时，就可以通过协商，直接进行生态服务的市场买卖交易。该模式适合于跨省界中型流域、市饮用水源地和辖区小流域生态补偿问题。因为流域生态服务最直接和最综合地体现在上游提供优质足量的水资源，所以上下游政府间的水资源交易是这种市场交易的主要形式，当然，水资源交易也可在企业与社区之间展开。

2. 可配额的市场交易

当生态服务市场中买方和卖方的数量比较多或不确定，而生态系统提供的可供交易的生态环境服务是能够被标准化为可计量的、可分割的商品形式，如温室气体等，这时可以使这些指标进入市场进行交易，即开放贸易方式。在重要生态功能区的生态补偿领域，中国应该积极探讨可配额的市场交易模式，如《联合国气候变化框架公约》及《京都议定书》下的碳汇清洁发展机制项目、配额生物多样性保护和湿地保护交易机制等。

3. 生态标志

生态标志制度是一项广泛发展的制度，可以作为生态功能区和流域生态补偿的一种创新政策工具加以应用。这里，广义的生态标志物品和服务既包括产品生态标志，如生态（有机）农产品，又包括旅游景区和文化或生物遗产地标志。所以，鼓励生态功能保护区和较大流域水源保护区积极发展生态标志物品和服务，将当地的生态优势转化为产业优势，由广大的消费者支付生态补偿的费用。

（三）生态补偿机制的财政政策设计

1. 纵向财政转移支付制度的生态补偿改革

改革中央对地方的纵向财政转移支付，使其对国家重要生态功能区等地方具有生态补偿作用的关键问题有两个：调整的依据与标准、调整因子。

（1）调整的依据与标准

纵向财政转移制度要实现的生态补偿的内容是补偿保护者牺牲的发展机会成本，所以，发展机会成本是调整转移支付制度的基本依据。

机会成本是一个理论概念，要对其进行具体的计算难度较大。从具体事实上来看，保护者所付出的机会成本，最后主要体现在产业结构的变化、政府收入能力的损失和人民生活水平的下降上。我国现行的财政转移支付制度，已经充分考虑了受付地区的产业结构和财政收入能力因素。但是，目前财政对受付地区的产业结构因素，是按照常态的方式来对待的。它的基本假设条件是，这些地区的经济结构是历史形成的。这实际上否认了生态功能区对当地经济结构的影响。

所以，在此基础上考虑的机会成本，应重点考虑两项指标：一是人民生活水平的下降程度；二是根据国家要求，建立与生态环境相适应的产业结构的相关成本。为了与现行的财政政策相衔接，可以通过增加因素和调整系数的颁发，对现行的中央转移支付制度进行必要的调整来体现生态补偿的要求。

（2）调整因子

第一，农村社会保障支出。根据社会发展规律和中央建设新农村的精神，这一因素迟早要纳入中央转移支付的范围。但在没有总体进入之前，通过建立农村低保制度，对生态功能导致的人民收入水平下降，给予一定的补偿，确保生态功能区的人民在失去一些经济发展机会后，能有一个长效的生存机制，是非常有意义的。

第二，生态功能区因子。一般而言，生态功能区面积越大，其生产的生态服务功能就越大。因此，把生态功能区的国土面积作为中央转移支付的一个因素，既可以较好地体现生态补偿的功能，又易于操作。由于不同功能区生产的生态服务不同，从理论上讲，同样的面积不同生态功能区应该享受不同标准的生态补偿金。

第三，现代化指数。现代化指数既是反映一个地区经济发展的水平，也一定程度上反映了其"清洁型产业结构"与"常规产业结构"的差距。因此，用这一指数来表示因保护生态环境造成产业发展机会成本的损失，具有较好的代表性。目前，中国科学院每年对中国各省份的现代化指数进行测算，并公开发布。在此基础上，考虑财政的承担能力，确定一个合理的系数，具有较强的可操作性。

2. 生态补偿的横向财政转移支付制度设计

与纵向财政转移支付设计一样，调整的依据与标准及其衡量指标仍然是生态补偿横向财政转移支付制度设计的关键。

生态补偿的横向转移支付主要是在流域上下游地区发生，其依据包括两个：上游地区政府和居民为保护生态环境而付出的额外建设与保护的投资成本；因生态保护丧失的发展机会成本。

额外投资成本是可以被计量的。根据下游对上游出水水质的要求，上游生态建设和保护计划，可以测算出达到该要求所需要的生态建设与保护成本；同时，以上下游相同的水质标准为基线，也可以测算出相应的成本。这两个成本之差，就是额外成本。

对于发展机会成本的损失，同样可以用上下游，或者上游与同类地区在产业结构水平、政府财政收入水平和居民生活水平等指标上的差距来考虑。

在实际确定转移支付的额度时，真正的机制是靠上下游政府在上述依据的基础上，协商确定。当发展机会成本有其他方式，如经济合作来补偿时，横向转移支付的依据可以主要考虑额外成本方面。

在支付方式上，与纵向转移支付不同，不是直接转移，而是先进入上一级政府的专项账户，并成立由上级政府和横向转移的两地政府的代表共同组成的监督管理机构。被补偿地（上游）对资金的使用，必须根据专门的生态环境保护规划，以具体项目的方式申请，经共同监督管理机构批准后方可使用。如果转移支付中包含了对发展的补偿，申请项目可以包含发展及提高当地福利水平方面的用途。

在横向财政转移支付方式上的管理体制安排，主要目的是确保受益地政府所支付资金当然正确支出和增加透明度。同时，以专项资金（基金）方式管理，还可以募集社会资金如捐赠、无偿援助等。

3. 国家生态补偿专项（基金）设计

建立国家生态补偿专项（基金）的目的是国家实施生态补偿任务，建立固定的资金来源，其作用有三个：

一是整合现有不同渠道、发挥着一定生态补偿作用的资金，消除生态补偿政策部门化所带来的弊端，集中使用方向、领域和地区，提高有限资源的使用效果。

二是调整现有生态补偿政策的使用方向，扩大实现生态补偿目的的政策范围。

三是增加新的资金来源，提高国家生态补偿的能力。

根据我国财政政策改革要求，国家生态补偿基金的建立需要坚持两项原则：第一，减轻企业负担，提高人民收入，即至少不能增加公民负担和影响社会福利水平的提高。资金的筹集需要在现有收入渠道的框架下，谋求调整和改革。第二，新的资金源的开辟，必须与内化社会经济活动的外部成本的原则相一致，如在财政改革中关于资源有偿使用的思路下寻找渠道。

国家生态补偿基金的主要资金来源可以包括四个渠道：

（1）将现有中央财政每年投入的生态建设与保护工程资金，全部纳入基金中，并作为经常项目，按财政收入增长的幅度，每年增加一定的比例。

（2）借鉴浙江等地经验，将国家对林业、水利、农业、扶贫等专项补助金和相关收费（如水资源费、水土保持收费）收入的一定比例放入基金中，有效地利用这类资金可以发挥生态补偿功能的部分。

（3）根据资源有偿使用的思路和矿产资源开发造成严重的生态环境问题的现实，开征矿产资源生态补偿费，或在现有资源补偿费的基础上，提高一个增量，其收入全部划入基金。

（4）基金接收社会捐赠和海外发展援助等资金。

案例链接

青海三江源生态补偿范例

生态补偿，就是利用经济手段来明确环境保护的主体责任。青海省三江源区的生态补偿就是我国生态补偿机制建设的一个典型案例。

一、“输血”变“造血”

有人将三江源称为“大美净土”。的确，群山起伏，湖泊、小溪星罗棋布，茂盛的植被以及栖居其间的野生动物让三江源集成了生态自然的所有珍稀美景，人们置身其中，远离城市的喧嚣，对自然的敬畏之心油然而生。

三江源区地处青藏高原腹地，是长江、黄河和澜沧江的源头汇水区。作为中国最为重要的生态功能区之一，三江源区对三条河流的中下游地区用水和经济社会发展具有重要的保障作用。

然而，三江源区生态系统却十分脆弱。三江源区冰川退缩、湖泊和湿地萎缩等现象不断加重，源头产水量逐年减少。同时，原始粗放的牧业生产与资源环境保护之间关系不断恶化，"人—草—畜"之间关系失衡。

过去，三江源的生态补偿多为阶段性政策，以项目作为补偿方式，缺乏系统、稳定、持续、有序的法律保障和组织领导及资金渠道。然而要想获得长效发展，政府就必须主动作为，提升服务能力，对补偿成效负责。2010 年，青海省人民政府印发了《关于探索建立三江源生态补偿机制的若干意见》，明确指出生态补偿机制是一项持久、稳定的长效机制，必须充分认识建立生态补偿机制的重要意义。

当地政府不仅明确了建立生态补偿机制的指导思想和基本原则，还与中国工程院合作，于 2012 年和 2014 年先后启动实施了"三江源区生态补偿长效机制研究"和"三江源区生态资产核算与生态文明制度设计"两个重点咨询项目。有关人员进行了大量的讨论和实地调研，明确了三江源区生态保护与建设、农牧民生产生活条件改善、基本公共服务能力提升三个方面的工作重点。

三江源区的管理部门主动探索生态补偿的机制，并在探索中认识到：要想建立生态补偿的长效机制，就必须实现由国家"输血式"生态补偿向自身"造血式"生态补偿的转变，主动寻求实施生态补偿的科学路径。

二、金山和青山

生态补偿机制是对重点生态功能区当地政府和人民群众因生态保护丧失发展机会或增加的发展成本给予合理的经济补偿。那么，如何算出三江源生态资源资产的各项经济账并确立补偿的标准就成了实施生态补偿的关键一环，也是最为基础的一步。

中国环境科学研究院生态环境研究所所长张林波介绍说，摸清生态资源资产的家底就等于是在金山银山和绿水青山之间架起了相互衡量的天平。中国工程院重点咨询项目研究成果显示，三江源区每年可提供的生态服务和生态产品价值约 4 920. 7 亿元。这一结果表明，生态资源资产是三江源区最重要的资产，其价值远远超过经济生产价值。三江源的绿水青山才是其最为重要的金山银山。为了保护国家重要的生态资源资产，三江源区每年放弃了约 369. 7 亿的发展机会成本。为实现生态资源资产的保值增值，三江源区每年约需投入 129. 72 亿元进行生态保护恢复。

对生态资源资产的核算与价值评估便于将生态资源资产作为三江源区资源占用的重要依据，将生态资源资产核算纳入国民经济统计核算体系，替代原有单纯的地区生产总值考核指标，建立以生态资源资产为核心的新型绩效考评机制，构建综合考虑区域经济发展和生态资源资产状况的区域发展衡量指数。权责清晰并且有了科学的数据支撑，生态补偿工作的展开也就有了长久的动力支持。

三、探索与创新

探索建立生态补偿机制，必须以保障和改善民生为核心。自 2000 年，国家和青海省已经投入了大量的生态补偿资金用于改善三江源区牧民生活，但是这种补贴式、被动式和义务式的生态补偿方式并不见效。牧民放弃原有的生产生活方式，接受国家的补偿资金，但却没有找到替代的谋生方式，这样下去不仅让一些牧民再次按原有方式进行牧业经营，失去生态保护的积极性，甚至会影响到少数民族地区的团结稳定。

张林波所长介绍说，要想切实改变牧民生活就要根据三江源区生态资源资产核算结果，创新生态补偿机制，将三江源区生态资源资产的生产经营变成牧民收入提高的另外一个来源，使牧民的身份定位由原来单纯的牧业生产者转变为牧业和生态产品双生产者。同时，大力普及教育，转移牧业人口，并培育三江源区生态畜牧业和民族手工业，引导和鼓励农牧民自主创业和转产创业。

三江源地处水之源头，它的生机和活力孕育着下游的生生不息和繁荣发展。生态补偿也为三江源生态文明的建设孕育着新的契机。

> 在生态保护这项事业中，谁都不能坐享其成，谁也不能逃避责任，破坏者付出代价，保护者得到奖励，才是还原了最为基本的人类法则。有了生态补偿的支撑，三江源的生态未来一定会探索出更为多元化的生态保护机制，促进形成绿色的生产方式和生活方式，最终让文明的生态观根深蒂固地存在于每个人的心中。
>
> 资料来源：李珧. 青海三江源建生态补偿范例 为大自然“养颜”[N]. 人民日报海外版，2016-08-23（12）.

四、实施生态补偿的管理体制

有四个方面的理由和事务，需要建立一个生态补偿的管理和协调体制。

第一，生态补偿机制不只是环境保护的常规手段，而是直接触及重新调整许多方面的环境和经济利益关系的重大问题，影响广泛而深刻，是落实科学发展观和建立和谐社会的重要措施，必须认真和科学对待。

第二，生态补偿政策不是某一个或几个独立的政策，大部分政策是依附于现有许多部门政策和国家综合政策之中，涉及许多部门利益，关系到全国生态功能和经济发展功能分区，需要综合协调。

第三，一些紧迫的生态补偿问题的机制形成（如流域），都需要上一级政府的协调，搭建利益主体的协商平台。

第四，国家或地方建立了公共财政补偿政策（如财政转移支付和专项基金），需要监督管理和实施的绩效评估。

因此，在国务院下设置生态补偿委员会或领导小组，负责上述四项事务的协调管理，仲裁有关纠纷，为重大决策提供咨询意见等。委员会或领导小组由环境保护部、发展改革委、财政部、水利部、农业部、林业局等相关部委领导组成。委员会或领导小组下设办公室，作为常设办事机构。办公室可外设一个由专家组成的技术咨询委员会，负责相关政策和事务的科学咨询。

生态补偿工作量比较大的省（市），可参照国家生态补偿委员会，设置相应机构。

五、责任赔偿机制

生态补偿机制和相关责任赔偿机制是一个问题的两个两面，二者相辅相成，缺一不可。责任赔偿机制就是对享受了生态补偿机制的经济利益，但不履行相应的生态环境保护责任和义务的行为进行惩罚的机制。所以，责任赔偿机制是落实生态补偿机制的一个工作机制，不需要单独设立，应该在建立生态补偿机制的契约关系（如补偿协议或合同）中加以明确，赔偿的标准应根据补偿的标准和实际的违约情况来确定，原则上应更高一些。至于被补偿一方造成的污染事故的赔偿问题，属于另一类问题，应该遵循其他规则。

复习思考题

1. 什么是生态补偿机制？其生态补偿机制的理论基础有哪些？
2. 国际生态补偿的主要方式有哪些？
3. 试述生态补偿机制的基本内容。
4. 我国的生态补偿的重点领域有哪些？各领域的补偿机制的特点是什么？
5. 怎样理解生态补偿机制的政策选择？

第十章

生态经济制度建设

探索生态经济建设中面临的矛盾和问题，克服体制机制性障碍，必须加强制度建设。加强生态经济建设，制度保障是关键。

第一节 生态经济制度建设及意义

一、生态经济制度

在新制度经济学的理论中，制度作为一种内生变量，对经济的影响很大。新制度经济学派的代表T.W.舒尔茨将制度界定为一系列规则，他认为制度是某些服务的供给者，是应经济增长的需求而产生的。制度可以降低交易费用；影响要素权利人之间配置的风险；能提供组织和个人的收入；影响公共品和服务之间的生产和分配等。

新制度经济学派的另一代表人物D.诺思在舒尔茨的基础上对制度进行了更加深入的阐述。诺思认为制度是一种社会博弈规则，是人们所创造的用以限制人们相互交往的行为的框架，制度以一种自我实施的方式制约着参与人的策略互动，并反过来又被他们在连续变化的环境下通过实际决策不断再生产出来。之所以存在制度是因为制度有利于克服外部性和市场失灵，促使不完全市场更好地运作。

诺思指出：制度是由一系列正式约束、社会认可的非正式约束及其实施机制所构成。正式约束又称正式制度，包括政治规则、经济规则和契约等，它由公共权威机构制定或由有关各方共同制定，具有强制力。非正式约束又称非正式制度，主要包括价值观、道德规范、风俗习惯、意识形态等，它是对正式制度的补充、拓展、修正、说明和支持，是得到社会认可的行为规范和内心行为标准。从某种意义上说，非正式制度比正式制度更为重要。此外，一些经济学家把制度看作一系列契约的集合。

诺思认为，制度是一个社会的游戏规则，更规范地说，它们是为决定人们的相互关系而人为设定的一些制约。诺思认为，在影响人的行为决定、资源配置与经济绩效的诸因素中，市场机制的功能固然是重要的，但是，市场机制运行并非尽善尽美，因为市场机制本身难以克服"外在性"等问题。制度变迁理论认为，"外在性"在制度变迁的过程中是不可否认的事实，而产生"外在性"的根源则在于制度结构的不合理，因此，在考察市场行为者的利润最大化行为时，必须把制度因素列入考察范围。深入探讨制度的基本功能、影响制度变迁的主要要素、经济行为主体做出不同制度安排选择的原因，以及产权制度与国家职能、意识形态变迁的关系等问题，是经济学发展的必然要求。

按照一定的角度，制度经济学把制度分为三个层次。一是宪法秩序，它是具有普遍约束力的一套政治、经济、社会、法律的基本规则。宪法秩序就是第一类制度，它规定确立集体选择条件的基本规则，是制定规则的总则。二是制度安排。它是在宪法秩序下约束特定行为模式和关系的规则，具体指法律和制度。三是规则性行为准则。新制度经济学把思想文化因素纳入制度范畴，制度变迁不仅包括正式制度变迁，还包括非正式制度变迁，即以意识形态、价值观、道德规范为核心的文化结构模式的变迁，作为"规则"的制度包括正式制度和非正式制度。正式制度主要包括界定人们在社会分工中的

“责任”的规则，界定每个人可以干什么、不可以干什么的规则，关于惩罚的规则和度量衡规则等；非正式制度主要包括价值信念、伦理规范、道德观念、风俗习惯和意识形态等。

就生态经济制度而言，正式制度包括生态经济法律、生态经济规章、生态经济政策等；非正式制度包括生态意识、生态观念、生态风俗、生态习惯、生态伦理等。因此，生态经济制度就是解决生态经济问题、促进生态经济协调发展的社会规则。由于这些规则有利于生态保护，因此生态经济制度也被称作“绿色制度”。

二、生态问题的制度根源

（一）市场失灵

新古典经济学研究证明，在理想市场状态下，市场机制可以在不同的消费者之间有效地配置生产的产品，在不同的厂商之间有效地配置生产要素，在不同的商品生产之间有效地配置生产要素，从而实现最优状态。事实上，在现实的生态经济中，这种理想化市场状态的假设条件是不满足或不完全满足的，从而导致“市场失灵”。所谓市场失灵，就是市场机制的某些障碍造成资源配置缺乏效率的状态，通俗地说，就是经济生活中，价格机制对某些问题无能为力，市场调节作用存在局限性。

根据微观经济学基本原理，市场机制这只看不见的手在一系列理想假设条件下，是资源在不同用途之间和不同时间上配置的有效机制，也就是说，正常市场机制可以实现废弃物资源配置的帕累托最优。然而，市场机制有效运作要求市场具备理想假设条件，其中包括：①所有资源的产权一般来说是清晰的；②所有资源必须进入市场，由市场供求来决定其价格；③完全竞争；④人类行为没有明显的外部效应，公共产品数量不多；⑤短期行为、不确定性和不可逆决策不存在。如果这些条件不能满足，市场就不能有效配置资源，而现实经济活动中，这些理想假设条件往往无法满足，因此产生市场失灵。

（二）政府机制失灵

市场不是万能的，在市场失灵的情况下，往往需要政府干预的积极配合。

当然，政府机制同样存在失灵的时候。政府机制失灵指政府干预不但没有纠正市场失灵，反而进一步扭曲市场的现象。在生态环境领域，生态经济建设是一项外部性很强的事业，市场机制对此表现出力不从心，导致有效供给不足，很难使这项事业蓬勃发展起来。政府通过制度设计以消除自由市场机制的障碍，并同时调动经济主体对于生态经济建设的积极性，就可以解决供给不足的问题，从而弥补市场失灵。

市场失灵意味着对一些环境产品和服务很难建立起市场或很难使市场正常工作。在市场失灵的情况下，政府干预成为一个可能的解决办法。但市场失灵仅仅是政府干预的必要条件，政府干预还需要两个其他条件：第一，政府干预的效果必须好于市场机制的效果；第二，政府干预所得到的收益必须大于政府干预本身的成本即计划、执行成本和所有由于政府干预而加于其他经济部门的成本。理论上，政府干预的目的在于通过税收、管制、建立激励机制和制度改革来纠正市场失灵。例如，上游乱砍滥伐、破坏森林，造成下游洪水，政府就应该向上游林业和下游农业征税，来补贴上游森林的再种植。而实际上政府干预往往不能改正市场失灵，反而会让市场进一步扭曲，这种情形就是“政府失灵”。政府失灵一般源于“干预失灵”或政府的有意或无意的不恰当行为；或缺乏政府的干预而导致的失灵或纠正市场失灵的失败。在干预失灵的情况下，可能导致内部和外部的市场失灵。在干预不足的情况下，现存的市场失灵会继续泛滥。当由于制度体系内部的原因，政府管理过程的最终结果使得价格远离社会最优的价格时，就会发生政府失灵。

三、生态经济制度建设的意义

（一）生态经济制度建设对生态经济的发展有重要的保证和推动作用

生态经济模式是一种涉及经济、社会、生态和区域经济协调等多种因素的发展模式。促进生态文明建设和经济建设的有机结合的经济发展离不开制度的保障。只有在完善的制度下，才能使生态经济主体自觉进行相应的生产和消费。无论是发达国家，还是发展中国家，都非常重视制度的建设，使经济发展有章可循。

随着我国经济的迅速发展，生态和环境问题已经成为阻碍经济社会发展的瓶颈。经济系统的运行和生态系统的运行都是客观存在的。人们由于片面地追求眼前和局部利益，破坏了生态系统，从而受到了自然规律的严厉惩罚。因此，增强社会公众的生态经济意识，有利于推动把我国经济建设放在经济与生态稳固协调发展的基础上，实现经济、社会、生态三个效益的统一。

科学发展观强调以人为本，全面、协调、可持续发展，高度重视生态建设。政府采取了一系列加强生态保护和建设的政策措施，有力地推进了生态状况的改善。但在实践过程中，在生态保护方面还存在着结构性的政策缺位，特别是有关生态建设的经济政策短缺。这种状况导致生态效益及相关的经济效益在受益者与保护者、破坏者与受害者之间的不公平分配，即受益者无偿占有生态效益，保护者得不到应有的经济激励；破坏者未能承担破坏生态的责任和成本，受害者得不到应有的经济赔偿。这种生态保护与经济利益关系的扭曲，不仅使中国的生态保护面临很大困难，也影响了地区之间以及利益相关者之间的和谐。要解决这类问题，必须建立生态补偿机制，以便调整相关利益各方生态及其经济利益的分配关系，确保城乡间、地区间和群体间的公平性，促进社会的协调发展。

（二）生态经济制度建设是获得良好资源环境效果的关键

环境制度创新的意义就在于以尽可能小的环保成本实现尽可能好的环境效果。所以有观点认为，凡是存在能使制度供给主体获得超过预期成本的收益的条件，一项制度就会被创新，而且创新的不断延续和发展将构成现代社会安全感与共同体的真正基础。由此看来，一国经济的增长、生态的平衡、社会的发展，其内涵就是制度的合理性和创造力。

从实际运作的视角分析，创建环境保护经济制度的核心意义在于：把自然资源和环境纳入国民经济核算体系，能使市场价格准确反映经济活动造成的环境代价，进而确定恰当的边际社会成本，以刺激企业对相应的环境经济政策和环境惩罚措施产生灵敏性和足够的反应；同时，在合理分割企业所消费的“环境资源”产权的基础上，使他们把生产中所带来的“外部性”在明晰的产权和恰当的边际社会成本中实现“内部化”，以实现社会经济的高效率产出。然而，调整价格体系和实行环保经济政策，对于国家产业结构的调整和经济主体的决策选择具有更加深远的意义。因为，经济主体存在着对不同产业方案进行选择的潜在性动力，其中价格的导引和刺激是最为有效的。人们已经开始认识到，通过产业结构升级来保护自然环境和摆脱生态危机，已经成为现代国家和政府的一项重大的战略性决策。

当然，环境保护的经济制度只有在能够被使用的条件下才能发生作用，亦即对它们的应用需要政府机构、当下和未来污染者团体、越来越多的代表环境恶化受害者的非营利性组织对这些经济政策及其手段的接受，而最终的可接受程度将取决于不同的社会力量的抗衡。事实上，这些力量之间的抗衡在本质上表现为不同利益团体之间的一种博弈，而现代政府对环境利益关系的整合，就是通过协调它们之间的讨价还价来实现妥协与平衡的过程。诚然，现存的“不平衡”将受到政府与社会的普遍关注，然而政府行为越影响利益团体，这些团体就越觉得政府与自己的目的相关，也就越积极努力地去影响政府的决策。为了使国家和政府真正成为属于整个社会的公共力量，不至于成为少数强势利益团体的代言人，就需要建立起现代社会的有效机制，通过制度化的途径接纳社会成员的普遍参与。环境问题的公民参与有助于激发社会成员的责任感和积极性，以进一步壮大环境保护的社会力量，从而避免既得利益集团按照自身的经济标准来影响政府的决策；有助于实现公众对政府的监督，以制止政府的自利和扩张行为；有助于克服由生态危机而激发的矛盾，避免发生政治动荡和社会冲突。

以上分析可以得出一个总体性的结论：人与自然的关系集中体现在生产力方面，其本质为科学技术；人与人的关系集中体现在制度方面，其本质为社会价值。而人与自然的相容性决定了制度与技术一定是密切相关的。所以与其他所有制度一样，保护生态环境的制度机制并不是一种空泛的架构，它将在推动科技进步、促进社会经济发展方面发挥越来越大的作用。

第二节　生态经济制度建设的现状

我国的生态经济建设始于20世纪80年代。建设生态经济以来，政府对生态经济制度的建设表现出高度的重视，一系列促进生态经济建设的相关政策相继出台，生态经济机制的建立越来越受到重视。各项生态经济制度由最早的简单的强制性规则发展到了经济上的各项激励机制，形式上更加灵活多样。目前我国有关生态环境保护的法律内容已初具规模，形成了由宪法、法律、行政法规、地方性法规和我国签订的国际条约等所组成的生态环境保护法律体系。

1978 年修订的《中华人民共和国宪法》第一次对环境保护做了规定："国家保护环境和自然资源，防治污染和其他公害。"这为我国的环境立法提供了宪法依据。1979 年《中华人民共和国环境保护法（试行）》的颁布，标志着我国的环境保护工作进入了法治阶段。《中华人民共和国环境保护法》是一部综合性的实体法，是制定专门性环境单行法的依据。该法对环境保护立法目的、任务、对象及环境法基本原则、制度、防治污染、保护和改善环境的基本要求，以及环境监督管理的职权、环境保护法律责任等做出了原则性规定。

环境行政法规是由国务院制定的有关合理开发利用和保护改善环境和资源方法的行政法规，如《中华人民共和国水污染防治法实施细则》《淮河流域水污染防治暂行条例》《建设项目环境保护管理条例》等。行政规章是由依法行使监督管理权的环境行政主管部门制定的，如《环境监理工作暂行办法》《环境保护行政处罚办法》《废物进口环境保护管理暂行规定》等。2003 年，《中华人民共和国清洁生产促进法》较系统地对生产领域节约资源、提高资源利用率、资源综合利用、减少有毒的原料使用以及合理包装等进行了规范。

在环境行政法规出台的同时，地方环境保护法也相应出台。省、自治区、直辖市的人大及其常委会根据本行政区域的具体情况和实际需要，在不与宪法、法律、行政法规相抵触的前提下，可以制定地方性法规。省、自治区、直辖市的人民政府，可以根据法律、行政法规和本省、自治区、直辖市的地方性法规来制定规章，如《河北省环境保护条例》《云南省陆生野生动物保护条例》。

我国于 20 世纪 80 年代开始实施生态环境补偿政策，20 世纪 90 年代末实施了退耕还林（草）工程、天然林资源保护工程、退牧还草工程的经济补助政策，2001 年开始试点实施生态公益林补偿金政策、扶贫政策中的生态补偿政策、生态移民政策、矿产资源开发的有关补偿政策、耕地占用的有关补偿政策、三江源保护工程经济补助政策以及流域治理与水土保持补助政策等。从立法角度看，我国 1998 年的《中华人民共和国森林法》修正案中第一次明确规定"国家设立森林生态效益补偿基金"，但是这项立法至今还没有全面实施。严格意义上说，上述与生态补偿相关的政策还不能称为生态补偿政策，确切地说应当是针对单一要素或单一工程项目的补助政策。尽管如此，这些生态补偿相关政策在保护生态环境、调节生态保护相关方经济利益的关系上发挥了积极作用，对于完善我国生态补偿机制具有重要参考价值。综合起来看，我国现行的生态补偿相关政策存在的主要问题是：政策基本上还不是以生态补偿为目标而设计的，带有比较强烈的部门色彩；整体上还缺少长期有效的生态补偿政策；在政策制定过程中缺乏利益相关方的充分参与；补偿标准普遍偏低；资金使用没有真正体现生态补偿的概念和含义。

近年来，尽管我国生态经济制度的建立取得了一定的成绩，但相比发达国家还存在很多不足，特别是欠发达地区的生态经济制度的建立还存在诸多不足，主要表现在四个方面。

一、生态经济制度供给不足

（一）生态经济制度供给总量不足

目前，我国正处在从农业社会向工业社会转变的关键时期，我们离发达国家和工业社会还有距离。由于全球化，全球生态危机加速了世界向后现代工业转化的步伐，绿色经济成为我们的必然选择。我国现有的制度中很少出现专门的绿色制度，生态经济法律体系不健全，缺乏促进生态经济发展的基础法律。自生态经济理念20世纪80年代被引入我国后，迄今为止，国内尚未出台一部关于生态经济的法律。

（二）生态经济制度供给手段落后

制度是经济发展的规则。由于国民对市场经济认识有限，对于生态经济更是知之甚少，因此，我国对生态经济制度的设计更多地运用了计划手段，强制性、限制性制度较多，经济发展的鼓励性、指导性制度不足，导致激励不足，使制度的受用者要么正面抵触，要么采取迂回的方式，架空制度的效用。

（三）生态经济制度供给的范围狭窄

目前我国生态经济制度的供给主要是在生产领域，如循环经济促进法、清洁生产法等，在流通、分配和消费领域较少。然而，生态经济的发展同样涉及生产、流通、分配、消费等环节，资源在流通和消费过程中污染和浪费也非常严重，过度消费、超前消费的现象愈演愈烈。因此，政府应拓宽生态经济制度供给领域，加强对流通领域中企业、政府采购行为的规范，对居民的消费给予合理引导，鼓励绿色采购和绿色消费，使终端的绿色消费引导前端的绿色生产，从而形成经济过程的绿色化。

二、生态经济制度操作性差、效率低

（一）生态经济制度不健全

当今世界各国，对怎样计算、评估生态环境破坏与资源浪费所造成的直接经济损失，对怎样计算保护环境、治理污染、保护生态、挽回资源损失所必须支付的投资，都已积累了一些初步经验，形成了一套初步可行的评估、计算方法。已创建的绿色制度完全可以量化后投入实际操作，用绿色经济制度体系这个新的“指挥棒”，去规范和考核经济行为。但强烈的利益冲突使已有的研究成果无法在制度中体现。

（二）生态经济部分法规不能适应新形势发展的需要

我国的环境保护法律体系主要是在计划经济体制下建立起来的，有些内容带有浓厚的行政隶属色彩，其指导思想主要体现为如何治理污染，这显然不符合建设生态经济的要求，所以，我们的立法指导思想应由污染治理改变为预防污染。环境法律体系尚待完善。目前出台的许多环境法律都过于原则化，缺乏相应法规、规章和实施细则的配套，导致法律的可操作性差，执法随意和执法标准不一致。

（三）环境保护制度和措施落后

长期以来，我国在环保工作中主要采用行政管理的制度和措施，这些制度在市场经

济条件下早已显示不足，为此，还必须引进相应的经济激励制度和市场调节制度。

（四）环境标准偏低

我国以往片面追求高经济效益，对环境标准制定过低，造成企业不惜牺牲环境追求经济效益的短视行为。

三、生态法律滞后

20 世纪以来，世界各国在经历了放任发展经济带来的环境污染使得生态失衡以后，都在探索一条促进经济、社会、生态环境平衡发展的可持续道路。改革开放后，我国也采取了各种措施治理环境污染、生态破坏。然而这些措施和手段仍然是针对生态环境遭到破坏以后采取的，并不能实现真正意义上的平衡的可持续发展。

四、非正式制度缺失

非正式制度又称非正式约束、非正式规则，是指人们在长期社会交往过程中逐步形成，并得到社会认可的约定成俗、共同恪守的行为准则，包括价值信念、风俗习惯、文化传统、道德伦理、意识形态等。正式制度的建立和实施需要非正式制度的支持，非正式制度又受到正式制度的影响而改变。随着我国经济体制转型和市场经济的发展，人们把更多的关注点放在正式制度的改革上，希望通过不断完善法律监管体系来解决经济发展中出现的治理缺失和秩序混乱等问题，在一定程度上却忽略了非正式制度对经济运行所起到的维护作用。另外，与一些发达国家相比较，我国公众的生态知识比较匮乏，生态意识比较淡漠，公众参与有限。法律虽然规定了公众参与制度，但却鲜少提供参与的渠道和措施。

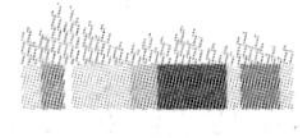

第三节　生态经济制度建设的途径

建设生态经济，制度建设是保障。加强生态经济的制度建设对建设生态经济有着重要的推动作用，建设生态经济制度可以从以下方面展开。

一、完善市场机制

市场机制应该成为生态经济发展内部运行的基础，市场机制的资源配置基础作用应该被充分发挥。

（一）建立市场价格机制

市场机制最主要是通过价格机制来实现的，生态产品必须具有相应的价格，以实现生态经济建设者的利益补偿。

（二）健全产权制度

经济学认为，产权是有效利用、交换、保存、管理资源和对资源进行投资的先决条件，产权必须是明确的、专一的、可安全转移的和可涵盖所有资源、产品、服务的，这是市场机制正常作用的基本前提。从产权的形式上看，环境资源主要是以公共资源为主，由于环境资源的公共物品属性所产生的外部性，难以实现排他性和可交易性，难以通过市场价格机制对其实现合理有效的配置。产权经济学家认为，产权制度是整个社会制度体系的基础和核心。产权越明晰，产权交易的成本越低，收益越高；产权不明则会发生“公地悲剧”现象。

经济系统中，重视社会、经济、环境的协调发展，将环境代价计入发展的成本，真实反映经济发展的速度和质量，已是不争的事实。所以，生态经济制度建设的重点在于要明晰环境、资源产权，建立完整的环境、资源价格体系，使其价格正确反映它的价值，从制度上迫使利益主体承担相应责任和义务。从责任与公平的角度看，生产者、经营者、消费者都要对产品的最终报废处理和再利用承担资源与环境的责任。

明晰的产权关系会产生激励作用，从而影响主体的行为，这是产权的一个基本功能。产权的排他性激励着拥有财产的人将它用于带来最高价值的途径，有权决定如何使用他的财产，以及有权要求侵犯其权利的人进行赔偿。形成资源环境利用者相互制约体内生治理机制，主要包括明确产权和健全排污权交易制度。只有明确产权，才能对环境污染的责任加以明确的界定，并对环境的所有权加以有效的保护；健全排污权交易制度，主要是政府作为环境保护者的代表，享有环境不被污染的权利。

二、健全政府机制

政府的管理往往是通过各种手段对开发和利用环境的活动进行干预。

（一）制定生态经济政策

生态经济制度的具体化就是生态经济政策。为了达到生态改善与环境保护的目的，政府往往会采取多种手段对开发与利用环境的活动进行干预，利用它的行政权力制定经济发展和生态保护的各种政策。

1. 生态产业政策

建设生态经济要求形成节约资源和保护生态环境的产业结构、增长方式、消费模式，建立和完善产业导向，这是全面实现小康社会的新要求。我国经济发展主要不是靠提高生产要素的效率来促进发展，而是靠资源、投资和劳动力的扩张来促进发展。因此，必须改变以高投入、高消耗、高排放为特征的传统的工业化道路，发展生态经济。

2. 生态保护政策

在诸多的政策中，环境经济政策尤为重要。环境经济政策是指政府按照市场经济规律的要求，运用价格、税收、财政、信贷、收费、保险等经济手段，影响市场主体行为的政策手段。目前我国政府应从以下方面制定或完善政策：环境税费制度、财政补助制度、生态补偿机制、排污权交易制度、环境标志制度、环境责任保险制度等。

（二）构建生态经济法律法规体系

法律法规是生态经济政策和环保行动的出发点和归宿。生态保护的原理、原则、方针和政策规范化、权威化和强制化，就形成生态经济法律法规。

法律作为最基本的制度形式，所反映的只是不同的交易规则，它界定和影响着交易成本，交易活动中依靠个别组织机构或私人制度安排形式都存在着极高的制度成本，在这种情况下，制定并实施国家统一的法律就具有较大的规模效益。此外，法律是其他制度安排的基础，法律制度决定各种具体制度安排形式的选择范围，进而影响具体制度安排形式的成本。有效的法律制度一方面可以降低制度的创新成本及维护成本，另一方面可以增加制度的收益，改善资源配置效率。

1. 完善环境法律法规

一是及时弥补环境立法领域上存在的空白点，为解决环境纠纷提供法律依据，使环境行政执法有法可依。二是及时修订与市场经济和可持续发展战略不相符合的法律法规，以便更好地适应社会发展，更好地解决社会矛盾。三是完善各项环境法律制度，加强地方环境保护立法，使国家与地方的法律法规互相配套、相互呼应，以保证国家法律在各地的实施。

法制是生态文明建设职能运行的直接依据。目前，政府在环境行政立法上还存在配套立法进展缓慢、环境法规滞后于社会发展的突出问题，给生态文明建设职能的执行带来障碍。在执法上，有的地方政府在项目的环保审批、验收上把关不严，对破坏环境的违纪违法行为放任不究，严重影响了生态建设职能的行使。因此，立法机关和政府必须加强立法、保障严格执法，通过尊重和发挥法律法规的权威性、严肃性，使生态文明建设职能得到彰显。

2. 严惩执法不严

政府必须严格执法，切实维护环境法律法规的权威性、严肃性，坚决抵制地方政府在环保项目审批、验收上把关不严，以及对破坏环境的违纪违法行为放任不究等执法不严的现象。

（三）建立生态补偿与政府财政转移支付制度

生态补偿是以保护生态环境、促进人与自然和谐发展为目的，根据生态系统服务价值、生态保护成本、发展机会成本，运用政府和市场手段，调节生态保护利益相关者之间利益关系的公共制度。生态补偿按照实施主体和运作机制的差异，可以分为政府补偿和市场补偿两大类型。政府补偿机制是目前开展生态补偿最重要的形式，也是目前比较容易启动的补偿方式。政府补偿机制是以国家或政府为实施和补偿主体，通过财政补贴、政策倾斜、项目实施、税费改革和人才技术投入等方式的补偿。

生态补偿机制是一种新型的资源环境管理模式，是新时期我国生态环境保护政策创新的重要内容。建立和完善生态补偿机制是我国落实科学发展观、实现人与自然和谐的重要战略选择。生态补偿机制是一种保护资源环境的经济手段，是一种有利于调动生态建设的积极性、促进环境保护的利益驱动机制、激励机制和协调机制。

生态补偿机制是指为改善、维护和恢复生态系统服务功能，调整相关利益者因保护或破坏生态环境活动产生的环境利益及其经济利益分配关系，以内化相关活动产生的外部成本为原则的一种具有经济激励特征的制度。其基本思路是通过恰当的制度设计使环境资源的外部性成本内部化，由环境资源的开发利用者来承担由此带来的社会成本和生态环境成本，使其在经济学上具有正当性。生态补偿机制的建立是一项复杂的系统工程，需要政府、社会和公民的广泛参与，需要各利益相关方的协调配合和相互监督。生态补偿坚持的两个原则：一是谁利用谁补偿，二是谁受益谁付费。

建立生态补偿机制应采取的措施：

第一，建立生态补偿的长效机制。生态建设是长期的、艰巨的任务。政策调整具体为：继续推进退耕还林、退耕还草工程，尤其要扩大重要江河流域所涉区域的实施范围，将补助期限延长到20~30年；完善“项目支持”的形式，重点支持生态环境保护地区的生态移民和替代产业的发展。

第二，完善中央财政转移支付制度。中央财政增加用于限制开发区和禁止开发区生态保护的预算规模和转移支付力度及生态补偿科目。财政部制定的政府预算收支科目中，与生态环境保护相关的支出项目约30项，其中具有显著生态补偿特色的支出项目如退耕还林、沙漠化防治、治沙贷款贴息占支出项目的三分之一，但没有专设生态补偿科目。因此，应在政府财政转移支付项目中，增加生态补偿项目，以用于国家级自然保护区、生态功能区的建设补偿。因保护生态环境而造成的财政减收应作为计算财政转移支付资金分配的一个重要因素。国家对限制开发区和禁止开发区实行政策倾斜，增加对生态保护地区环境治理和保护的专项财政拨款、财政贴息和税收优惠等政策支持。

第三，建立横向财政转移支付制度，将横向补偿纵向化。建立地方政府间的横向财政转移支付制度，实行下游地区对上游地区、开发地区对保护地区、受益地区对生态保护地区的财政转移支付。让生态受益的优化开发区和重点开发区政府直接向提供生态保护的限制开发区和禁止开发区政府进行财政转移支付，以横向财政转移改变四大功能区之间既得利益格局，实现地区间公共服务水平的均衡，提高限制开发区和禁止开发区人民生活水平，缩小功能区之间的经济差距。

案例链接

无锡将立法出台生态补偿条例

村镇“牺牲”自身利益不搞开发，生态变好了，但村民不能变穷了！继今年生态补偿“提标扩面”以后，无锡在生态补偿机制上也要“提档升级”：通过地方立法的形式出台《无锡市生态补偿条例》，将无锡在生态补偿工作中取得的经验做法进一步制度化、法治化。据透露，目前该条例草案已进入公开征求社会各界意见阶段。如果进展顺利，该条例有望明年实施，生态补偿今后将成为政府每年的“必修课”。

一、补偿机制促进生态环境保护

无锡自4年前在全市域建立生态补偿机制以来，减缓了水稻种植面积快速下滑的趋势，生产面积基本稳定，蔬菜、水蜜桃生产栽培面积也连续4年保持基本稳定。随着保护力度的不断提升，生态环境持续改善。市农委相关负责人介绍说，生态补偿政策实施以来，新增省级湿地公园4个、湿地保护小区13个，对环太湖湖滨湿地保护恢复及改善太湖水环境发挥了积极作用，自然湿地保护率从2014年的41%提高到2017年的51.1%，恢复湿地面积7 000亩。生态公益林面积大幅增加，市区新增县级生态公益林7.5万亩。与此同时，农田基础设施得到改善。发放的生态补偿资金主要用于生态环境保护修复、环境基础设施建设、发展镇村社会公益事业和村级经济等。市区共有111个行政村享受到了基本农田生态补偿，由于这些村多为经济薄弱村，工业基础差、基本农田面积多，获得的生态补偿资金极大增加了这些村的集体经济收入。生态补偿实施后，村（居）民委员会参与生态建设的热情空前提高，受补偿的村可支配收入增加，农村公益服务事业得到了稳定的财政支持，农田基础设施建设和维护水平得到了提升。

二、2018年以来生态补偿"提标扩面"

生态补偿专项资金的设立，使为保护生态环境而付出代价、发展受限的区域获取一定的经济补偿，受到了各镇（街道）、村（社区）的广泛欢迎。2018年起，无锡又对全市生态补偿机制进行"提标扩面"：扩大了补偿范围，提高了补偿标准。除原有补偿范围外，将永久基本农田、全市实际种植的水稻田、红豆杉国家林木种质资源库、清水通道维护区以及重要水源涵养区等生态重点区域纳入生态补偿范围。与此同时，对生态补偿标准做了适度提高。比如永久基本农田从以前零补偿变为每亩补偿100元，水稻田由每亩400元提高到450元，市属蔬菜基地由每亩200元提高到300元，种质资源保护区由每亩300元提高到350元等。此外，市区生态补偿年初预算也大幅增加。2017年度市级生态补偿年初预算资金3 000万元，2018年度增加到5 625万元，比上年增长87.5%。自2014年底至2017年，市区累计落实生态补偿资金21 614万元。

三、地方立法草案向社会征求意见

"要通过立法将此作为政府今后要做的常规工作落实下来，成为每年要做的'必修课'。"有关人士表示，为强化生态文明建设的法治保障，2018年无锡市人大常委会将生态补偿工作列入年度立法计划，将无锡市生态补偿工作中取得的经验做法进一步制度化、法治化。根据无锡市发展改革委"关于报送《无锡市生态补偿条例》立法计划的报告"，条例立法工作已于今年1月份正式启动。为确保立法质量，无锡市人大常委会强化立法主导，提前介入立法起草，多次召开调研座谈会，反复研究斟酌，修改完善条例草案；同时强化问题导向，坚持立法创新，致力于体现无锡特色，形成工作亮点。目前，《无锡市生态补偿条例（草案）》已经市政府常委会会议讨论通过，并由无锡市十六届人大常委会第十三次会议进行了第一次审议。目前已全文公布，公开征求社会各界意见。

资料来源：袁晓岚. 无锡将立法出台生态补偿条例 不让自觉保护生态的村镇吃亏[N/OL].江南晚报.2018-11-18[2019-03-04].https://www.meipian.cn/1qxohng8.

三、建立社会机制

建设生态经济制度离不开社会机制的构建。社会机制指社会公众包括社会团体、民间组织和公民个人接受并宣传生态环保的思想，参加生态建设和环境保护的实施。社会机制是生态经济发展中最为广泛的机制。

市场经济建立在市民社会的基础上，社会团体是市民社会的中坚力量。生态经济的发展离不开社会团体的参与。世界各国在建设生态经济过程中都越来越重视社会机制的建立。新加坡能够在较短的时间内取得绿色经济建设的成果，很大程度上与公民的参与有关。日本在《循环型社会形成推进基本法》中特别规定了社会团体的参与。因此，我国应当特别注意加强对社会团体的培育。社会团体的参与不仅有利于决策的科学化、民主化，还对公民绿色环保意识的培养起到积极的作用。这是因为社团的成员来自民间，其宣传和榜样的力量可以对社会绿色化进程产生巨大的影响。

构建生态社会机制的路径：

（一）普及教育，增强公众的生态经济观念

生态经济的建设，既是经济问题又是生态问题。经济系统和生态系统的运行都是客观存在的。由于人们片面地追求眼前和局部利益，破坏了生态系统，受到了自然规律的严厉惩罚，各种环境问题凸现出来。因此，应以环境教育和环境意识普及的方式，唤起公众的节约意识和环保意识，从而提升整个社会对环境的责任感，让足够的认知成为公众自觉行动的能力；改变公众的消费偏好，使其形成健康文明、节能环保的消费和生活方式。

（二）公开生态环境信息

信息公开可以使公众能够基于更充分的信息做出选择，从而对有利于生态的产品和服务产生更大的需求，如对污染排放的信息公开使公众能够监督生产经营者的行为。

（三）发动公众自觉参与

社会机制特别注重公众的参与程度，政府在改善生态环境中的作用往往是基于公众对于环境状况的强烈不满和改善环境的强烈愿望，因此，鼓励公众参与是生态管理的一个重要方面，如在重大项目的环境评价中要求公众听证可以提高公众的生态意识。公众参与环境影响评价，不应仅仅停留在项目规划的事前监督上，还应包括事后监督；不应仅仅是对建设项目规划的评价，还应包括立法规划的评价。这样，公众参与贯穿建设规划项目和立法规划项目的全过程，确保所有行为和决策以生态环保为前提。

（四）扶植绿色社团建设

绿色社团在生态经济中发挥着越来越重要的作用。政府要通过民间发起的环境保护组织开展宣传，鼓励公众创办绿色企业、从事绿色营销、生产与消费绿色产品。要通过组建具有相对独立性的非政府绿色社团组织，对政府的生态管理活动形成一定的监督和制约。环保团体是公众参与的重要渠道，依靠其团体优势和专业优势，公众能够更好地监督政府的立法、执法行为，防止企业、个人的环境破坏行为。

（五）倡导绿色消费、生态消费

绿色消费是目前世界各国比较流行的一种观念和行动。绿色消费是随着生态环境危机的加深、人类消费观念及消费需求的变化而产生的一种全新的消费理念和生活模式，目前已成为世界消费发展的大趋势，并日益成为我国消费发展的主旋律。当今社会，关于绿色消费的研究涉及多学科、多角度，研究也不断深入。学界一般认为，绿色消费是指以绿色、自然、和谐、健康为宗旨的，有益于人类健康和环境保护的消费内容和方式。绿色消费具有十分丰富的经济、社会、生态的内涵，其内涵的本质是可持续消费，即要求消费的过程和消费的商品、劳务均对消费者本人、对他人（包括同时代人和后人），对生态环境无害，达到人与人之间、人与自然之间均衡、公平、可持续发展的目的。

生态消费就是广义的绿色消费，是为了满足人类的生态需要，实现人类和经济的可持续发展。西方发达国家早在 19 世纪末就有了“绿色意识”。20 世纪 70 年代以来的“绿色革命”深刻冲击着人们的观念，当今绿色意识、生态意识已深入人心。据有关民意测验统计，77%的美国人表示，企业和产品的绿色形象会影响他们的购买欲；94%的德国消费者在超市购物时会考虑环保问题；85%的瑞典消费者愿意为环境清洁而付出较高的价格；80%的加拿大消费者宁愿多付出 10%的钱购买对环境有益的产品；日本消费者更胜一筹，对普通的饮水机和空气都以“绿色”为选择标准；韩国的消费者争先购买几乎绝迹的茶籽、茶籽油作为天然的洗发剂、护发剂。我国 20 世纪 90 年代初引进“绿色营销”的概念，消费者的绿色消费需求是拉动企业绿色生产的动力。然而，目前我国对“绿色营销”宣传不够，企业在生产、销售中也缺乏必要的“绿色意识”，没有形成对消费者的有效的绿色消费心理刺激，绿色产品的社会效应难以深入人心。同时，受制于收入水平的限制，一些消费者无力承担由于生产绿色产品而带来的成本的上涨，绿色产品成为一些人眼中的“空中楼阁”。因此，加强生态消费制度建设具有非常重要的意义。

案例链接

贵州大方：“单株碳汇”让群众有了发展“新门路”

什么是“卖空气”？这是单珠碳汇精准扶贫项目带来的收益。单株碳汇是贵州省推出的精准扶贫项目，就是把省内深度贫困村建档立卡贫困户拥有的树木，按照树种、大小和碳汇功能（吸收二氧化碳、释放氧气）进行筛选、编号、拍照，再上传到省单株碳汇精准扶贫平台，面向整个社会、整个世界致力于低碳发展的个人、企事业单位和社会团体进行销售，每棵树每年的碳汇价格为 3 元，购买资金全额进入群众个人账户，持续增加群众收入。

大方县羊场镇穿岩社区作为单株碳汇项目的实施点，受到当地群众的大力拥护支持。自 2022 年 3 月份实施以来，群众参与的积极性非常高，“单株碳汇这个项目实施后，我和陈玉宏、王贤华三家是第一批挂牌的，这个政策挺好；我家还有七八亩土地，得到补偿款后，我会再去买树种，继续种树。”村民陈玉发说道。

“单株碳汇是一个很好的项目，了解后我们就向群众去宣传推广，发动符合的群众积极参加，目前穿岩社区共挂牌了 127 户，数目达五万多株，希望这个工程继续推进，持续增加群众收入。”羊场镇穿岩社区党支部书记罗彬兰表示，为了把单株碳汇项目这个惠民政策实施好，羊场镇积极宣传发动，有序开展资料收集汇总上报工作，力争让更多群众受惠。

单株碳汇精准扶贫项目的实施，只是大方县践行“绿水青山就是金山银山”理念的实现途径之一。羊场镇穿岩社区还通过开展以陡坡耕地石漠化综合治理、实施生态修复工程、实施退耕还林等举措，有效控制了水土流失，人居环境得到明显改善，社会与经济协调发展，森林覆盖率从 1987 年的 18.6%提高到现在的 72.4%，增加了 53.8 个百分点。

截至 2022 年 4 月，单株碳汇项目已在大方县羊场镇和凤山乡实施，两个乡镇共上报了挂牌参加农户 324 户，树木 11 万余棵。

资料来源：郑吉军，袁玉婷. 贵州大方：“单株碳汇”让群众有了发展“新门路”[EB/OL].(2022-04-25)[2022-08-07]. https://baijiahao.baidu.com/s?id=1731045194214758105&wfr=spider&for=pc.

■复习思考题

1. 如何理解生态经济制度建设的重要性？
2. 你认为目前的生态经济制度建设存在哪些不足？
3. 什么是“公地悲剧”？举例说明公地悲剧产生的原因及其影响。

参考文献

[1] 唐建荣. 生态经济学 [M]. 北京：化学工业出版社，2005.

[2] 赵桂慎. 生态经济学 [M]. 北京：化学工业出版社，2009.

[3] 梁山，赵金龙，葛文光. 生态经济学 [M]. 北京：中国物价出版社，2002.

[4] 汤天滋. 主要发达国家发展循环经济经验述评 [J]. 财经问题研究，2005 (2)：21-27.

[5] 巴特姆斯. 数量生态经济学 [M]. 齐建国，张友国，王红，等译. 北京：社会科学文献出版社，2010.

[6] 戴利. 超越增长：可持续发展的经济学 [M]. 诸大建，胡圣，等译. 上海：上海译文出版社，2001.

[7] 张黎. 什么是绿色经济 [N]. 中国环境报，2009-08-18 (3).

[8] 中国人民大学气候变化与低碳经济研究所. 低碳经济：中国用行动告诉哥本哈根 [M]. 北京：石油工业出版社，2010.

[9] 王松霈，徐志辉. 中国生态经济学研究的发展与展望 [J]. 生态经济，1995 (6)：19-23.

[10] 王松霈. 生态经济学是指导实现可持续发展的科学 [J]. 鄱阳湖学刊，2009 (1)：47-60.

[11] 腾有正. 环境经济问题的哲学思考：生态经济系统的基本矛盾及其解决途径 [J]. 内蒙古环境保护，2001 (2)：13-16.

[12] 李鹏，杨桂华. 生态经济学学科基本问题的新思考 [J]. 生态经济，2010 (10)：34-36.

[13] 姜学民，等. 生态经济学概论 [M]. 武汉：湖北人民出版社，1985.

[14] 戴利，汤森. 珍惜地球 [J]. 范道丰，译. 北京：商务印书馆，2001.

[15] 严茂超. 生态经济学新论：理论、方法与应用 [M]. 北京：中国致公出版社，2001.

[16] 梁山，姜志德. 生态经济学 [M]. 北京：中国农业出版社，2008.

[17] 马传栋. 工业生态经济学与循环经济 [M]. 北京：中国社会科学出版社，2007.

[18] 戴星翼，俞厚未，董梅. 生态服务的价值实现 [M]. 北京：科学出版社，2005.

[19] 赵桂慎，于法稳，尚杰. 生态经济学 [M]. 北京：化学工业出版社，2009.

[20] 姜学敏. 生态经济学概论 [M]. 武汉：湖北人民出版社，1985.
[21] 马传栋. 可持续发展经济学 [M]. 济南：山东人民出版社，2002.
[22] 布朗. 生态经济学 [M]. 林自新，等译. 北京：东方出版社，2002.
[23] 王松霈. 生态经济学 [M]. 西安：陕西人民教育出版社，2000.
[24] 张震，李长胜. 生态经济学：理论与实践 [M]. 北京：经济科学出版社，2016.
[25] 黄玉源，钟晓青. 生态经济学 [M]. 北京：中国水利水电出版社，2009.
[26] 沈满洪. 生态经济学 [M]. 2版. 北京：中国环境科学出版社，2016.
[27] 刘思华. 生态马克思主义经济学原理 [M]. 北京：人民出版社，2006.
[28] 丁四保. 区域生态补偿的方式探讨 [M]. 北京：科学出版社，2010.
[29] 黄欣荣. 产业生态论 [M]. 北京：科学出版社，2010.
[30] 傅国华，许能锐. 生态经济学 [M]. 北京：中国农业出版社，2008.
[31] 沈满洪. 生态经济学 [M]. 北京：中国环境科学出版社，2008.
[32] 廖娟. 论我国生态旅游的可持续发展 [J]. 现代商贸工业，2011 (24)：11-12.
[33] 夏林根. 论旅游生态资源化 [J]. 桂林旅游高等专科学校学报，2000 (3)：52-55.
[34] 李云龙. 绿色物流的产生背景及发展对策初探 [J]. 中国商界（下半月），2010 (9)：177.
[35] 胡江虹. 绿色物流发展研究 [D]. 西安：长安大学，2011.
[36] 李丽. 论生态旅游的特点及其开展 [J]. 商场现代化，2012 (4)：54-55.
[37] 吴肖坚. 我国发展绿色物流的对策研究 [J]. 中国人口·资源与环境，2011 (21)：395-398.
[38] 陈秋华. 生态旅游 [M]. 2版. 北京：中国农业出版社，2017.
[39] 张建萍. 生态旅游 [M]. 修订版. 北京：中国旅游出版社，2017.
[40] FENNELL D A. 生态旅游 [M]. 4版. 张凌云，马晓秋，译. 北京：商务印书馆，2017.
[41] 王杨，马媛媛，张丽娜. 生态旅游资源开发 [M]. 北京：旅游教育出版社，2017.
[42] 高文武，关胜侠. 消费主义与消费生态化 [M]. 武汉：武汉大学出版社，2011.
[43] 黄国勤. 生态文明建设的实践与探索 [M]. 北京：中国环境科学出版社，2009.
[44] 生态文明建设学习读本编写组. 生态文明建设学习读本 [M]. 北京：中共中央党校出版社，2007.
[45] 俞海山，周亚越. 论消费主义的危害与对策 [J]. 商业研究，2003 (8)：12-20.
[46] 王宁. "国家让渡论"：有关中国消费主义成因的新命题 [J]. 中山大学学报

（社会科学版），2007（4）：1-7.

［47］张文伟. 美国“消费主义”兴起的背景分析［J］. 广西师范大学学报（哲学社会科学版），2008（1）：104-109.

［48］杜林. 多少算够：消费主义与地球的未来［M］. 长春：吉林人民出版社，1997.

［49］鞠美庭，等. 生态城市建设的理论与实践［M］. 北京：化学工业出版社，2007.

［50］李海龙，于立. 中国生态城市评价指标体系构建研究［J］. 城市发展研究，2011（7）：81-86.

［51］吴琼，等. 生态城市指标体系与评价方法［J］. 生态学报，2005（8）：2090-2095.

［52］李玉霞，肖建红，陈绍金. 国内外生态足迹方法应用研究进展［J］. 安徽农业科学，2011（5）：2879-2881.

［53］蒋依依，等. 国内外生态足迹模型应用的回顾与展望［J］. 地理科学进展，2005（3）：13-23.

［54］周国忠. 国内外生态足迹研究进展［J］. 浙江学刊，2010（6）：167-171.

［55］杜斌，等. 城市生态足迹计算方法的设计与案例［J］. 清华大学学报（自然科学版），2004（9）：1171-1175.

［56］夏春海. 生态城市指标体系对比研究［J］. 城市发展研究，2011，18（1）：36-42.

［57］王玉庆. 当前生态城市建设中的几个突出问题［J］. 求是，2011（4）：55-57.

［58］李锋，等. 生态市评价指标体系与方法：以江苏大丰市为例［J］. 应用生态学报，2007（9）：2006-2012.

［59］郭珉媛. 1999年以来国内生态城市评价指标体系研究述评［J］. 前沿，2010（23）：142-145.

［60］任正晓. 中国西部地区生态循环经济发展研究［D］. 北京：中央民族大学，2008.

［61］吴燕燕. 欠发达地区循环经济发展障碍及对策研究［D］. 金华：浙江师范大学，2010.

［62］米都斯，等. 增长的极限：罗马俱乐部关于人类困境的报告［M］. 李宝恒，译. 长春：吉林人民出版社，1997.

［63］崔兆杰，迟兴运，滕立臻. 应用生态位和关键种理论构建生态产业链网［J］. 生态经济（学术版），2009（1）：55-58.

［64］袭著燕，梁冬寒，孙林岩. 制造业与资源性产业实现清洁生产的一般性工业生态框架［J］. 软科学，2008（9）：120-123.

［65］曲格平. 关注中国生态安全［M］. 北京：中国环境科学出版社，2004.

［66］宋东宁，佟敏．我国生态旅游发展浅析［J］．齐齐哈尔大学学报（哲学社会科学版），2007（6）：54-56．

［67］王来喜．西部民族地区“富饶的贫困”之经济学解说［J］．社会科学战线，2007（5）：71-79．

［68］师守祥，张贺全，石金友．民族区域非传统的现代化之路［M］．北京：经济管理出版社，2006．

［69］胡鞍钢．地区与发展：西部开发新战略［M］．北京：中国计划出版社，2001．

［70］王振健，等．四川典型紫色土肥力特征及可持续利用研究［J］．西南农业大学学报（自然科学版），2005（6）：918-921．

［71］叶文虎，魏斌，仝川．城市生态补偿能力衡量和应用［J］．中国环境科学，1998（4）：11-14．

［72］哈丁．生活在极限之内：生态学、经济和人口禁忌［M］．兴翼，张真，译．上海：上海译文出版社，2001．

［73］庇古．福利经济学（英文版）［M］．北京：中国社会科学出版社，1999．

［74］吕忠梅．超越与保守：可持续发展视野下的环境法创新［M］．北京：法律出版社，2003．

［75］俞海，任勇．流域生态补偿机制的关键问题分析：以南水北调中线水源涵养区为例［J］．资源科学，2007，29（2）：28-33．

［76］万本太，邹首民．走向实践的生态补偿：案例分析与实践探索［M］．北京：中国环境科学出版社，2008．

［77］徐中民，张志强，程国栋．甘肃省1998年生态足迹计算与分析［J］．地理学报，2000（5）：607-616．

［78］郝文杰．政府的淡出与市场的深入：从排污权交易谈起［J］．经济导刊，2002（3）：59-60．

［79］樊胜岳．生态经济学原理与运用［M］．北京：中国社会科学出版社，2010．

［80］尚杰．农业生态经济学［M］．北京：中国农业出版社，2011．

［81］本尼斯，等．超越领导：经济学、伦理学和生态学的平衡［M］．刘芸，等译．上海：格致出版社，2011．

[66] 宋东宁，[illegible]. [illegible][J]. [illegible]学报（[illegible]科学版），2007（6）：51-56.

[67] [illegible][J]. [illegible]，2007（5）：71-79.

[68] [illegible]，[illegible][M]. [illegible]：[illegible]出版社，2006.

[69] [illegible][M]. 北京：[illegible]出版社，2001.

[70] [illegible][J]. [illegible]学报（[illegible]科学版），2007（6）：918-921.

[71] [illegible][J]. 中国[illegible]，1998（4）：11-14.

[72] [illegible]，[illegible]. [illegible]. [illegible]：[illegible]出版社，2001.

[73] [illegible]. 北京：[illegible]出版社，1999.

[74] [illegible][M]. 北京：[illegible]出版社，2007.

[75] [illegible][J]. [illegible]，2009，29（12）：28-33.

[76] [illegible][M]. [illegible]：中国[illegible]出版社，[illegible].

[77] [illegible]1998[illegible][J]. [illegible]，2000（5）：60-61.

[78] [illegible][J]. [illegible]，2002（3）：39-40.

[79] [illegible][M]. 北京：中国[illegible]出版社，2010.

[80] [illegible][M]. 北京：[illegible]出版社，2011.

[81] [illegible]. 上海：[illegible]出版社，2011.